Louisa Waugh wurde in Berlin geboren und wuchs in Liverpool auf. Sie betreute mehrere Jahre junge Obdachlose, bevor sie schließlich in die Mongolei zog. Dort schrieb sie Beiträge für verschiedene Zeitungen und Zeitschriften (*Guardian, Independent, New Internationalist*) sowie für den BBC World Service. *Hohe Berge, tiefe Täler, weites Land* wurde 2004 mit dem Ondaatje-Preis ausgezeichnet und gelangte im selben Jahr in die Endauswahl für den Thomas Cook Travel Book Award.

Bibliografische Information Der Deutschen Bibliothek

Die Deutsche Bibliothek verzeichnet diese Publikation in der Deutschen Nationalbibliografie; detaillierte bibliografische Daten sind im Internet über http://dnb.ddb.de abrufbar.

NATIONAL GEOGRAPHIC ADVENTURE PRESS
Reisen · Menschen · Abenteuer
Die Taschenbuch-Reihe von
National Geographic und Frederking & Thaler

1. Auflage Dezember 2006

Titel der Originalausgabe: Hearing Birds Fly
erschienen bei ABACUS in der Time Warner Book Group UK, London

Aus dem Englischen von Ilse Rothfuss
Text und Fotos: Louisa Waugh
Lektorat: Susanne Härtel, München
Karte: Anneli Nau, München
Umschlaggestaltung: Dorkenwald Grafik-Design, München
Herstellung: Büro Sieveking, München
Druck und Bindung: Clausen & Bosse, Leck
Printed in Germany

ISBN 10: 3-89405-291-0
ISBN 13: 978-3-89405-291-1
www.frederking-thaler.de

Das Papier wurde aus chlorfrei gebleichtem Zellstoff hergestellt.

LOUISA WAUGH

HOHE BERGE, TIEFE TÄLER, WEITES LAND

Mein Jahr mit Nomaden in der Mongolei

Aus dem Englischen von
Ilse Rothfuss

NATIONAL GEOGRAPHIC
FREDERKING & THALER

Für die Menschen von Tsengel,
die mir ihre Geschichte erzählten
Танд баярлалаа

Wenn ein Esel auf Reisen geht, wird
er nicht als Pferd zurückkommen.

THOMAS FULLER (1606–1661)

Inhalt

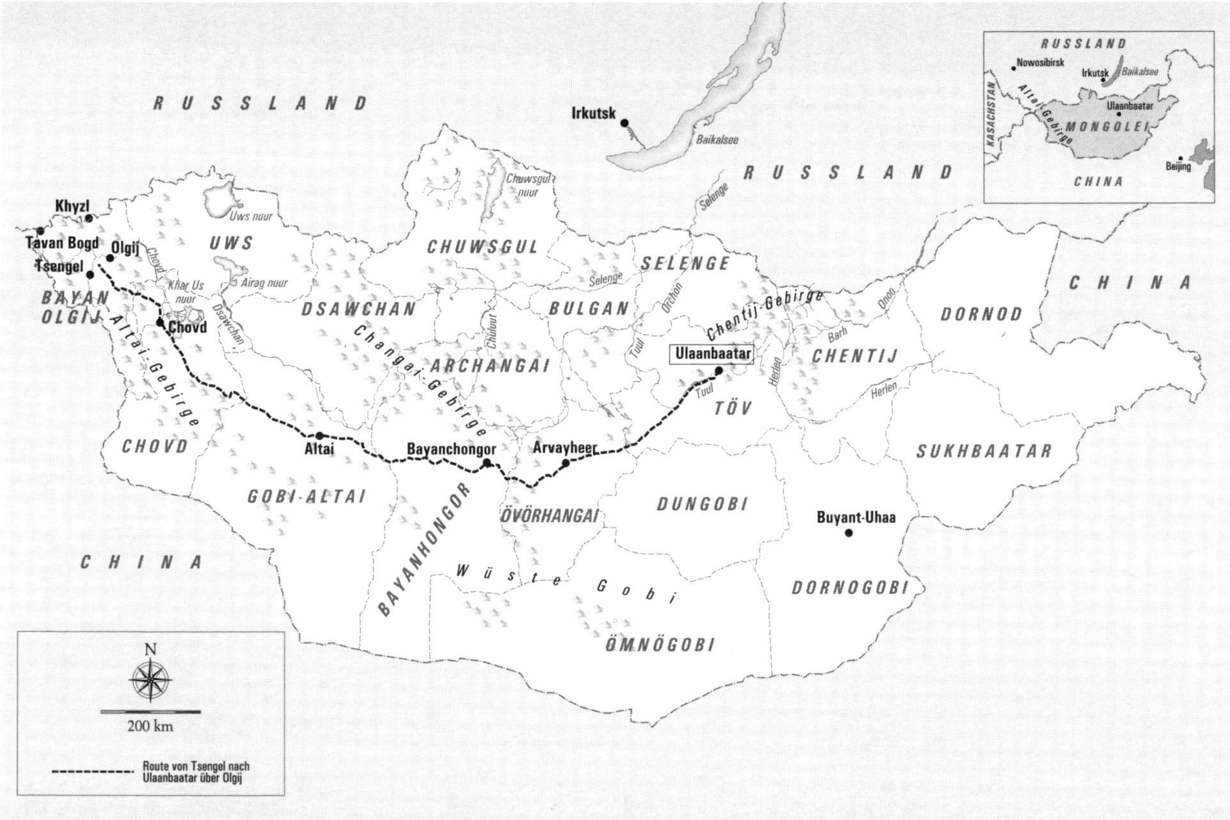
RUSSLAND
Irkutsk
Baikalsee
RUSSLAND
Selenge
Chuwsgul nuur
Khyzl
Tavan Bogd
Olgij
Tsengel
Uws nuur
UWS
Chovd
Khar Us nuur
Airag nuur
BAYAN OLGIJ
Chovd
Dsawchan
DSAWCHAN
CHUWSGUL
SELENGE
Selenge
BULGAN
Orchon
Chuluut
Chentij-Gebirge
Onon
Barh
Tuul
Ulaanbaatar
CHENTIJ
Herlen
DORNOD
CHINA
Altai-Gebirge
Changai-Gebirge
ARCHANGAI
Tuul
TÖV
Herlen
CHOVD
Altai
Bayanchongor
Arvayheer
SUKHBAATAR
GOBI-ALTAI
BAYANHONGOR
ÖVÖRHANGAI
DUNGOBI
Buyant-Uhaa
CHINA
Wüste Gobi
DORNOGOBI
ÖMNÖGOBI
N
200 km
Route von Tsengel nach Ulaanbaatar über Olgij
RUSSLAND
Nowosibirsk
Irkutsk
Baikalsee
KASACHSTAN
Altai-Gebirge
Ulaanbaatar
MONGOLEI
Beijing
CHINA

Einleitung

Das Wort *tsengel* bedeutet »Wonne«, ein Name, der mir immer noch absurd, ja beinahe wie Hohn erscheint, wenn ich an mein ehemaliges Zuhause denke: ein windgepeitschtes Dorf ohne Elektrizität, in dem das Leben und der Tod so nackt und urtümlich und unerbittlich waren. Das Massenschlachten, das jeden Winter stattfindet, damit die Dorfbewohner bis zum Frühjahr überleben können, ist das anschaulichste Beispiel, wie die Menschen hier draußen in der kargen zentralasiatischen Steppe mit dem Tod leben. Aber es hat noch viel mehr auf sich mit dem Leben und vor allem dem Sterben in Tsengel als dieses Blutbad beim jährlichen Schlachtfest.

Wann immer ich über meine Zeit in Tsengel spreche, rufe ich mir die Anekdoten und Geschichten, die ich mitgebracht habe, in allen Einzelheiten ins Gedächtnis. Vieles davon ist noch ungeheuer lebendig und jede Erinnerung mit bestimmten Gefühlen, Konturen und Farben verbunden. Ich könnte heute noch eine Karte von Tsengel zeichnen – von den Erdstraßen, dem staubigen Hauptplatz und dem liebenswerten, schäbigen »Klub«, wo wir im Frühjahr so viel getanzt haben. Ich könnte viele der Blockhütten identifizieren, ich könnte sagen, wer dort wohnt, was die Leute machen und wo sie im Sommer ihre Herden weiden. Ich würde eine Skizze von dem gruseligen Krankenhaus hinzufügen, in dem ich anfangs gewohnt habe, weil niemand wusste, wohin mit mir. Und ich würde von dem schönen, trügerischen Fluss Chovd erzählen, der an Tsengel vorbeifließt und in dem jedes Jahr mindestens ein, zwei Menschen ertrinken.

Aber ich will nicht vorgreifen. Natürlich kam ich nicht zufällig nach Tsengel – so ein Ort ist das nicht. Und ich bin auch nicht dort hängen geblieben oder hingelockt worden. Nein, ich habe mir das Dorf ausgesucht. Ich hatte zu dem Zeitpunkt schon zwei Jahre in der Mongolei gelebt, aber ich wusste immer noch nichts über die andere Hälfte seiner spärlichen Bevölkerung – die Dorfbewohner und Nomaden, die mit ihrem Vieh in der Steppe umherziehen.

Vor zehn Jahren, 1993, war ich praktisch schon auf dem Weg von London nach Lateinamerika, um in Honduras sechs Monate als Lehrerin zu arbeiten. Aber ein paar Wochen vor unserem Flug rief Georgia an, die Freundin, die mitkommen sollte, und verkündete mir düster, dass ihre Zweckehe mit einem schwulen, reichen Marokkaner ziemlich schwierig geworden sei – und jetzt wage sie nicht, England zu verlassen. Unsere Pläne waren somit ins Wasser gefallen. Die Schule brauchte zwei Englischlehrer, aber ich kannte sonst niemanden, der mit mir nach Honduras gehen wollte. Ich musste also zähneknirschend meinen Vertrag aufkündigen.

Meinen Job in einem Projekt für obdachlose Jugendliche hatte ich bereits aufgegeben, auch meine Wohnung gekündigt, und so stand ich jetzt völlig im Regen. Ich hatte drei Jahre in London gelebt und mit zunehmender Ungeduld von den Reisen gesprochen, die ich machen, von den Städten, die ich erkunden wollte. Und da Georgia nicht mitkommen konnte, musste ich alleine entscheiden, was ich tun wollte.

Ich wünschte, ich könnte sagen, dass ich mich der Situation gewachsen zeigte, spontan ein paar alte Klamotten und ein ledergebundenes Tagebuch in meinen kleinen, ramponierten Koffer packte und Hals über Kopf das Land verließ, ohne auch nur einen Blick zurückzuwerfen. Aber ich bin nicht aus so hartem Stoff gemacht. Die Wahrheit ist, dass ich Angst hatte.

Ich vertrödelte meine Tage in meinem Dachzimmer, starrte zu meiner zerknitterten Landkarte hinauf, während meine Freunde bei der Arbeit waren, und dachte mir bizarre, verschlungene Routen quer durch die Kontinente aus. Ich spürte, dass ich jetzt fortmusste, für mich selbst, nicht für andere. Mein schlimmster Albtraum war, in einem Jahr oder auch in fünf Jahren aufzuwachen und festzustellen, dass ich immer noch in London lebte, immer noch an denselben Job gefesselt und immer noch vom Reisen redete. Das war eindeutig schlimmer, als allein in der Welt herumzureisen. Das Paradoxe war, dass ich mehr Angst vor dem Dableiben hatte als vor dem Fortgehen.

Afrika und Südamerika schloss ich aus, einfach so, ohne besonderen Grund, und schließlich stand ich vor der Asienkarte und starrte auf einen Kontinent, von dem ich fast nichts wusste: Asien und der Orient. Es fiel mir nicht schwer, alle gängigen Klischees in mir wachzurufen: märchenhafte Farben, Visionen von Tausendundeiner Nacht – ein Wasserfall kostbarer Seidenstoffe – gemächliche Kamelkarawanen, die namenlose Wüsten durchquerten – turbulente Märkte mit Bergen saftiger Früchte und dem durchdringenden Geruch von scharf gewürztem Grillfleisch – spitze Sonnenhüte und chinesische Gesichter. Ich träumte davon, mit der Transsibirischen Eisenbahn auf dem Landweg durch Sibirien und die Mongolei bis in die chinesische Hauptstadt zu reisen. (Ich werde immer schrecklich seekrank und habe Angst vor dem Fliegen.)

Ich wusste nicht viel über China, nur dass Frauen dort angeblich gefahrlos reisen konnten. Wenn ich erst dort war, würde ich genügend Selbstbewusstsein entwickeln, sagte ich mir, und später würde ich weitersehen. Für mich stand nur eines fest, dass ich aus London fortmusste. Ich buchte schnell die erforderlichen Tickets, bevor ich es mir anders überlegen konnte, gab eine Abschiedsfete in meiner Stammkneipe und packte meine Sachen. Fast hätte ich doch noch einen Rückzieher gemacht, brach dann aber drei Wochen später auf und heulte Rotz und Wasser auf dem ganzen Weg bis Moskau.

Nach 48 Stunden in der russischen Hauptstadt stieg ich in die Transsibirische Eisenbahn, immer noch nervös, aber trockenen Auges. In meinem Vierbetten-Abteil zweiter Klasse reiste ein freundliches Ehepaar aus Leicester mit, Hank und Gwenda, die gerade ihre Unterhosenfabrik aufgegeben hatten und jetzt ihre Tochter in Hongkong besuchen wollten.

»Wir fliegen nicht«, sagte Gwenda und goss Wodka in unsere Plastikbecher. »Wir hatten einmal ein schreckliches Erlebnis im Flugzeug, und seither ist Schluss damit. Wir würden ja auch noch arbeiten, wissen Sie, aber die Chinesen verderben die Geschäfte. Ihre Unterhosen sind billiger. Na ja, so ist das nun mal im Geschäftsleben – möchten Sie einen Drink?«

Ich hatte dieser Reise seit Wochen mit bangen Gefühlen entgegengefiebert und wusste jetzt nicht, ob ich erleichtert oder sauer sein sollte, dass ich meine einsame Jungfernfahrt mit einem gesetzten englischen Ehepaar machen musste, die ihr ganzes Arbeitsleben lang Unterhosen verscherbelt hatten. Aber ich spülte meine Einwände mit dem ersten Schluck Wodka hinunter, und wir drei wurden bald gute Reisegefährten. Ich ratterte mit Hank und Gwenda durch das Uralgebirge gen Sibirien, und wir hatten eine fantastische Zeit miteinander. Von Russland wusste ich so gut wie nichts und nahm auch kaum etwas auf, weil ich mich irgendwie abgeschottet fühlte von der oft düsteren Landschaft, die hinter den dicken Glasscheiben an uns vorüberrauschte, während der Zug sich von Europa nach Asien hineinschlängelte.

Unsere Tage verrannen spurlos, versickerten wie Regen in einer ausgetrockneten Erde, und die Zeitzonen wechselten so häufig, dass wir gar nicht mehr die Uhr umstellten. Wir sagten uns Lebewohl, als Hank und Gwenda ihre Fahrt unterbrachen, um einen mehrtägigen Abstecher nach Irkutsk zu machen, der Hauptstadt von Sibirien und dem Tor zum größten See der Welt, dem Baikalsee.

Irkutsk war einst als das »Paris Sibiriens« bekannt, aber wir trafen mitten in einem wirbelnden Sommerschneesturm dort ein.

»Und jetzt wünschen wir Ihnen eine schöne Zeit, meine Liebe, und vergessen Sie nicht, uns anzurufen, wenn Sie zurück sind«, sagte Gwenda, bevor die beiden sich schwer beladen mit ihrem Gepäck und ihren Kameras aus dem Zug schleppten. Ich winkte zum Abschied und warf ihnen Handküsschen durch die offene Zugtür zu. Dann ging ich in mein Abteil zurück, ein bisschen verloren, aber andererseits auch froh, dass ich jetzt allein war. Hank und Gwenda waren gute Reisegefährten gewesen, aber vielleicht wollte ich gerade deshalb am letzten Tag der Reise für mich sein. Ich wusste jetzt jedenfalls, dass ich unterwegs auch andere Leute kennen lernen würde; das war beruhigend.

Als ich mein Ticket für die Transsib nach China kaufte, hatte ich einen kurzen Abstecher gebucht. Ich wollte ein paar Nächte in der mongolischen Hauptstadt Ulaanbaatar bleiben und dann mit dem nächsten Zug nach Peking weiterfahren. Zwei Telefonate mit Londoner Reiseagenturen hatten mir ein mongolisches Hotelzimmer beschert, zu einem Preis, der mir den Atem raubte. Aber ich war neugierig auf die Mongolei. Ich kannte niemand, der dort gewesen war, und der Gedanke faszinierte mich, ein paar Tage in dieser abgelegenen Hauptstadt herumstreifen und vielleicht einen Blick auf die rätselhaften Steppennomaden in ihren Jurten, den *ger*, zu werfen. Es war ein kurzes Intermezzo vor dem Orient, danach wollte ich weiterreisen.

Eines Montagmorgens in aller Frühe, während meine Freunde zu Hause auf dem Weg in ihre Büros oder Klassenzimmer waren, streckte ich meinen steifen Rücken und hievte mir meinen schweren Rucksack über die Schultern. Ich stellte mich an der Waggontür an, dann trat ich auf den Bahnsteig von Ulaanbaatar, ein bisschen ängstlich und aufgeregt, aber vor allem erwartungsvoll.

Ich sah Männer und Frauen, die auf breiten, buckligen Gehsteigen entlanggingen. Sie trugen *deel*, wadenlange, bestickte Tuniken, die in der Taille mit gelben Seidenschärpen zusammengerafft waren. Ihre hohen Stiefel waren mit leuchtend bunten Farben bemalt, die Lederspitzen zum strahlenden Himmel aufgebogen. Ein Grüppchen gut entwickelter Trinker, alle in mittlerem Alter, lagerte auf einer Betontreppe und ließ die Flasche kreisen. Einer von ihnen hustete und spuckte einen Mund voll Blut aus. Die Betonstufen führten durch einen engen Torweg und in einen kalten Laden mit fast leeren Regalen hinein, wo Frauen in Pelzmützen altbacken aussehende Brote gegen pinkfarbene Lebensmittelmarken eintauschten.

Ein Hirte mit wettergebräuntem Gesicht galoppierte auf seinem stämmigen Pferd am Parlamentsgebäude auf dem zentralen Sukhbaatar-Platz vorbei. Der verlassene Tempel auf der anderen Straßenseite hatte einen Fransenvorhang aus wildem Gras und Unkraut, der sich an seinem Pagodendach hinaufzog. Ich schaute pflichtschuldig nach rechts und links, ehe ich die Straße zu dem Tempel überquerte, aber es kamen keine Autos.

Mein Hotel hieß Bayangol. Es war hell erleuchtet und protzig, und das Essen war miserabel. Als ich aus den Eingangstüren trat und zum Stadtzentrum schlenderte, fühlte ich mich zuerst an die trostlose Atmosphäre einer heruntergekommenen sowjetischen Metropole erinnert – die monumentalen Theater, das Parlamentsgebäude, der Kulturpalast, die leeren Läden und die hässliche Armee von schäbigen Apartmentblocks. Aber irgendwie hatte die Stadt auch etwas Faszinierendes, so als wäre sie für eine viel größere Bevölkerung erbaut worden, die es sich plötzlich anders überlegt hatte und zu ihrem ursprünglichen Nomadenleben in die Steppe hinausgeflüchtet war. Im Souvenirladen des Bayangol gab es billige Modelle der traditionellen Jurten zu kaufen. Sie sahen wie winzige

Zirkuskuppeln aus, ein Holzgerüst, das mit Filz isoliert und mit weißer Zeltleinwand bezogen war.

Ich hatte ohne mein Wissen einen Fahrer und einen blassen, verschüchterten weiblichen Guide namens Mandakh mit meinem Zimmer gebucht, und nachdem wir zwei Tage lang Museen und Tempel besichtigt hatten, reichte mir die Stadt, und ich fragte sie, ob wir vielleicht ins Umland von Ulaanbaatar zu den Nomaden fahren könnten. Mandakh nickte zögernd.

»Wir dürfen mit Ihnen nicht weiter als 25 Kilometer vom Zentrum entfernt hinausfahren«, erklärte sie mir verlegen. Als ich sie fragte, warum, sagte sie, das wisse sie nicht.

Wir rumpelten aus Ulaanbaatar hinaus, und die Apartmentblöcke wichen zurück und gaben unmittelbar dahinter liegende Vorstadtsiedlungen frei, wo Tausende von mongolischen Stadtbewohnern mit ihren Familien in Zelten in weitläufigen Patchwork-Bezirken mit umzäunten Höfen lebten. Die Siedlungen waren von Erdstraßen durchzogen, so löchrig und narbig wie schlechte Haut. Anscheinend musste man kein Nomade sein, um in einem Zelt zu leben.

Nach etwa 20 Kilometern stand ich auf versengtem Gras, das die Farbe von Heu hatte, und blickte hinaus auf die stumme Steppenlandschaft mit ihren niedrigen, gewellten Hügeln, die am Horizont mit einem leuchtenden, reinen Himmel verschmolz. Hier, noch in Sichtweite der Hauptstadt, waren vereinzelte Nomadengrüppchen zu sehen, *ger*-Lager und verstreute Pferdeherden, Schafe und Ziegen. Ein Reiter in einem holzgeschnitzten, silbergeprägten Sattel donnerte an uns vorbei, seine *urga* umklammernd – eine lange Holzstange, an deren Ende eine Schlinge befestigt ist, mit der die Nomaden rebellische Wallache einfangen. Durch die Wolke aus Staub und trockenen Erdklumpen, die von den Hufen des Pferdes aufgewirbelt wurde, konnte ich eine Kamelkarawane erspähen. Ich kehrte der Hauptstadt den Rücken, bereits völlig im Bann der Steppe.

Mandakh führte mich zum Teetrinken in die nahe gelegene Jurte eines älteren Hirten namens Enbisch, der hier mit seiner Frau Badmaa und ihren fünf Töchtern lebte. Wir gingen geduckt durch den niedrigen, offenen Eingang, und die ganze Familie stand auf und führte uns zu einem dicken Teppich an der Rückwand ihres runden kleinen Heims. Das Zelt war schummrig und gemütlich, mit schmalen Betten, die im Halbkreis an den Wänden aufgestellt waren, und einem rußgeschwärzten Ofen in der Mitte.

»Hier sitzen die Gäste«, flüsterte Mandakh, als wir uns niederknieten. »Hier, sehen Sie, er gibt Ihnen etwas. Schnuppern Sie daran – und dann geben Sie es mit Ihrer rechten Hand zurück.«

Enbisch drückte mir feierlich ein kühles Steintäfelchen in die Hand. Seine verschrumpelten, von dicken Adern durchzogenen Hände sahen wie Baumwurzeln aus. Enbischs Töchter kicherten und stießen sich gegenseitig an, während sie jede meiner Bewegungen mit den Augen verfolgten. Es dauerte einen Augenblick, bis ich begriffen hatte, dass ich ein winziges, geschnitztes Steinfläschchen mit Schnupftabak in der Hand hielt. Ich hatte noch nie Schnupftabak probiert und kippte einfach ein teelöffelgroßes Häufchen auf meinen Zeigefinger, dann presste ich es an meine Nasenlöcher und inhalierte mit voller Kraft.

HILFE!

Ich würgte wie ein Kind, das sich vor lauter Gier an zu heißem Pudding verschluckt, die Tränen strömten mir übers Gesicht, meine Nase und mein Rachen brannten wie Feuer. Farben flammten vor meinen Augen auf, und ich schnaubte wie ein verschrecktes Pferd. Enbisch, Badamaa und ihre Töchter brachen in lautes, fröhliches Gelächter aus. Sie kicherten immer noch, als sich der Tränenschleier vor meinen Augen allmählich lichtete und ich wieder klarer sehen konnte. Sogar Mandakh schüttelte den Kopf und grinste.

»War vielleicht ein bisschen viel, was?«, sagte sie tröstend und unterdrückte mühsam ihr Kichern. Ich fing ihren Blick auf, und dann prusteten wir beide los und brüllten vor Lachen, so wie die Nomaden, bis wir alle nach Luft rangen und uns die Bäuche hielten.

Lachen verbindet.

»*Tsai, tsai?*« Badmaa wischte sich die Augen, und ihre ganze Familie lächelte, als sie mir eine dampfende Schale Tee mit ihrer rechten Hand hinhielt. In der Jurte wird alles auf diese Weise angeboten und serviert. Der Tee war stark und milchig, mit Salz gewürzt. Ich trank ihn langsam und lächelte die fünf Mädchen an, die mich ihrerseits anstarrten und lächelten, und ich fragte mich, warum in aller Welt ich nach China wollte.

Ich wollte die Mongolei nicht verlassen. Aber mein Visum lief ab, und ich hatte meinen Zug nach Peking bereits gebucht und bezahlt. Am nächsten Morgen stieg ich pflichtschuldig ein und rollte wie geplant gen Osten. Aber ich schaute immer wieder zurück.

Drei Jahre später, im Frühling, war ich wieder in Ulaanbaatar. Nach meinem ersten kurzen Besuch in der Mongolei war ich fast ein ganzes Jahr durch Asien gereist, bevor ich nach London zurückkehrte und mein altes Leben mehr oder weniger dort wieder aufnahm, wo ich es zurückgelassen hatte. Ich hatte viel weniger Zeit in der Mongolei als in jedem der anderen fünf, sechs Länder auf meiner Route verbracht, aber ich hatte meine Eindrücke die ganze Zeit mit mir herumgetragen wie ein wertvolles Gepäckstück. Ich nahm sie mit nach Hause, und sie blieben in meinem Kopf, sehr lebendig und fast verstörend, und ich wusste, dass die paar Tage in Ulaanbaatar und in der mongolischen Steppe tiefere Spuren hinterlassen hatten als alles, was ich sonst erlebt hatte. Dieses menschenleere Nomadenland würde mich nicht mehr loslassen, bis ich zu ihm zurückkehrte.

Ich redete immer öfter davon, wieder in die Mongolei reisen zu wollen, obwohl ich anfangs nicht viel in dieser Richtung unternahm. Aber ein paar Monate später kam mir das Glück oder der Zufall zu Hilfe oder wie immer man es nennen mag, wenn man plötzlich vor der Entscheidung steht, ob man dableiben oder fortgehen will. Durch den Freund eines Freundes lernte ich einen mongolischen Mönch kennen, der für sechs Monate nach London gekommen war, um sein Englisch zu verbessern. Der Mönch hieß Baatar, was »Held« bedeutet. Er war ein kluger Mann, der wenig redete, aber umso besser zuhören konnte, und er bot mir einen Job in seinem Kloster in Ulaanbaatar an, wo ich Englisch unterrichten sollte. Ich buchte mein zweites Ticket bei der Transsibirischen Eisenbahn, und diesmal vergoss ich keine einzige Träne beim Abschied.

Baatar hatte mich bei Freunden untergebracht, einer ernsten Zahnärztin namens Jargal-Saikhan und ihrem 21-jährigen Sohn Sodnam. Sodnam sprach gut Englisch, und ein paar Tage nach meiner Ankunft führte er mich in eine glitzernde neue Disco namens »Hollywood« zum Tanzen aus. Wir saßen mit seinen coolen Freunden zusammen, alle blutjung, und unsere eisgekühlten Bierflaschen ratterten auf dem Chromtisch.

»Der Laden hier ist echt gut«, schwärmte eines der Mädchen begeistert und bot mir eine Marlboro an. »Vor dem Hollywood gab es hier überhaupt keine Disco. Wir hatten nichts, wo wir hingehen konnten. Jetzt machen überall coole neue Kneipen auf, wo man Spaß haben kann.« Ich ging mit den anderen auf die Tanzfläche und staunte über die Veränderung, die mit der damals nur spärlich bevölkerten Stadt seit meinem Besuch vor drei Jahren vorgegangen war.

Wie sehr sich das Leben in Ulaanbaatar verändert hatte, sah man am deutlichsten an den Kleidern. Die ältere Generation trug immer noch den traditionellen *deel* und handbemalte *gutal*-Stiefel. Einige wanderten gleichmütig durch die jetzt belebteren Straßen, während andere an einer Ecke standen und lose Zigaretten verkauften. Ihre Kinder dagegen trugen smarte, recht konservative westliche Kleidung, billig aus China importiert. Die Frauen hatten Kurzhaarschnitte oder Ponyfrisuren. Die Unternehmer waren handybesessen. In Ulaanbaatar prallten die alten Traditionen und die moderne Welt aufeinander.

Ich hatte nichts gegen diese Metamorphose einzuwenden: Es war faszinierend, diese Entwicklung zu beobachten, die sich praktisch im Schnelldurchlauf vollzogen hatte. Doch ich merkte bald, dass viele dieser Neuerungen nichts als eine glänzende Fassade waren, ohne jede wirkliche Substanz dahinter. Jeden Tag hatten wir mindestens zwei oder drei Stromausfälle. Die vier Treppenfluchten, die vom Eingang des Wohnblocks zur Haustür der Jargal-Saikhans führten, waren immer unbeleuchtet. Die Bewohner hatten nachts Taschenlampen dabei, weil die Glühbirnen gestohlen worden waren.

In den einheimischen Supermärkten wurden jetzt auch importierte Luxusgüter verkauft, aber sie waren teuer, und die meisten Mongolen lebten immer noch von Grundnahrungsmitteln wie Hammel, Reis, Kartoffeln, Rüben und Brot. Die Preise stiegen ständig an.

In den ersten paar Monaten, in denen ich im Gandan-Kloster unterrichtete, pendelte ich zwischen zwei Welten hin und her. Meine Klassen im Kloster standen in krassem Gegensatz zu dieser urbanen Aufbruchsstimmung, diesem Enthusiasmus, mit dem die Mongolen ihr Land in Asiens neueste Demokratie umzuwandeln versuchten. Hier waren noch die Überreste eines alten buddhistischen Reiches lebendig.

Gandan war ein Komplex aus rotgoldenen Pagoden, langen Reihen von knarzenden, kupferbeschlagenen Gebetsmühlen, die mit Bitten und Gebeten voll geschrieben waren, und einer buddhistischen Kloster-Universität. Die Bewohner drehten gemeinsam die Gebetsmühlen oder gingen mit qualmenden Weihrauchschalen umher, wobei sie unermüdlich ihre Rosenkranzperlen durch ihre kurzen Finger gleiten ließen. Einmal sah ich einen jungen Mann in einem *deel*, der wie ein Betrunkener torkelte, als er den Tempel mit einem verschrumpelten, gebrechlichen alten Verwandten auf dem Rücken umrundete, der wie eine Klette an seinem Hals hing. Der Junge keuchte, während der verkrüppelte Alte laut aus den Sutren rezitierte.

In meinen Klassen saßen die jungen Lamas im Lotussitz auf schmalen, zitronengelb gestrichenen Bänken. Sie nannten mich *bagsh* – Lehrerin – und brachten mir Schalen mit dampfendem, salzigem Tee. Sie waren mir bald sehr ans Herz gewachsen. Am späten Nachmittag, wenn ich das Kloster verließ und den staubigen Hügel hinunterwanderte, auf dem das Gandan-Kloster hoch über der rastlosen Stadt thronte, sah ich Männer aus der Steppe mit wettergebräunten, rotbackigen Gesichtern, welche die Zukunft aus Schafsknochen vorhersagten, die sie auf ausgebleichte Tücher warfen.

Im Juni 1996, einen Tag nachdem meine Unterrichtstätigkeit im Gandan zu Ende war, fand eine allgemeine Wahl statt. Sie sollte die Geschichte der Mongolei verändern. Die herrschende Mongolische Revolutionäre Volkspartei (MRVP) wurde vernichtend von einem Bündnis junger, in Nordamerika geschulter mongolischer Demokraten geschlagen, der Demokratischen Koalition. Es war der erste Regierungswechsel in der Mongolei seit 75 Jahren.

Im Jahre 1921 hatte ein junger Krieger namens Sukhbaatar an die russischen Bolschewisten appelliert, die Mongolei von den »weißrussischen« Kosaken zu befreien, die in der »Klosterhauptstadt« Niyslel Huuree, wie die mongolische Hauptstadt zu jener Zeit genannt wurde, eingedrungen waren. Die mongolischen Revolutionäre und Lenins Truppen trieben die Kosaken aus dem Land, und die Revolution wurde ausgerufen. Aber jetzt besetzten die Bolschewiken die mongolische Hauptstadt, die zu Ehren von Sukhbaatar in Ulaanbaatar umbenannt wurde (Roter Held). Die Mongolische Volksrepublik erklärte drei Jahre später, 1924, ihre Unabhängigkeit, was aber nicht viel änderte. Die Mongolei wurde in aller Stille der zweite kommunistische Staat der Welt: Russische Truppen wurden im ganzen Land stationiert, und die klassische senkrechte mongolische Schrift wurde vom kyrillischen Alphabet verdrängt. Bis zu der demokratischen Revolution fast 70 Jahre später stand die Mongolei unter der kulturellen, wirtschaftlichen und politischen Vorherrschaft der Sowjetunion.

Nachdem die Mongolen ihre Regierung in einer unblutigen Revolution Anfang 1990 gestürzt hatten, wäre es nur logisch gewesen, wenn sie mit wehenden Fahnen die Opposition ins Amt gewählt hätten. Aber das war nicht der Fall. Obwohl sich zahlreiche unabhängige demokratische Parteien zur Wahl stellten, eroberte bei den Wahlen von 1990 und 1992 die MRVP wieder die Mehrheit der Sitze. Die neu gebildete Regierung brachte wirtschaftliche und soziale Reformen in Gang und hofierte ausländische Investoren und Regierungen. Erst 1996 wurde die MRVP geschlagen, was vor allem der Tatsache zu verdanken war, dass die Demokratische Union massiv von den USA unterstützt wurde und die mongolische Wirtschaft in der Krise steckte.

Während dieser Parlamentswahlen fand ich einen bezahlten Job als Redakteurin bei einer neuen unabhängigen englischsprachigen Zeitung namens »Ulaanbaatar Post«. Die Ausländergemeinde in der Hauptstadt war eine langsam anwachsende Gruppe von UN-Beratern, Mitarbeitern von nichtstaatlichen Hilfsorganisationen und American-Peace-Corps-Lehrern sowie einem Schwarm von missionseifrigen US-Mormonen.

Irgendwann trennte ich mich von Jargal-Saikhan und Sodnam, obwohl wir gute Freunde blieben, und zog in eine kleine, warme Wohnung, die ich mit einer Kolonie von Kakerlaken teilte. Die Stromversorgung des Gebäudes war so unberechenbar, dass meine Nachbarn und ich unseren Block nur »die Disco« nannten.

Trotz der Kakerlaken, Stromausfälle und grimmigen langen Winter, in denen die Temperatur monatelang bei –20 °C lag, liebte ich mein Leben in Ulaanbaatar. Ich sprach allmählich ganz gut Mongolisch, ging mehrmals in der Woche in brandneue Nachtclubs und fühlte mich pudelwohl mit meinem chaotischen Stundenplan. Ich hatte jahrelang von einem anderen Leben in der Steppe draußen geträumt, einem Leben unter Nomaden, aber jetzt war ich schon fast zwei Jahre in der Mongolei und hockte noch immer bequem im Reich des Roten Helden.

Der Wendepunkt kam schnell und lautlos. Eines Abends zu Beginn meines zweiten mongolischen Winters saß ich in einem überfüllten Zug, der auf halber Strecke zwischen Ulaanbaatar und der Stadt Erdenet liegen geblieben war. Die Sonne ging gerade unter, und die Silhouette einer einsamen Jurte glühte im Steppengras wie eine Magnesiumfackel. Ein Kamel, das in der Nähe stand, reckte seinen Hals und trank gemächlich von einem dunklen Wasserstreifen. Ich hatte diese hinreißenden, melancholischen Sonnenuntergänge schon bei früheren Reisen erlebt und war immer wieder überwältigt gewesen. Aber jetzt griff eine kalte Hand an mein Herz: Wenn ich nicht schleunigst in die Gänge kam, würde ich eines Tages aus der Mongolei abreisen, ohne etwas über das Nomadenleben erfahren zu haben, das mich doch in erster Linie hierher gebracht hatte.

Sobald der Zug nach Ulaanbaatar zurückgerumpelt war, machte ich mich auf die Suche nach einem neuen Zuhause auf dem Land. Ich wusste, dass ich realistischerweise nur als Lehrerin Arbeit in einem Dorf finden konnte. Und vor lauter Panik, weil ich meine

Felle davonschwimmen sah, redete ich mir ein, dass ich Schulstunden gegen Essen und Unterkunft eintauschen konnte: eine Filzjurte, Mehl und Salz. Ich würde in einem Dorf nicht viel Geld brauchen, weil es dort nichts zu kaufen gab.

Ich sprach alle an, die ich kannte, und deren Bekannte, ich kontaktierte Bürgermeister, Schulen und Freunde von Freunden in der ganzen Mongolei. Aber die Umstände waren gegen mich. Meine Briefe wurden ungeöffnet zurückgeschickt, niemand reagierte auf die von statischem Rauschen begleiteten Anrufe in den ländlichen Postämtern, die Ortsvorsteher waren ständig krank oder zu Hause oder wo auch immer. Ich spürte, dass eine einzigartige Chance mir einfach so unter den Fingern zerrann. Meine mongolischen Freunde zuckten gleichgültig mit den Schultern, wenn ich jammerte, dass ich überhaupt nicht weiterkam.

»Die Leute in den Dörfern sind langsam«, sagte meine Freundin Javhlan zu mir. »Du musst Geduld haben. Niemand hat es hier eilig. Warte einfach ab.«

Nach über drei Monaten vergeblicher Bemühungen, als ich langsam schon resignierte, kam ein Freund namens Greg für ein paar Tage nach Ulaanbaatar. Greg war klein, trug eine dicke Pilotenbrille und war ein eher ernster Typ, aber er konnte auch sehr komisch sein mit seinem trockenen Humor. Er arbeitete für das Peace Corps in der Provinz Bayan-Olgij, über 1700 Kilometer westlich von Ulaanbaatar. Im vorigen Sommer hatte er einen Mann namens Abbai kennen gelernt, den Bürgermeister eines Dorfes namens Tsengel.

Ich hatte noch nie von Tsengel gehört. Es war, wie Greg mir bei schaumigem Bier in einer lauten Bar erklärte, eine Siedlung von ungefähr 1000 Einwohnern, die von Bergen umgeben war und an einem breiten Fluss namens Chovd lag.

»Wenn du einen abgelegenen Ort suchst, bist du dort genau richtig«, sagte Greg und trank sein Glas leer. »Es ist das westlichste Dorf in der Mongolei. Ich war letztes Jahr ein paar Tage dort. Es ist kahl, aber schön. Fantastische Berge. Interessante Gegend für jemand, der darüber schreiben will. Dort bist du ganz auf dich allein gestellt. Es gibt eine Schamanin im Ort und viele muslimische Kasachen. Die Mongolen sind dort sogar in der Minderheit. Du könntest in der Schule unterrichten, aber der Winter ist sehr hart. Geh am besten an Neujahr, im Februar.«

»Und wie soll ich Abbai kontaktieren?«

»Schick einfach ein Telex nach Tsengel, an die Post im Dorf. Das kommt schon an – ist ja schließlich ein kleiner Ort. Wenn du hinfährst, nimm auf jeden Fall massenhaft Vorräte und einen dicken Stapel Bücher mit, sonst langweilst du dich zu Tode. Ach ja, und Klopapier – nimm so viel mit wie nur möglich. Du weißt ja, wie es auf dem Land ist – da gibt's so was nie.« Er beugte sich vor und grinste mich an. »Schau nicht so entsetzt, Louisa, es wird dir gefallen, glaub mir.«

Auf dem Wasser gehen

I

Tsengel, Februar 1998

Die Frau, die uns erwartete, war die dünnste Person, die ich je gesehen hatte. Alles an ihr war lang und unterernährt. Mehrere Schichten von grober Kleidung hingen in dunklen Falten von ihren eckigen Schultern herunter. Sie hatte weder Brüste noch Hüften, stand da als reines Knochengerüst mit trockener, über die Backenknochen gespannter Haut und ertrank beinahe in ihren Kleidern, die unmöglich ihre eigenen sein konnten.

»Das ist Baddie-Guul«, sagte der Bucklige, der mich gerade über die Berge in das Dorf gebracht hatte. »Sie bleibt heute Nacht bei Ihnen. Unterhalten Sie sich nur mit ihr – sie kann Ihnen alles erklären.« Dann verließ er mit meinen anderen Begleitern eilig den Raum und knallte die Tür hinter sich zu.

Baddie-Guul und ich standen eine Weile schweigend da und starrten uns an, ehe wir den Blick abwandten. Wir sagten nicht einmal guten Tag. Sie ging in die Ecke des kerzenerleuchteten Raumes zurück und beugte sich über einen Topf, der auf einem Holzofen brodelte. Ich schaute mich um. Es gab zwei schmale, normal lange Betten mit glänzendem Kopfteil und ein paar Holzstühle, aber der zerschrammte Schreibtisch zwischen den Betten nahm den meisten Platz ein. Die Glastür am anderen Ende des Raums war so schmutzig, dass man nicht durchsehen konnte. Die Wände waren alle fleckig weiß gestrichen und mit einer düsteren Auswahl uralter UN-Poster voll gepflastert – mongolische Mütter, die lächelnd ihre Babys stillten, dicke kleine Mädchen wie Barockengelchen. Ich konnte die verblichenen kyrillischen Buchstaben nicht entziffern.

O Gott. Ich setzte mich auf eines der Betten und zerbrach mir den Kopf, was ich sagen könnte, denn das Schweigen machte mich beklommen und unsicher, aber stattdessen beschäftigte mich der Gedanke, wo die Toilette war.

»Wo sind wir hier? Was ist das für ein Gebäude?«, rief ich schließlich durchs Zimmer, aber viel zu laut. Baddie-Guul zuckte zusammen. Ich hob die Schultern und lächelte gezwungen.

»Das ist das Krankenhaus«, sagte Baddie-Guul und beugte sich wieder über ihren Topf.

Ich verlagerte meine Stellung und versank noch tiefer in der ausgeleierten Matratze. Ich wünschte mich weit weg, ich wollte irgendwo sein, wo es wärmer und heimeliger war als in diesem hässlichen Betonzimmer mit seinen schäbigen Möbeln und dem rissigen Boden. Das hier war Lichtjahre von Ulaanbaatar entfernt, viel weiter, als ich es mir vorgestellt hatte – in jeder Hinsicht.

Der Acht-Uhr-Flug an diesem Morgen von Ulaanbaatar in die Provinz Bayan-Olgij war kein guter Auftakt zu meinem neuen Leben gewesen. Ich hatte in der Nacht davor mit meinen Freunden Abschied gefeiert, und wir hatten eine ganze Flasche lauwarmen *arkhi*, den lokalen Wodka, geleert, so dass ich fast das Flugzeug verpasste.

Ich muss einen jämmerlichen Anblick geboten haben: eine kreischende, halb betrunkene Engländerin, die auf dem Asphaltstreifen hinter dem rollenden Flugzeug herstürzte und mehrere große Taschen fallen ließ – plus einen Plastikeimer voller Klopapierrollen, die auf den Boden fielen und sich um ihre Beine wickelten, während sie schrie und winkte wie eine durchgeknallte Cheerleaderin. Aber egal – immerhin hatte ich es geschafft, den Flugkontrolleur auf Trab zu bringen. Er watete mit seinem Walkie-Talkie an den Lippen durch die Treibstoffwolke und hielt das Flugzeug in aller Seelenruhe mitten auf der Rollbahn an.

Die Luft war eisig an diesem Morgen, –32 °C, aber ich schwitzte, als ich endlich alles außer den Klopapierrollen gerettet hatte und auf einer wackligen Leiter in die Kabine kletterte. Ich setzte mich hin, mit hochrotem Gesicht und gesenktem Kopf, keuchend und zittrig, und kam mir unglaublich dumm vor. Aber das hier war der letzte Flug nach Westen in den nächsten zwei Wochen, und ich wusste, dass ich niemals meine 100 Pfund zurückbekommen würde, wenn ich ihn verpasst hätte. Niemand schaute mich auch nur an, als ich mich in meinen Sitz fallen ließ und leise und hysterisch vor mich hin lachte. Mongolen können ganz schön hartgesotten sein.

Als wir gegen Mittag auf dem Flughafen von Olgij landeten, wartete Greg auf mich. Ich schlang triumphierend die Arme um ihn, weil es schon fast ein Wunder war, dass ich es überhaupt bis hierher geschafft hatte.

»Alles in Ordnung? Müde? Angst?«, fragte Greg und nahm mir eine Tasche und den leeren Eimer ab.

»Nein. Ich hab nur gerade gemerkt, wie wichtig es für mich ist, dass ich hierher gekommen bin.«

Ich übernachtete in Gregs spartanischem, aber irgendwie gemütlichen Apartment. Wir kauften Bier in einem düsteren Laden und tranken, bis um halb elf Uhr nachts der Strom ausfiel. Dann gingen wir schlafen.

»Greg?« Ich wälzte mich herum und setzte mich auf. »Was ist das Schlimmste, wenn man hier auf dem Dorf lebt?«

»Warum fragst du mich das jetzt? Es wird schon alles in Ordnung gehen.«

»Aber ich will es wissen – was ist das Schlimmste?«

»Für dich? Na, vielleicht, wenn irgendwelche betrunkenen Typen morgens um zwei an deine Tür klopfen und Sex wollen.«

Ich schüttelte den Kopf und verdrehte die Augen im Dunkeln. Ich ahnte nicht, wie Recht er hatte.

Greg besaß ein Telefon, das er mit seinen Nachbarn teilte, und am nächsten Morgen rief jemand in Abbais Auftrag an und sagte uns, dass um vier Uhr ein Jeep kommen und mich ins Dorf bringen würde. Wir schlenderten ein paar Stunden durch Olgij und aßen in einem alten Karawan zu Mittag, der zu einem schäbigen Café umgebaut worden war. Der Fluss, der durch den Ort strömte, war schon seit drei Monaten vereist, und die Berge um die gesichtslose Stadt Olgij hatten die Farbe von Sandstein und Kohle, mit weißen Gipfeln gekrönt, die in der grellen Sonne funkelten.

Die Mongolen sagen immer, dass sie sich wie im Ausland fühlen, wenn sie nach Bayan-Olgij kommen. Diese westlichste Provinz ist für sie ein unerforschtes, dubioses Terrain, ein Anhängsel, das von Muslimen besiedelt ist, die sie nicht kennen und die ihnen keineswegs willkommen sind. Die mongolischen Kasachen repräsentieren über fünf Prozent der mongolischen Gesamtbevölkerung, aber 95 Prozent der ungefähr 120 000 Einwohner in der Provinz Bayan-Olgij. Auf diesem kahlen Zipfel an der abgelegenen Grenze zwischen Mongolei, China und Russland leben die Kasachen in der Diaspora, die Erben einer turbulenten Nomadengeschichte, deren Vorfahren über die Berge und wieder zurück getrieben wurden, zuerst auf der Flucht vor den Russen und Chinesen und später als Vertriebene, die in ihrer eigenen Republik abgelehnt wurden. Hier, im äußersten Westen der Mongolei, schufen sie sich schließlich eine Enklave, ein nomadisches Volk innerhalb der mongolischen Nation.

Nachdem ich zwei Jahre in der mongolischen Hauptstadt gelebt hatte, kam es mir vor, als hätte ich gerade eine Grenze in einraueres, archaischeres Land überschritten. Bäume zählten zu den bedrohten Arten in Olgij, und es gab kein Gras, nur Berge, Fels, Eis und einen eiskalten Himmel. Jurten waren in der Minderheit, von vorsintflutlichen, weiß getünchten Häusern aus Holz und Lehm verdrängt, deren flache Dächer wie dicke Brotschnitten aussahen. Die Tünche war ein farbloser Brei aus Kalk und Wasser, und der Boden, auf den sie tropfte, war nichts als Staub und Stein. Greg und ich kickten kleine Wölkchen hoch, als wir durch die Straßen schlenderten. Der lang gezogene, traurige Ruf des Muezzin von der Hauptmoschee begleitete uns.

Ich war den ganzen Tag zerstreut und fahrig. Mein Magen ist immer mein Gefühlsbarometer, und jetzt gurgelte und krampfte er sich zusammen, als ich meine Taschen überprüfte und auf den Jeep wartete. Ich hatte keine Ahnung, wie Tsengel aussah oder wie es dort sein würde – ich zog in ein Dorf, das ich noch nicht einmal auf einer Landkarte gesehen hatte. Gregs Beschreibung war alles, was existierte. Ich hatte bewusst darauf verzichtet, mehr über Tsengel herauszufinden, weil ich keine falschen Erwartungen mitbringen wollte. Meine Eindrücke sollten unmittelbar und spontan entstehen. Ich wusste nur, dass nichts Banales oder Mittelmäßiges mich erwartete. Tsengel lag in einer extremen Umwelt. Ich würde das Leben dort hassen oder lieben, die Flucht ergreifen oder das Dorf zu meinem neuen Zuhause machen.

Der Fahrer hupte gegen halb fünf. Greg und ich beobachteten, wie mein Gepäck, das aus Kleidern, Trockennahrung, Büchern und einem großen Käselaib bestand, in den Jeep gestopft wurde, der bereits aus allen Nähten platzte, beladen mit Säcken und einem halben Dutzend Männern und Frauen mit mehreren Kindern, die auf ihren Knien schaukelten. Der Fahrer sah übellaunig aus, und seine rissige Unterlippe verzog sich zu einem Grinsen, als er sagte: »*Yavi*? Sollen wir fahren?« Es klang mehr wie ein Ultimatum als eine Frage.

»Ruf mich an, wenn du Besuch willst«, sagte Greg ruhig, als ich ihn zum Abschied küsste. Ich winkte dankbar, weil ich wusste, dass er verstand, was in mir vorging.

Ich teilte den Vordersitz mit einer jungen Frau, die ein dick vermummtes Baby auf dem Schoß hatte, und ich kniff die Pobacken zusammen, als wir von dem löchrigen Asphalt auf eine ungeteerte Straße abbogen und der Jeep durch eine Sandwüste schlingerte, die mit stachligen gelben Grasbüscheln gesprenkelt war.

Olgij wich hinter uns zurück, während wir durch den Staub, Schnee und Sand knatterten. Der Horizont war von schroffen Bergen eingerahmt. Meine Reisegefährten, Männer in Schädelkäppchen und Frauen mit Kopftüchern, sprachen alle mongolisch mit mir, redeten aber untereinander kasachisch, eine Sprache, die guttural und so fremd war wie die Landschaft, die sich vor mir ausbreitete.

Ich starrte durch die verschmierten Fenster und sah beim Vorbeidonnern ein paar Kamele vom Wegrand herunterspringen; ihre schlaffen, haarigen Höcker wabbelten wie Brüste. Aber bald verlor sich der Weg wie Fußspuren im Sand, und die Berge wurden von der Dämmerung verhüllt; nur ein paar Pferdeherden hielten die Stellung und starrten unter dem riesigen, blauvioletten Himmel herüber.

Ich geriet in stumme Panik, während wir nach Westen ratterten, und betete, dass wir nie in Tsengel ankommen, sondern immer weiter durch dieses menschenleere, wilde Schweigen fahren würden, bis mein Mut und das Tageslicht zurückkehrten. Als der Jeep endlich vor einer morschen, wackligen Brücke anhielt, die über einen breiten Eisfluss führte, starrte ich auf die Schatten eines verfallenen Weilers, der mitten in dem kahlen, baumlosen Flusstal lag, und hoffte inständig, dass das hier nicht Tsengel war. *Alles, nur nicht dieses trostlose, gottverlassene Kaff, bitte, bitte!* Meine Reisegefährten schüttelten ihre bedeckten Köpfe. »Nein. Noch eine Stunde.«

Die Männer entfernten sich, um irgendwo abseits zu pinkeln. Und bald quetschten wir uns wieder in den Jeep und fuhren auf Sanddünen zu, die sich im Dunkel verloren.

Es dauerte noch drei Stunden, bis wir Tsengel erreichten. Der Motor des Jeeps keuchte und soff schließlich ab. Ein stämmiger Kasache, der geräuschvoll Schleim heraufhustete und beim Arbeiten die Augen zukniff, weil ihm der beißende Rauch seiner Zigarette unter die dichten Wimpern drang, erweckte ihn wieder zum Leben. Ich redete leise mit der Frau, die neben mir saß und ihr Kind an sich drückte. Ihr Name war Aimak. Sie lebte nicht in dem Dorf.

»Nein, mein Haus ist in der Nähe, in den Bergen«, sagte sie beiläufig. »Sie finden es schon. Sicher wird Sie jemand hinbringen.«

Ich hatte keine Zeit, ihr Lebwohl zu sagen, als wir endlich ankamen. Der übellaunige Fahrer hatte es sehr eilig.

Im Krankenhaus von Tsengel winkte Baddie-Guul mich nun zum Schreibtisch hinüber und goss dampfenden Tee in zerkratzte Schalen. Das Gebräu war salzig und verbrannte mir die Lippen, aber die Flüssigkeit rieselte warm in meinen verkrampften Magen, und meine Finger fingen an zu kribbeln.

»Essen Sie Pferdefleisch?«, war die einzige Frage, die Baddie-Guul mir während des ganzen Abends stellte. Sie sprach nur stockend Mongolisch, als wäre es eine Sprache, die sie nur selten gebrauchte. Ich sagte: »Ja, natürlich esse ich Pferdefleisch«, obwohl ich es noch nie probiert hatte. Baddie-Guul servierte mir das Fleisch klein geschnitten mit Reis, und es schmeckte gut, weich und ölig. Ich konnte mir inzwischen kaum noch vorstellen, dass ich einmal Vegetarierin gewesen war.

Während wir unser Essen löffelten, tauchten Einheimische auf, allein oder zu zweit: Männer in wattierten, schwarzen Winter-*deel* und steifen, braunen Pelzmützen. Sie stießen die Tür auf, ohne anzuklopfen, und fassten mich scharf ins Auge, ehe sie Baddie-Guul mit Fragen auf Kasachisch überschütteten, um dann genauso abrupt zu verschwinden, wie sie gekommen waren. Es war nervtötend.

Hin und wieder gab Baddie-Guul einem der Männer eine Schale Essen, das dieser stumm in sich hineinschlang. Dann stellte er die leere Schale auf den Schreibtisch, um sie mit Tee füllen zu lassen, und ging wortlos hinaus, sobald er sie geleert hatte. Keine einzige Frau ließ sich blicken.

Der letzte Besucher, ein blasser, breitschultriger Kasache, der eine mit Zeitungspapier gedrehte Zigarette rauchte, musste Baddie-Guuls Freund sein. Er hockte sich auf einen der Stühle und starrte mich wortlos an. Er hieß Maram-Khan und sprach kein Mongolisch, wie er mir schließlich verkündete – auf Mongolisch. »Warum sprechen Sie nicht kasachisch?«

Ich warf ihm finstere Blicke zu, als er mir den Rücken zudrehte und mit Baddie-Guul genauso zärtlich redete, wie er unwirsch mit mir gewesen war. Todmüde und frustriert rieb ich mir die Augen und raffte mich endlich auf, nach der Toilette zu fragen. Während Maram-Khan sich über sein Essen hermachte, führte Baddie-Guul mich in den Hof hinaus und um mehrere dunkle Ecken herum. Ich roch das Klo noch bevor wir dort waren und hockte mich ungeschickt über das Loch, das ich mit dem Fuß ertastet hatte. Ich hielt die ganze Zeit den Atem an.

Als Maram-Khan uns am nächsten Morgen in der Dämmerung weckte, indem er mit seinen schweren Stiefeln gegen die Tür polterte (oder zumindest hörte es sich so an), war das Zimmer dunkel und eiskalt wie eine Gruft. Ich zog meine Mütze an, bevor ich mich in dem durchhängenden Bett aufsetzte und die Vorhänge aufzog, um Licht hereinzulassen. Baddie-Guul hatte voll bekleidet in dem anderen Bett geschlafen und stand sofort auf. Sie lächelte mich vorsichtig an, grüßte Maram-Khan und kniete vor dem ausgebrannten Ofen nieder, den sie im Nu wieder angefeuert hatte.

Als sie ihren schweren Mantel aufhob und mit ihrem Mann zur Tür ging, stand ich ebenfalls auf. Ich wusste, dass ich überreagierte und nicht ein kleines Kind war, das von den Erwachsenen allein gelassen wurde, aber genauso fühlte ich mich.

»Wo ... wohin gehen Sie?«, fragte ich kläglich.

Baddie-Guul lächelte, und Maram-Khan schloss leise die Tür hinter sich.

Als sie fort waren, stand ich eine Weile mitten im Zimmer, dann lachte ich laut heraus. Es war total verrückt. Ich hatte noch nie in meinem Leben ein Feuer angefacht, Holz gehackt und auf einem Holzofen gekocht, und ich hatte noch nie ohne Strom gelebt. Was in aller Welt hatte ich hier verloren? Ich gab mir einen Ruck, zog meine Jacke und meine Stiefel an (alles andere hatte ich zum Schlafen anbehalten) und verließ ebenfalls das Krankenhaus.

2

Tsengel war ein lang gestrecktes, weitläufiges Dorf. Ein paar hässliche Betonblocks standen auf dem Hauptplatz, gleich am Weg unten, wenn man vom Krankenhaus kam, aber alles andere war aus Holz und Lehm gebaut: die Häuser, die *haschas* – die umzäunten Höfe – die Plumpsklos und eine Reihe von Holzbuden mit niedrigen Türen, die mit Vorhängeschlössern versperrt waren, wahrscheinlich Läden oder Kiosk. Staubige, mit Steinen übersäte Erdstraßen schlängelten sich durch das Dorf, die von einer Meute räudiger, hinkender Hunde belagert wurden. Ich blieb stehen und betrachtete das winzige, weiß getünchte Gebäude, das ein Stück hinter den anderen Häusern zurückversetzt war. Schuttberge umgaben es, und es war mit einer Sammlung von Antennen ausgestattet, die gefährlich auf dem Dach balancierten. Ich las das Schild an der Stahltür: *Shuuudangiin salbar* – Postamt.

Weit und breit war kein Mensch zu sehen, was mir ziemlich seltsam vorkam. Trotzdem schlenderte ich in dem kalten, funkelnden Sonnenschein weiter, denn ich hatte keine Lust, in mein einsames Krankenhauszimmer zurückzukehren. Das Dorf war an drei Seiten von dunklen, geduckten Bergen umgeben, deren Gipfel mit Schnee bedeckt waren. An der vierten Seite zog sich ein weiter Hang hinauf, der mit einer bizarren Siedlung von kunstvoll verzierten, rechteckigen Gebäuden und spitz zulaufenden weißen Türmchen gekrönt war. Ich fragte mich, wer dort wohl lebte.

Ich folgte ein paar mageren Kühen zum Flussufer hinunter. Das Wasser war fest gefroren und sah aus wie ein Trümmerfeld von riesigen, unbehauenen weißen Marmorplatten. Ich blickte auf die vereiste Landschaft hinaus, und plötzlich wurde mir bewusst, dass ich noch nie einen solchen Himmel gesehen hatte: ein atemberaubender, wolkenloser, kobaltblauer Himmel, der sich hoch über das trostlose Tal hinaufschwang und dem Dorf eine unverhoffte, stille Schönheit verlieh.

Menschen. Endlich tauchten ein paar Dorfbewohner auf. Fünf alte Leutchen humpelten auf mich zu, die Gesichter so runzlig wie zerknittertes braunes Packpapier. Wir tauschten Grüße auf Mongolisch aus.

»*Sain bainuu?*« – Wie geht es Ihnen? Wörtlich: Sind Sie gut?

»*Taivan.*« – Friedlich.

Die alten Leute lächelten mich zahnlos an, schüttelten mir die Hand, stellten aber keine Fragen, sondern hoppelten weiter. Ich durchquerte das ganze Dorf der Länge nach, ohne noch jemandem zu begegnen. Alle Tore waren versperrt, nirgendwo spielten Kinder. Tsengel war stumm. Wo in aller Welt steckten die ganzen Dorfbewohner? Ich konnte es mir nicht erklären.

Schließlich folgte ich dem vereisten Flussarm zurück zum Krankenhaus, einem hässlichen u-förmigen Gebäude, wie ich jetzt sah, mit großen zersprungenen Fenstern und einem verlotterten Hof, der mit Bauschutt und Asche von den Öfen übersät war. Ein Jeep parkte vor meiner Tür. Ein schlanker, kleiner Mann mit scharfen, raubvogelhaften Zügen winkte mir überschwänglich zu.

»Oh, hallo!«, begrüßte er mich auf Englisch, wechselte aber sofort auf Mongolisch über. »Wie ist Ihr Zimmer? Schön? Gut, gut. Hat der Schulleiter Sie schon besucht? Nein? Ach, er wird sicher bald kommen. Ich bin Abbai, der Ortsvorsteher von Tsengel.«

Ich streckte lächelnd meine Hand aus. Abbai hatte mir ein Telex geschickt, in dem er mir einen Job als Englischlehrerin gegen Essen und Unterkunft an der Tsengeler Schule angeboten hatte. Ich war froh, dass ich ihn jetzt kennen lernte.

»Also dann ...« Abbai fuhr mit einem schwarz geränderten Fingernagel eine Liste von Wörtern in seinem Notizbuch nach und wechselte wieder in sein mühsam eingeübtes Englisch über. »Brauchen Sie ein Kopfkissen, ein Dienstmädchen?«

»Ein Dienstmädchen?« Ich hatte keinen Zimmerservice erwartet.

»Ja. Sehr schwierig für Sie hier«, sagte Abbai energisch.

Ich bat um ein Kopfkissen, lehnte aber das Dienstmädchen ab, zugleich verwirrt und amüsiert von dem Gang der Dinge seit meiner Ankunft.

Abbai winkte einen großen, bebrillten, etwa 50-jährigen Mann herüber, der gut aussah, trotz der hellen Flecken, die sein braunes Gesicht und seinen Hals verunzierten. »Das hier ist Zultan.«

»*Sain bainu, bagsh.*« Zultan grinste und sah aus, als ob er gleich losprusten würde. »Heute ist Tsagaan Sar. Sollen wir aufs Land gehen?«

Natürlich! Ich schnalzte mit den Fingern, als mir das Datum wieder einfiel. Das also war der Grund, warum Tsengel wie leer gefegt wirkte. Tsagaan Sar, das mongolische Neujahr, der alte Ritus, mit dem der langsame Rückzug des fünf- bis sechsmonatigen mongolischen Winters und der Beginn eines neuen Jahreszeitenzyklus gefeiert werden. Das Datum richtet sich nach dem orientalischen Mondkalender und variiert jedes Jahr zwischen Anfang und Ende Februar. In Ulaanbaatar dauert Tsagaan Sar offiziell nur drei Tage, aber auf dem Land dehnen sich die Feiern über mehrere Wochen aus. Alle Dorfbewohner müssen ihre Freunde und Verwandten in den Bergen besuchen und die traditionellen Neujahrs-*buuz* essen (das sind mit Hammelfleisch gefüllte Dampfnudeln), und der *arkhi*, der selbst gebraute Wodka, fließt in Strömen. Die meisten mongolischen Familien bereiten über tausend *buuz* zu, die sie einfrieren und dann während der Feiern für die Gäste dämpfen. Wo immer wir jetzt hinkamen, mussten wir Hammel essen und *arkhi* trinken.

Eine Stunde später war ich ziemlich benebelt, und nach vier weiteren Stunden hatte ich ernste Verdauungsprobleme und einen Nachmittagskater. Abbai und Zultan waren sturzbetrunken, und wir kurvten fröhlich durch die Steppe, auf dem Weg zu einem weiteren Fest.

Die Siedlungen, die wir besuchten, sahen bis auf winzige Kleinigkeiten alle gleich aus: ein abgelegenes Tal in den nahen Bergen, eine Hütte, so dicht an den Hang gebaut, dass sie wie aus dem Fels gemeißelt wirkte. Innen gab es stets einen einzigen schummrigen Raum mit einer niedrigen Decke und mehreren sorgfältig gemachten Betten. Ein Kessel mit Schnee stand zum Schmelzen in der Mitte auf dem Ofen. Im Hintergrund thronte eine zerkratzte Truhe oder Kiste mit handgemalten furchterregenden Feuerdrachen, flauschigen Wattewölkchen und riesigen blassblauen Blütenblättern unter einem Rahmen mit düsteren Schwarz-Weiß-Familienfotos. Eine Frau hantierte am Ofen, unweigerlich von mehreren dünnen, rotbackigen Kindern umringt.

Bei jedem Halt wurden uns Berge von *buuz* vorgesetzt. Das Öl lief uns beim Essen am Kinn herunter. Der *arkhi* wurde in silberverzierte Holzschalen gegossen und vom Gastgeber an alle Gäste herumgereicht, wobei immer nur die rechte Hand benutzt wurde.

Ganze Familien kamen zu Besuch, während wir schmausten, schälten sich aus ihren dicken Wintermänteln, setzten sich auf die Teppiche oder lehnten sich an die Betten und starrten mich an, bis alle, einschließlich mir selber, in Gelächter ausbrachen.

»Sie wissen nicht, wer Sie sind, *bagsh*«, sagte Abbai grinsend. »Jetzt essen Sie – essen Sie Fleisch!«

Ausgelassen und beschwipst zogen wir von einem Haus zum anderen. Einmal trafen wir eine Gruppe von Nomaden beim Kartenspielen an. Alle brüllten und johlten, wenn sie ihre Trümpfe auf den Tisch knallten, und ständig gesellten sich neue Spieler hinzu, während andere einfach aufhörten. Wer gewann, war offenbar nicht wichtig. Es war ein chaotischer, turbulenter und verwirrender erster Tag in den Bergen, und ich war völlig hingerissen.

Als wir endlich nach Tsengel zurückfuhren, war es schon fast dunkel. Ich winkte Abbai und Zultan zum Abschied zu, und erst jetzt dachte ich mit Grausen an mein eisiges Krankenhauszimmer, denn ich wusste, dass ich niemals ein Feuer in Gang bringen würde, weil ich viel zu müde und betrunken war. Als ich schon unter meine kalten Decken kriechen wollte, kam Baddie-Guul herein, zündete wortlos den Ofen an und legte sich dann ins andere Bett. Es war mir peinlich, obwohl ich natürlich froh darüber war.

Abbai ließ sich nicht mehr im Krankenhaus blicken, und der Schulleiter tauchte überhaupt nie auf. Stattdessen versammelte sich in den nächsten Tagen das halbe Dorf bei mir. Vom frühen Morgen bis spät in die Nacht ging pausenlos meine Zimmertür auf, und ein, zwei oder drei Männer oder Frauen, die ich noch nie gesehen hatte, kamen herein, setzten sich und musterten mich von Kopf bis Fuß. Es war alles vertreten: verschrumpelte Greise mit ihren Enkeln, Mütter mit ihren Töchtern, Teenagergrüppchen, streng blickende, schweigsame Männer, meistens zu zweit. Selten kam jemand allein. Die mongolische Gastfreundschaft schreibt vor, dass man seine Tür niemals verschließen darf und den Besuchern immer Tee anbieten muss. Ich schüttete literweise Tee in mich hinein und tauschte Grüße mit unzähligen lächelnden, scheuen Menschen aus. Hin und wieder tauchte ein betrunkener Nachtschwärmer auf, der harmlos war, aber energisch nach Hause geschickt werden musste. Das Ganze hatte etwas Surreales: ganze Nachmittage, die in Strömen von Tee und neuen Besuchern ertranken. Die Frauen starrten mich an, strahlend und eifrig nickend, aber meist ohne viel zu reden. Die Männer sagten fast gar nichts. Alle redeten Mongolisch, also lag es nicht an Sprachproblemen. Die Leute wirkten auch nicht ängstlich, nur verlegen. Sie waren neugierig auf die fremde *bagsh*, aber wenn sie vor mir standen, fehlten ihnen die Worte. Ich fragte alle Besucher ständig nach ihren Namen, den Namen ihrer Kinder, wo sie lebten und was sie machten. Die Leute ihrerseits fragten mich auch nach meinem Namen und woher ich sei, aber niemand wollte wissen, warum ich nach Tsengel gekommen war und was ich hier wollte.

Die einzigen Besucher, die mir nicht willkommen waren, waren die dunklen Gestalten, die häufig spätnachts mit den Fäusten an das Fenster der Krankenstation hämmerten und mich aus dem Schlaf rissen, um dann schnell die Gasse hinunterzuflüchten, während ich allein und mit klopfendem Herzen im Dunkeln lag.

Eines Nachmittags, als der Besucherstrom für einen Augenblick versiegt war, ging ich hinaus, um die Krankenhausangestellten zu besuchen, die ich bisher noch nie gesehen hatte. Vielleicht würde ich mich dann weniger fremd fühlen in meinem düsteren Zimmer und mehr mit dem Dorfleben in Berührung kommen. Ich musste das Gebäude zweimal umrunden, bis ich den Haupteingang fand – ein schäbiges Tor, das in einen dunklen Flur, so schwarz und kalt wie ein Tunnel, führte. Drinnen triefte die Luft vor Feuchtigkeit. Ich watete mit ausgestreckten Armen auf einen Streifen Sonnenlicht am anderen Ende des Tunnels zu und trat beinahe auf eine fette, weiße Katze, die im Dunkeln an mir vorbeistrich und mich böse anfauchte. Ich schrie auf und knallte mit voller Wucht gegen ein großes, regloses, gruseliges Bündel, das auf einer Trage aufgebahrt lag. Was war das denn? Entsetzt flüchtete ich zum Ende des Tunnels, stürmte um eine sonnenbeschienene Ecke und stieß fast mit zwei Frauen in sauberen weißen Kitteln zusammen, die mich erstaunt anstarrten, dann eine Tür aufmachten und etwas hineinbrüllten.

Eine junge Frau, ebenfalls im weißen Kittel, trat heraus und lächelte, als hätte sie mich erwartet. »Sie sind die *bagsh*«, sagte sie in einem resoluten Ton, der gut zu ihrem frisch gestärkten Arztkittel passte. »Ich bin Doktor Janner-Guul. Kommen Sie bitte herein.« Ich starrte sie an. Mit ihrer hellen, blassen Haut und dem langen, braunen Zopf, der ihr über die Schulter hing, sah sie aus wie eine klassische englische Schönheit.

Wir gingen in ihr volles Sprechzimmer, und die junge Ärztin redete mongolisch mit mir, während sie mit einer Zange auf ein verängstigtes junges Mädchen zuging, das auf einer Bank saß und die Hand auf den Mund presste.

»Ich möchte Englisch lernen. Ich bin sehr froh, dass Sie da sind. Kann ich Stunden bei Ihnen nehmen?«

Sie machte dem Mädchen ein Zeichen, dass sie ihre Hand wegnehmen sollte, betupfte den schmerzenden Zahn, packte ihn mit der Zange und riss mit aller Kraft daran. Ich zuckte zusammen, genauso wie das junge Mädchen und die zehn oder zwölf anderen Leute, die sich im Behandlungszimmer befanden. Aber der Zahn kam nicht heraus.

Plötzlich stand ein Mann hinter dem einzigen Schreibtisch im Raum auf, zeigte seine eigenen blitzenden, goldüberkronten Schneidezähne und nahm nun die Sache in die Hand. Wir standen alle schweigend da und gafften, als er die Zange in den widerstrebend geöffneten Mund des Mädchens schob und den Zahn samt der Wurzel herausriss. Mir traten die Tränen in die Augen, als das Blut in die Petrischale spritzte. Das Opfer dagegen sah erleichtert aus.

»Hallo, *bagsh*«, sagte der Mann mit den Goldzähnen. »Ich bin der Klinikleiter, Algaa.«

»*Bagsh*, geben Sie mir Englischunterricht?«, fragte Dr. Janner-Guul wieder. Sie konnte hartnäckig sein, wie ich bald feststellte. Ich sagte, ja, natürlich, und lud sie zu einer Tasse Tee zu mir ein.

Eine Stunde später saß sie in meinem Zimmer, trank Tee, blätterte in einem meiner Textbücher und plante ihren privaten Englischunterricht. Von da an besuchte Janner-Guul mich zwei- oder dreimal am Tag, kam auf einen Tee und ein Schwätzchen vorbei und schnalzte missbilligend mit der Zunge, wenn ein anderer Besucher auftauchte und mich von ihr ablenkte. Nur einmal kam sie mit einer Freundin, einer Frau in ihrem Alter, die selbst beim Lächeln die Stirn runzelte und mich ängstlich von der Tür aus begrüßte, anstatt hereinzukommen.

»Ich bin Zulmira. Ich bin Kasachischlehrerin an der Schule. *Sain bainuu?*« Sie schaute sich im Zimmer um. »Ist das Ihr Zuhause?«

Ich nickte ohne Begeisterung. Das Zimmer war feucht und zugig. Mir war nur einigermaßen warm, wenn ich direkt am Ofen saß. Das Krankenhaus stand etwas abseits von den Dorfhäusern, und trotz des ständigen Besucherstroms fühlte ich mich ziemlich isoliert. Nachts wurde es richtig unheimlich in den flackernden Schatten des Kerzenlichts, mit den dunklen Gestalten vor meinem Fenster und der Totenstille ringsum. Zulmira und Janner-Guul redeten einen Augenblick kasachisch miteinander, dann nickte die junge Ärztin und ging zu ihrem Sprechzimmer zurück. Zulmira fummelte einen Augenblick an ihrem Hut herum, ohne mir in die Augen zu sehen.

»*Bagsh*, möchten Sie mit mir spazieren gehen oder zum Fluss hinunter und Eis laufen?«

Ich packte Zulmiras nicht behandschuhte Hand, als wir auf das Eis kletterten. Wir hatten keine Schlittschuhe, nur unsere Stiefel, aber bald schlitterten wir zusammen über den breiten Chovd. Hier und da waren ein paar Bäume bis zur Hälfte im Eis eingefroren, und an manchen Stellen war die Eisfläche so durchsichtig, dass wir das steinige Flussbett darunter sehen konnten. Wir sausten eine Weile laut lachend auf dem Fluss herum, und als wir genug hatten, ruhten wir uns auf dem schimmernden Eis aus, flach auf dem Rücken liegend, erhitzt und atemlos.

Ein paar Kinder flitzten auf uns zu und umkreisten johlend die Stelle, wo wir lagen. Zulmira stützte sich grinsend auf einen Ellbogen und schaute mich endlich mit ihren ernsten, dunkelblauen Augen an. Ihr dichtes, schwarzes Haar war im Nacken zu einem Zopf geflochten.

»Ich war sechs Jahre von hier weg«, sagte sie, als ob sie mir ein Geheimnis anvertraute oder laut nachdachte. »Ich habe in unserer kasachischen Stadt Alma-Ata studiert und unterrichtet. Letztes Jahr bin ich zurückgekommen, und jetzt leben wir alle zusammen – meine Eltern und zehn Brüder und Schwestern. Ich bin die Älteste, wissen Sie.«

Obwohl sie noch immer lächelte, lag ein Anflug von Bitterkeit oder Bedauern in ihrer Stimme; ich konnte nicht genau sagen, was es war.

»Sind Sie verheiratet?«, fragte ich unüberlegt. In der Mongolei heiraten Frauen normalerweise sehr jung, besonders auf dem Land.

Zulmira schüttelte den Kopf. »Mein Freund ist in Kasachstan«, war alles, was sie mir je erzählte.

Als wir mit unserer Gefolgschaft im Schlepptau zum Dorf zurückschlitterten, begrüßte uns ein Mann, der auf dem Eis saß und seinen Kinder beim Spielen zuschaute, mit »Glückliches neues Jahr« – es war immer noch *Tsagaan Sar*. Ich gab mir Mühe, seinen Sohn nicht anzustarren, dessen strahlendes, junges Gesicht von einer tiefen Gaumenspalte entstellt war. Es sah schlimm aus – ein klaffender Schlund, der seine Milchzähne freilegte.

Ein weiterer Gast wartete geduldig vor meiner Tür, als wir erschöpft und durstig ins Krankenhaus zurückkehrten – eine junge Frau in einer Schaffelljacke, die uns herzlich begrüßte. Auf ihrer linken Wange prangte ein Muttermal, aber es passte irgendwie zu ihr. »*Sain bainu, bagsh*, ich bin Gansukh«, sagte sie strahlend. »Besuchen Sie uns jetzt auch in unserem Haus?«

Bevor ich endlich aus dem Krankenhaus ausziehen konnte, war ich von morgens bis abends mit Besuchen oder Einladungen beschäftigt. Ich bewirtete Gäste, besuchte die Leute, deren Häuser ich finden konnte, und wanderte durch das Dorf oder aus dem Dorf hinaus. Das einzig Unangenehme waren mein kaltes Betonzimmer und meine Unfähigkeit, für mich selber zu sorgen.

Gansukh und Sansar-Huu, ihr scheuer, attraktiver Mann, und ihre beiden kleinen Kinder waren die ersten Tuvaner, die ich in Tsengel kennen lernte. Ihr Stammland, die Republik Tuva, grenzt an den Nordwesten der Mongolei und war ursprünglich eine mongolische Provinz namens Urianhai. Als die Bolschewiken 1921 ihre Herrschaft in der Mongolei errichteten, wurde Urianhai unverzüglich ihrem riesigen Sowjetreich einverleibt. Fünf Jahre später, 1926, wurde die Provinz wieder in Republik Tannu Tuva umbenannt, obwohl sie weiterhin unter sowjetischer Jurisdiktion blieb. Tuva, das in den frühen 1990er Jahren eine nominelle Unabhängigkeit erlangte, ist eine obskure Republik geblieben, deren Hauptattraktion in dem Obelisken besteht, der in der Hauptstadt Khyzl den geografischen Mittelpunkt Asiens markiert.

Den Frühling und Sommer über war ich viel mit Gansukh, Sansar-Huu und ihren tuvanischen Freunden und Verwandten zusammen und merkte bald, dass die Tuvaner und Mongolen einheitliche Völker geblieben sind, die sich in physischer, kultureller und religiöser Hinsicht stark gleichen. Beide sind nomadisierende zentralasiatische Hirtenvölker, die in Jurten leben und den tibetischen Buddhismus, mit der Tradition der Schamanen vermischt, praktizieren. Sie essen die gleiche Nahrung, feiern die gleichen Feste und halten die gleichen Rituale und Tabus ein. Tuvanisch ist eine melodische Sprache; Mongolisch ist rauer und gutturaler.

Die mongolischen Tuvaner sprechen fließend Mongolisch und könnten zwischen der Mongolei und Tuva hin- und herpendeln, wann immer sie wollten. Doch viele mongolische Tuvaner haben ihr Stammland noch nie besucht. Sie waren in der Mongolei sesshaft geworden, waren integriert und offenbar zufrieden, und es gab keine zwingenden Gründe für sie, in eine andere Heimat zurückzukehren. Ihre Nachbarn, die stolzen und andersartigen Kasachen, waren in Tsengel die Außenseiter, die Ausgestoßenen und Exilanten.

3

Zulmira und Gansukh schauten mich erwartungsvoll an, als Sansar-Huu mir frischen Tee einschenkte.

»Wir sind Ihre Schüler, *bagsh*«, sagte Gansukh. »Wir müssen beide Englisch lernen. Ich kann es ein bisschen und Zulmira auch. Wann können Sie uns unterrichten?«

Ich schwieg einen Augenblick, ließ das *buuz* in meiner Hand abkühlen. Ich wusste nichts davon, dass ich zwei Lehrer von der hiesigen Schule unterrichten sollte. Aber da der Schulleiter sich nicht blicken ließ, hielt ich es für eine gute Idee.

Wir begannen am folgenden Nachmittag in meinem Zimmer mit dem Unterricht. Gansukh und Zulmira vergraulten erfolgreich alle anderen Besucher, indem sie sich mit dem Rücken zur Tür setzten und mir laut Fragen stellten, sobald wir Schritte auf dem Flur näher kommen hörten. Dr. Janner-Guul kam in den meisten Unterrichtsstunden auf einen Sprung herein, kritzelte etwas in ihr Notizbuch und zischte Zulmira Fragen zu, bevor sie widerstrebend in ihr Sprechzimmer zurückkehrte.

Baddie-Guul tauchte weiterhin frühmorgens an meiner Tür auf, noch bevor die ersten Gäste, Janner-Guul oder Gansukh und Zulmira hereinkamen. Sie zündete schweigend den Ofen an, schleppte Wassereimer herbei, kochte Tee – und dann stand sie herum, als ob sie auf Befehle wartete. Ich war ihr dankbar für ihre Hilfe, aber wir fühlten uns beide nicht wohl bei diesem Arrangement. Baddie-Guul sprach mich selten direkt an, und ich wusste, dass sie mir einfach nichts zu sagen hatte. Wahrscheinlich war sie das Dienstmädchen, von dem Abbai gesprochen hatte, aber ich wollte keine Dienerin, und warum sollte ich anderen Leuten zur Last fallen? Als Baddie-Guul am nächsten Morgen kam, dankte ich ihr freundlich und sagte, dass ich in Zukunft meinen Ofen selber anzünden und Wasser vom Fluss holen wolle. Baddie-Guul nickte, verschwand aus dem Krankenhaus, und von jetzt an musste ich für mich selber sorgen.

Meine ersten Versuche, Feuer zu machen, scheiterten kläglich. Ich verbrauchte jeden verfügbaren Papierfetzen und musste auf das nasse Anfeuerholz blasen, bis mir schwindlig wurde – aber irgendwann klappte es. Ein- oder zweimal musste ich auf meine Jacke, Mütze und Handschuhe zurückgreifen, weil das Feuer wieder ausging. Aber Gansuhk und Zulmira gaben mir bald den Tipp, Kerzenwachs auf das Anfeuermaterial zu tropfen, damit es leichter entbrannte. Ich eignete mir im Lauf der Zeit viele dieser kleinen, aber äußerst praktischen Tricks an. Ich ging auch mit den beiden leeren Eimern hinaus, füllte sie an einem engen Wasserloch, das in das Flusseis gehauen worden war, und stolperte langsam nach Hause. Ich brauchte dringend ein Bad, aber die einzige Wanne in der Krankenstation war mein roter Eimer. Ich wusch mir jeden Morgen Gesicht und Hände, aber mein restlicher Körper ging schon fast in Verwesung über, und es wurde höchste Zeit, dass ich mich einmal gründlich abschrubbte.

Als ich eines Morgens Wasser in den Kessel schöpfte, blickte ich mich in dem spartanischen Zimmer um – und es war mir total zuwider. In der letzten Nacht hatte jemand mit lautem Getöse meinen Türgriff abgerissen, ich wurde ständig von Kindern geärgert, die Steine an die Fenster warfen oder einander auf die Schultern kletterten, um durch die Scheiben zu spähen. Ich kam mir vor wie in einer Monsterschau. Es hatte auch keinen Sinn mehr, auf das Auftauchen von Abbai oder dem Schulleiter zu warten – da hätte ich genauso gut mit Geistern Kontakt aufnehmen können. Aber erst als ich aus reiner Langeweile eine Schreibtischschublade aufzog und den Schlüssel zu der Milchglastür am anderen Ende meines Zimmer fand, war bei mir der Punkt erreicht, an dem es kein Zurück mehr gab.

Das Schloss klemmte, aber ich riss mit aller Kraft daran und stand schließlich in einem weiteren kleinen Raum, so dunkel und schmutzig wie ein Keller, in dem ein schmieriges, ekliges Monstrum von einem Möbel vor sich hinrottete. – Es war ein gynäkologischer Stuhl mit breiten, steifen Schienen.

Der Raum und dieser Stuhl riefen sämtliche Mitternacht-Horrorfilme in mir wach, die ich je gesehen hatte. Kurz entschlossen zog ich meine Jacke an und machte mich auf die Suche nach Abbai und dem unsichtbaren Schulleiter. Irgendwo in Tsengel musste es doch eine bessere Bleibe für mich geben als *das hier*.

Menke sah aus wie ein wütender Stier, der gleich zum Angriff übergeht. Er war ein bulliger, stark behaarter Mann Ende vierzig, der in seinem schäbigen Büro residierte, das wie alle anderen Räume in dem engen, überfüllten Gebäude von einem rußgeschwärzten Ofen beheizt wurde. Von dort aus lenkte er die Geschicke der Schule.

»Danke, *bagsh*, dass Sie in unser Dorf gekommen sind«, knurrte er und ignorierte den Strom von Lehrern, die lärmend in sein Zimmer drängten, ebenso wie die Tatsache, dass ich schon über eine Woche in der Stadt war. Er erklärte mir meinen Unterrichtsplan in einem Schwall von schnellem Mongolisch, und ich saß da und nickte ergeben. Ich sollte sowohl die Schüler als auch die Lehrer unterrichten. Zulmira und Gansukh würden an den Englischstunden teilnehmen, die ich ihren tuvanischen oder kasachischen Schülern gab. Das war der erste Hinweis auf das Apartheidsystem, das in Tsengel herrschte. Die tuvanischen und kasachischen Schüler wurden getrennt unterrichtet – und die wenigen mongolischen Schüler lernten unweigerlich mit den Tuvanern.

»Ähm, Menke *bagsh*, gibt es noch ein anderes Zimmer oder vielleicht eine Jurte, in der ich wohnen könnte?«, fragte ich, als er zu Ende geredet hatte, und erzählte ihm von der Kälte und den nächtlichen Eindringlingen.

Menke schwieg einen Augenblick, dann zuckte er mit den Schultern. »Ich weiß nicht. Wir haben keine Zimmer.«

Einen Augenblick starrten wir uns direkt in die Augen, dann nickte ich, die Lippen gekräuselt, in stummer Verzweiflung.

»*Bagsh*, Menke *bagsh*«, sagte Gansukh von der Tür her, wo noch immer ein halbes Dutzend Lehrer herumstanden und sich leise unterhielten. »Vielleicht kann Louisa in meinem *hascha* in unserem *ger* wohnen?«

Vier oder fünf Tage später zog ich in eine Jurte um, die in einer Ecke von Gansukhs Hof stand. Ein Trupp von Dorfmännern war ohne Vorwarnung ins Krankenhaus gekommen, als ich gerade mit Dr. Janner-Guul Tee trank. Sie packten meine Besitztümer und fast alle Möbel – auch den Ofen – zusammen und luden sie in einen offenen Lastwagen. Dann rumpelten wir zu Gansukhs Haus hinüber, wo alles, einschließlich mir selber, neben der neu aufgebauten Jurte abgeladen wurde. Danach verschwanden alle genauso blitzartig, wie sie gekommen waren. Ich war noch nie in meinem Leben so schnell umgezogen.

Ein mongolisches *ger* sieht wie ein winziges Zirkuszelt aus. Die Wand besteht aus vier oder fünf hölzernen Scherengittersegmenten, die mit Seilen zusammengebunden werden. Diese Segmente sind zerlegbar und können leicht auf den Rücken eines Kamels gepackt werden, wenn die Nomaden weiterziehen.

Das Dach des *ger* besteht aus etwa vierzig Stangen, jede davon sechs Fuß lang. Das untere Ende der Stangen passt in eines der Scherengittersegmente, während die Spitzen in einer hölzernen Krone zusammenlaufen, welche die Stangen abstützt und das Dach oben hält. Wenn das Holzgerüst aufgebaut ist, wird es innen und außen mit Filz umwickelt, bevor die weiße Segeltuchhülle über die Spitze gezogen und mit Leinenstreifen, die wie lange Schürzenbänder aussehen, festgezurrt wird.

Gansukh und ich waren den ganzen Nachmittag damit beschäftigt, mein neues Heim herzurichten. Ich schaute zu, wie sie die Bettpfosten an den Gitterwänden festband, als bestünde die Gefahr, dass sie davonliefen, während ich schlief.

»Das machen wir immer«, sagte sie lächelnd, als sie mein verblüfftes Gesicht sah. »Damit die Wände bei einem heftigen Sturm nicht so leicht einstürzen. Das verhindert, dass das *ger* …« Sie mimte etwas wie eine Implosion. Ich zog eine Augenbraue hoch, während Gansukhs kleiner Sohn und ihre Tochter, Yalta und Opia, mich mit großen Augen anschauten und sich an ihrer Mutter festklammerten, ohne auch nur einen Blick von diesem seltsamen neuen Gast abzuwenden.

Als Gansukh und die Kinder in der Dämmerung über den Hof zurück zu ihrer Hütte gingen, legte ich mich auf mein gefesseltes Bett und stieß einen tiefen Seufzer der Erleichterung aus. Ich war glücklich, dass ich dem Krankenhaus entronnen war und endlich mitten im Dorf lebte. Jetzt war ich von Familien umgeben, hörte Kinder und Tiere auf der Straße lärmen, ein stetiges, einlullendes Hintergrundgeräusch. Ich mochte Gansukh, ihren Mann und ihre scheuen Kinder. Die Jurte war wie ein schützender Kokon, die Filzwände dick und tröstlich. Niemand konnte sehen, was ich dort drinnen machte oder mit wem ich zusammen war. Das einzige Fenster in meinem neuen Heim war ein breiter Schlitz im Zeltdach, der als Dachluke diente und einen leuchtenden Ausschnitt des blauen Himmels über mir freigab. Sansar-Huu hatte mir bereits angeboten, eine Glühbirne in der Luke aufzuhängen und den Draht mit dem zerfransten alten Kabel zu verbinden, das gleich außerhalb des

Hofes baumelte. Tsengel war durch ein Gewirr dieser wenig Vertrauen erweckenden Kabel verbunden, die sich durch das ganze Dorf schlängelten wie durchhängende Wäscheleinen.

Aber wir probierten es gar nicht erst mit der Glühbirne, und es wäre auch vergebliche Mühe gewesen, denn in den nächsten Monaten gab es sowieso keinen Strom in Tsengel.

Da mein Wohnproblem jetzt gelöst war und die Schule erst in einer Woche beginnen sollte, wanderte ich jeden Tag in Tsengel herum und in die Umgebung hinaus, um das Dorf und seine Grenzen zu erkunden.

Im Norden waren die Berge am steilsten und dunkelsten und der Chovd am breitesten, mit winzigen Inselchen zersetzt, die wie schwebend in dem undurchdringlichen Eis steckten. Ein Weg zog sich am Fluss entlang und stieg dann hoch über die Uferdämme hinauf, um sich in der Wildnis dahinter zu verlieren, wo ich hier und da noch ein paar Hütten und Herden erspähen konnte. Die Nomaden zogen erst im Sommer in ihre Jurten.

Die einzigen Menschen, die mir auf diesen gemächlichen Wanderungen begegneten, waren kleine Jungen, die ihre Ziegen hüteten, ein oder zwei vorbeigaloppierende Nomaden in zerknitterten *deel* und einmal eine verschrumpelte alte Frau, die auf einem Grashügel hockte und durch ein Monokel schaute.

»Ich finde meine Kamele nicht«, sagte sie ernst zu mir und schaute mich mit ihren trüben, vom grauen Star befallenen Augen an, ohne zu merken, dass sie eine *gadaad-neen hun* vor sich hatte, eine Fremde. »Hier, schau du mal. Kannst du sie sehen?«

Wir suchten und fanden sie, und die alte Frau humpelte auf ihren halb verkrüppelten Beinen davon, um ihre Tiere zurückzuholen.

Ich stellte mich auf ihrem Platz auf den Hügel und drehte mich langsam um die eigene Achse. In der anderen Richtung, südlich des

Dorfes, trat der Chovd in eine breite Schlucht ein, deren Wände allmählich zu düsteren, schneebedeckten schwarzen Felsentürmen anstiegen, den Vorboten eines noch einsameren und kahleren Landes.

Ich bin im tiefsten Herzen ein Stadtmensch. Ich mag gutes Essen, Lärm und Zerstreuungen und zu jeder Tageszeit warmes Wasser und helle Lichter. Körperliche Arbeit war mir immer verhasst gewesen, ich bin nicht gern verschwitzt und schmutzig. Es fiel mir schwer genug, jeden Tag meine vollen Wassereimer zu schleppen, und meine Finger waren wund und ständig mit winzigen, heimtückischen Splittern von dem Holz gespickt, das ich selber spaltete, wie Gansukh es mir gezeigt hatte.

Aber ich war bereits hoffnungslos diesem Dorf und den wilden, dunklen Bergen verfallen.

4

Dr. Janner-Guul wurde eine häufige Besucherin in meinem *ger*. Ich nannte sie insgeheim »die Prinzessin«, weil sie wie aus einem Königshaus stammend aussah und entweder im blendend weißen Arztkittel oder in einem schicken, braunen *deel* mit glänzendem Pelzhut auftrat. Die Prinzessin hatte gerade ihre Assistenzzeit am städtischen Krankenhaus von Olgij beendet und musste jetzt drei Jahre in Tsengel praktizieren, um ihre Ausbildung zu vollenden. Sie war aus Olgij und hasste das Dorfleben. Sie sagte mir oft, dass sie lieber heute als morgen in die Stadt zu ihren Freunden und ihrer Familie zurückkehren würde, wo sie freitagabends in die Disco tanzen gehen und in einem Haus mit Fernseher und zumindest stundenweise Strom leben konnte.

»Das Kaff hier ist grässlich«, tönte sie immer wieder und fuhr theatralisch mit der Hand in der Luft herum, als deutete sie auf eine stumme Menge. »Es gibt nichts hier. Keinen Strom, keinen Markt. Nichts zu tun. Ich habe keine Freunde außer Zulmira.«

Ich kannte sonst niemanden, der Tsengel so abgrundtief hasste wie die Prinzessin. Nach und nach vertrauten die Leute mir an, wie schwierig das Leben hier war, aber erstaunlicherweise sagte kaum jemand, dass er dieses westlichste Dorf der Mongolei tatsächlich verlassen wollte, und schon gar nicht mit der verächtlichen Vehemenz der Prinzessin.

Sie spazierte zu jeder Tageszeit in meine Jurte herein. »Kann ich jetzt eine Englischstunde haben, *bagsh*?«, fragte sie und schlug ihr Notizbuch auf, egal, was ich gerade machte. Sie lernte erstaunlich schnell – in ihrem Jahr in Kasachstan hatte sie schon ein bisschen

Englisch aufgeschnappt – und drängte mich immer, ihr Hausaufgaben zu geben, die sie dann nie machte. Sie vereinbarte auch immer im Voraus Stunden mit mir, was in Ordnung war, nur tauchte sie dann meistens nicht auf. »Ich habe gearbeitet. Ich war auf dem Land, *bagsh*«, wies sie mich zurecht, wenn ich sie fragte, warum sie nicht zwei Tage früher gekommen sei. Von Zeit zu Zeit sagte ich ihr die Meinung, obwohl ich ihre Unverfrorenheit bewunderte und Verständnis für sie hatte. Ich war schließlich freiwillig nach Tsengel gekommen, während sie viel länger hier ausharren musste als ich. Drei Jahre in Tsengel können wie ein ganzes Leben im Fegefeuer sein, wenn man eigentlich gar nicht dort sein will.

Manchmal beklagte ich mich bei ihr, dass sie mich so oft warten ließ, dass sie unzuverlässig war und ich wahrhaftig Besseres zu tun hatte, aber die Prinzessin wusste genau, wie sie mich beschwichtigen konnte.

»Möchten Sie mit aufs Land kommen?«, fragte sie fast triumphierend, denn sie kannte natürlich die Antwort. »Wenn jemand in den Bergen schwer krank ist, reitet ein *malchin* (ein Hirte) hierher und sagt uns Bescheid. Dann müssen wir im Jeep zu dem Kranken fahren und ihn in unsere Klinik bringen. Wir können Sie mitnehmen. Ich sage es dem Fahrer.«

Ich lächelte Ihre Hoheit an, denn ich wusste, dass der Fahrer, wer immer er auch sein mochte, widerspruchslos ihre Befehle befolgen würde.

Eines Morgens stürzte die Prinzessin in mein *ger* herein, als ich gerade etwas über sie in mein Tagebuch schrieb.

»Schnell, Louisa«, kommandierte sie und blickte auf mich herunter wie ein Monarch auf seinen Schreiber, »wir fahren in die Berge und holen meinen Großvater, der ist sehr krank. Sein Herz. Wir werden heute Nacht zurückkommen, denke ich, aber es ist sehr weit, deshalb müssen wir jetzt gleich fahren. *Yavi*? Kommen Sie mit?«

»Ja, ich komme!« Ich klappte mein Tagebuch zu und griff nach meiner Jacke und meinen Handschuhen. Dieses Abenteuer konnte ich mir nicht entgehen lassen, und ich hatte an diesem Tag nur eine Unterrichtsstunde. Gansukh nickte nur, als ich ihr sagte, dass ich die Stunde am nächsten Morgen nachholen würde. Ich raffte meine Sachen zusammen und kletterte in den Jeep, wo ich mich neben einen alten Kasachen in einem dicken *deel* und einem prächtigen, weichen, pelzgefütterten roten Filzhut quetschte.

Ich hatte gedacht, dass wir sofort durch die Steppe rasen würden, um den Kranken zu retten, aber stattdessen saßen wir eine gute Stunde lang im Jeep vor Gansukhs Haus und warteten auf zwei weitere Fahrgäste, die sich schließlich zu uns gesellten: eine kränklich aussehende junge Frau mit einem großen Bündel in den Armen und ein junger Mann, dessen obere Vorderzähne dick mit Gold überkront waren, so wie die von Algaa, dem Klinik-Chef. Offenbar mussten hier sogar Notfälle darauf warten, bis sie an die Reihe kamen.

Endlich wurden die Türen zugeknallt, und der Jeep raste aus dem Dorf hinaus und auf den vereisten Chovd.

»Fahren wir wirklich auf dem Fluss?«, fragte ich ängstlich und klammerte mich am Vordersitz fest, während wir flussaufwärts donnerten. Als könnte ich das Fahrzeug dadurch irgendwie daran hindern, ins Eis einzubrechen! Alle prusteten vor Lachen.

»Das ist die Winterstraße, Louisa *bagsh*«, sagte der Fahrer grinsend. Er hieß Jarkan, ein gemütlicher, kettenrauchender Kasache mit einem unerschütterlichen, gewinnenden Lächeln. »In Ihrem Land gibt es schwarze Straßen; hier haben wir unser Eis!« Jetzt musste ich selber lachen.

Der verschrumpelte Kasache, der neben mir saß, war so alt, dass sein Gesicht fast konkav wirkte. Aus seinem verbrauchten Körper drangen erstaunliche Geräusche, wie bei einem kaputten Motor, der um sein Leben kämpft. Ich zuckte jedes Mal zusammen, wenn er wieder einen Rülpser von sich gab. Die blasse junge Frau wiegte ihr Bündel, ein Baby, wie ich schließlich herausfand, als es gurgelte, doch es war so dick eingewickelt, dass ich überhaupt keine Haut sehen konnte. Je weiter wir flussaufwärts fuhren, umso dicker wurde der Schnee. Er rutschte in die Flussschlucht, deren dunkle, schneegefleckte Wände zu beiden Seiten hoch aufragten und immer enger zusammenrückten. Ich fühlte mich wie in einer anderen Dimension: ein Portal aus Eis und Fels, mit einem Himmel über uns, der fast indigoblau leuchtete.

Die Prinzessin zeigte auf die *ail*, die Siedlungen in den engen Tälern, die von der Schlucht abgingen wie ein Aderngeflecht. Hin und wieder klebten ein paar Hütten auf einem natürlichen Felssims hoch über uns, und an den fast senkrechten Wänden kletterten winzige schwarze Pünktchen nach oben, auf der Suche nach freiliegendem Gras. Das Leben war rau hier, das Terrain unerbittlich.

»Viele Menschen und Tiere sterben hier am Ende des Winters«, sagte die Prinzessin ruhig über die Schulter zu mir. »Der Winter ist zu lang. Mein Großvater ist jetzt sehr krank.«

Aber trotz des schwer kranken Patienten, der auf uns wartete, hielten wir unterwegs in mehreren Siedlungen an. Der Jeep rumpelte vom Chovd herunter und durch eine weiße Schlucht, und einmal scheuchten wir eine Herde Kamele auf, die seelenruhig zwischen den Schneeverwehungen graste – ein Anblick, der mir ein ungläubiges Lächeln entlockte. Jarkan bremste vor einer niedrigen Holzhütte, die auf dem blanken Fels klebte. Ein großer, hässlicher Hund bewachte die Tür und bleckte seine verfaulten Zähne. Ein Nomade hielt den bellenden Hund fest, während wir schnell hineingingen. Wir hockten uns alle auf winzige, handbemalte Schemel um den Ofen herum, tranken Tee und aßen frittierte Teigrollen, die *buurtzug* genannt werden. Die Nomaden und ich starrten einander an, lächelten und sagten hallo, während die Prinzessin einen blassen Patienten untersuchte. Ich wunderte mich im Stillen, dass die Männer alle so robust und gesund wirkten, ihre Gesichter waren wettergebräunt, und ihre Wangen hatten die Farbe von rotem Sandstein.

»Der Winter hier ist sehr hart«, sagte einer von ihnen fast fröhlich zu mir. »Wenn der Schnee tief ist, können nur noch die Pferde heraufklettern. Sehr gefährlich für das Vieh.«

Dieser ständige Kampf, um in der windgepeitschten, schneebedeckten Felswüste zu überleben und eine Familie großzuziehen, forderte einen hohen Preis von den Frauen und Kindern. Eine junge Mutter, die von einem halben Dutzend Babys und Kleinkindern umringt und sicher nicht älter war als ich, sah besonders verbraucht und ausgemergelt aus. Die Nägel an ihren gespreizten Fingern, mit denen sie die Teetasse umklammerte, waren zerfranst und brüchig. Sie schaukelte auf ihren Fersenballen und hob nicht einmal den Kopf, als eines ihrer Kinder brüllte, weil ihm die Prinzessin ein kaltes Stethoskop auf die eingefallene, bleiche Brust drückte. Meine strahlende Laune erlosch, als ich den Jungen röcheln hörte. Seine Brust rasselte wie ein Haufen Münzen in einer Blechkiste. Die Prinzessin wandte sich zu seinem Vater um und schüttelte stumm den Kopf. Der Kleine würde sterben.

Als wir wieder hinunter auf den vereisten Chovd rumpelten, setzte ich mich entspannt zurück, denn inzwischen hatte ich mich davon überzeugt, dass unsere Abkürzung auf dem Fluss tatsächlich sicher war. Meinen hinfälligen Rücksitzgefährten ging es leider weniger gut. Der alte Kasache hustete jetzt in einen Spucknapf, den er diskret zwischen seinen dünnen Beinen hielt. Ich ignorierte seine herumfliegenden Schleimtröpfchen, so gut es ging, aber dann erbrach sich die junge Mutter neben mir lautlos in einen leeren Krug, und wir mussten anhalten. Als sie wieder einstieg, würgte sie still vor sich hin, reichte ihr schlafendes Baby dem jungen Mann mit den Goldzähnen und füllte den Krug immer wieder neu. Sie kotzte sich buchstäblich die Seele aus dem Leib. Jedes Mal, wenn der Krug voll war, hielten wir an und warteten, bis sie ihn im Schnee am Flussufer geleert hatte.

Ich hatte keine Ahnung, wie lange wir schon gefahren waren, als wir endlich vom Chovd herunterholperten und in ein riesiges weißes Tal einbogen. Es sah prächtig aus – unberührt und rein. Weder Reifen- noch Tierspuren waren zu sehen, keine Fußabdrücke, keine Hütten, keine *ger*. Wir fuhren mitten in eine Schneewehe hinein. Mr. Goldzahn zog ungerührt eine Schaufel unter dem Rücksitz hervor, Jarkan eine zweite unter dem Vordersitz, und dann fingen sie an zu graben. Wir schaufelten uns langsam aus diesem Tal heraus – und voll in das nächste hinein, mit noch tieferem Schnee und höheren Gipfeln.

Die Prinzessin und ich hockten auf den verharschten Schneekämmen, während die Männer schufteten, und unterhielten uns in unserem eigenen mongolischen Dialekt, mit ein paar Wörtern Englisch dazwischen. Sie fragte mich unvermittelt nach meinem Freund, eine weitaus kompliziertere Frage, als sie vermutlich dachte, da ich beide in Ulaanbaatar zurückgelassen hatte. Ich gab ihr eine einfache, ausweichende Antwort – er sei in England.

Der Verlobte der Prinzessin studierte während der nächsten drei Jahre in der Türkei. »Also muss ich hier bleiben, bis er nach Hause kommt und wir heiraten können, und dann kann ich mit ihm in die Stadt zurückgehen«, sagte sie und verdrehte die Augen zum kobaltblauen Himmel.

Als wir die Männer beim Schaufeln ablösten, bewegte sich eine Kamelkarawane ins Tal hinunter. Sie kam auf uns zu, sachte schwankend, jedes Tier mit einem Lederriemen, der durch einen durchlöcherten Nasenpflock führte, an das vorhergehende gefesselt, und alle trugen den Teil einer Nomadenjurte auf dem Rücken. Ich stolperte zu ihnen hinüber, fasziniert von der widersprüchlichen Tatsache, dass dieser Zug sich nicht durch eine Wüste, sondern eine Schneelandschaft bewegte. Der junge Hirte, der die Kavalkade zu Pferd anführte, kreischte vor Lachen, als er mich sah.

»Foto! Foto!«, brüllte er. Die meisten Mongolen sind versessen darauf, sich fotografieren zu lassen, und sie möchten sogar dann geknipst werden, wenn es praktisch unmöglich ist, ihnen einen Abzug zu schicken. In den ganzen drei Jahren, die ich dort war, ist mir kein einziger kamerascheuer Mongole begegnet. Ich schoss mehrere Fotos von dem runden, geröteten Gesicht des Hirten und von seinem ersten Kamel, das drei junge Kälber auf dem Rücken trug, die zwischen der restlichen Last festgebunden waren.

»Die Kälbchen können nicht selber gehen, weil der Schnee zu tief ist«, erklärte die Prinzessin. »Dieser Mann zieht mit seiner Familie in ein neues Tal. Hier gibt es zu viel Schnee. Er sagt, das Vieh stirbt.«

Die Prinzessin redete mit kühler Selbstverständlichkeit über das Sterben, wie jemand, der daran gewöhnt ist, dem Tod zu begegnen, Leichen zu untersuchen und zu sezieren. Ich fand ihren Ton verstörend, auch ihre Vertrautheit mit dem Sterben – für sie war der Tod offenbar nicht nur ein Gegner, den es zu besiegen galt, sondern auch eine unerbittliche, allgegenwärtige Macht, mit der sie lebte.

War das die Art, wie die Nomaden hier überlebten, immer Auge in Auge mit dem Tod? Ein Kampf gegen die grausamen Elemente, das karge Land und den nackten Fels, der ihr Leben lang andauerte? Ich fragte mich, ob man wirklich ständig gegen den Tod ankämpfen konnte, ohne irgendwann ausgehöhlt und zermürbt zu sein, ohne durch den anhaltenden Kampf schwach, mürrisch und verletzlich zu werden. Gab es nicht manchmal einen Waffenstillstand, eine Atempause, in der die Leute sich einfach ihrer Daseinsfreude überlassen konnten? Oder war jeder, der sich und seiner Familie einmal den Luxus gestattete, leichtsinnig oder nachlässig zu sein, und sei es auch nur für einen Augenblick, dem Untergang geweiht?

Ich hatte noch nie in dieser Weise über den Tod oder auch über das Leben nachgedacht. Die spektakuläre mongolische Landschaft und ihre Menschen wühlten schwierige und verstörende Fragen in mir auf, die mir bisher nie in den Sinn gekommen waren.

In meinem Tagebuch findet sich ein paar Tage nach diesem Ausflug in die Berge die folgende, dick unterstrichene Passage:

> Nur nicht sentimental sein! Es ist nicht so, wie ich es mir vorgestellt hatte – es gibt hier keine Romantik. Ich habe noch nie Menschen erlebt, die so hart um ihr Überleben kämpfen. Ich kann einfach nicht glauben, dass es immer so ist, das ganze Jahr über – die Frauen in den Bergdörfern ausdruckslos und abgestumpft, die Tiere ausgemergelt, die Kinder krank und verkümmert. Das Leben muss doch irgendwann leichter werden.

Im Nachhinein liest sich das wie ein Stoßgebet.

Wir winkten dem jungen Nomaden zum Abschied und schauten der Karawane nach, die sich durch das Tal auf das westliche Grenzgebirge zuschlängelte. Jarkan und Mr. Goldzahn schaufelten immer noch.

»Alles in Ordnung, Louisa?«, fragte die Prinzessin plötzlich. »Ist das sehr schwer für Sie? Wir haben noch einen langen Weg vor uns. Wir müssen heute Nacht vielleicht sogar in den Bergen bleiben.«

»Nein«, sagte ich zu ihr. »Nein, machen Sie sich keine Sorgen. Ich bin sehr glücklich.« Und das meinte ich ehrlich.

Wir kamen schließlich zu einer einsamen Hütte irgendwo im Tal, wo die junge Mutter, ihr Baby und der rülpsende Kasache ausstiegen. Mr. Goldzahn blieb bei uns. Diese eingeschneite Hütte war die einsamste, abgelegenste menschliche Behausung, die ich je gesehen habe.

»Leben sie hier?«, fragte ich die Prinzessin und deutete auf unsere Reisegefährten, als eine Frau mit Kopftuch und drei Kinder in der Tür auftauchten.

Die Prinzessin schüttelte ihren Kopf mit der schimmernden Pelzmütze. »Nein. Sie holen hier nur ihre Pferde.« Sie zeigte auf die weißen Berge: »Sie müssen noch gut sechs Stunden in diese Richtung reiten, bis sie zu Hause sind. Der Frau war im Auto so übel, weil sie schwanger ist.«

Der Wind peitschte gegen den Jeep, der sich jetzt zum Talrand durchquälte. Jenseits davon ragten eine Reihe wilder, felsübersäter Hügel auf, die hier und da mit Schnee bedeckt waren, das Fahren wurde leichter. Wir rumpelten bergab, und der Fahrer wich geschickt den Felsblöcken aus, von Zeit zu Zeit auch einer Herde zottiger Schafe und Ziegen. Ich riss Mund und Augen auf, als plötzlich ein riesiger, mit dickem Eis bedeckter See in Sicht kam. Zackige weiße Gipfel und Kiefernwälder, so dunkel wie Bitterschokolade, umgaben ihn. Wenn man Landschaften in Musik umsetzen könnte, wäre das hier ein wilder Trommelwirbel gewesen. Ich hatte keine Ahnung, wo in aller Welt wir waren, und als ich die Prinzessin fragte, sagte sie nur ein einziges Wort: »Tsergal«, und ich war so schlau wie zuvor.

Es gab keinen Weg oder Pfad, aber Jarkan kannte sich offenbar aus. Das Land war plötzlich mit riesigen, verschneiten Mulden übersät, als hätten irgendwelche Dinosaurier oder andere Urzeitmonster ihre Eier hier abgelegt, die vor dem Schlüpfen diese Abdrücke im vereisten Boden hinterlassen hatten. Ein paar Nomaden hatten ihre Jurten in diesen Mulden aufgestellt, um sich und ihre Tiere vor den Sturmböen zu schützen, die nun um uns herumheulten und den Jeep zum Schaukeln brachten.

Wir fragten ein Kind mit einem windverbrannten Gesicht nach dem Weg, dann fuhren wir weiter. Es wurde jetzt sehr kalt im Jeep, und meine Füße waren bereits taub. Plötzlich fuhr Jarkan über den Rand in eine der Mulden hinunter, wo ein großes kasachisches *ger* im eisigen Wind flappte. Es war, als tauchte man in eine Schüssel voll Zuckerguss ein.

Der Großvater der Prinzessin lag auf einem Feldbett, ein schwarz-weißes Schädelkäppchen auf dem Kopf und eine spitz zulaufende, eiserne Pfeife zwischen seinen dicken, knotigen Fingern. Seine Familie starrte mich verdutzt an. Die Prinzessin erklärte, wer ich war, und ich kramte mein Kasachisch hervor, was nicht viel Zeit in Anspruch nahm, denn ich konnte nur »Hallo« und »Wie geht es Ihnen?« sagen.

Eine Frau im Kopftuch kochte Tee auf dem Ofen, der aus einem rußgeschwärzten Ölfass bestand. Das Gebräu war braun und bitter und viel zu salzig. Trotz der eisigen Kälte und der Sturmböen, die gegen die Filzwände peitschten, war der Boden der Jurte nur zur Hälfte abgedeckt: der ganze vordere Teil war nichts als nackte, gefrorene braune Erde. Aber um die hohe Decke wand sich ein breiter Saum von scharlachrotem, goldbesticktem Tuch, was dieser rohen, halbfertigen Behausung eine märchenhafte, königliche Note verlieh.

Der Großvater redete langsam, mit einer Stimme, die so brüchig war wie seine Finger und sein Gesicht. Seine Beine steckten in dicken, schwarzen Reithosen, und er bewegte sich so steif, dass man es praktisch knarzen hörte. Alle redeten Kasachisch, für mich immer noch ein unverständliches Kauderwelsch. Ich schrumpfte innerlich zusammen: Hier hatte ich keinerlei Bezugspunkte und fühlte mich verloren wie am Ende der Welt.

Die Prinzessin stand auf. »*Yavi*! Gehen wir!«

»Wohin?«

»Zu einer anderen Siedlung zum Essen.«

»Ist das hier in der Nähe?« Ich hatte genug von der endlosen, kalten Fahrt.

Die Prinzessin lächelte. »Nicht so schlimm – wir reiten mit dem Pferd.«

Alle außer dem Großvater strömten aus der Jurte und schauten zu, wie ich mich auf ein Pferd schwang, das so braun war wie der Tee, den wir gerade getrunken hatten. Wir ließen Jarkan und Mr. Goldzahn zurück und ritten zum Rand der Eismulde hinauf, gerade als die Sonne tief unter uns im See versank. Es war atemberaubend.

Die Berge vor mir brannten, wurden von violetten, orangefarbenen und blutroten Flammen verzehrt. Der Himmel darüber war ein Tumult von dunkelstem Blauschwarz, Violett, Gelb, Safrangold – Farben wie Trompetenstöße. Der See selbst glänzte wie geschmolzenes Silber, und irgendwo in weiter Ferne glühte eine einsame Fels- oder Eispyramide in durchsichtigem Pink wie ein riesiger, aufgehängter Kristall. Ein Feuerwerk der Elemente. In diesem Augenblick war es, als wären die Prinzessin und ich die einzigen Menschen auf der Welt. Alle anderen waren verschwunden, während die Erde und der Himmel in Flammen standen.

Kein Laut war zu hören. Nichts. Es war, als sähe ich die Erde zum ersten Mal.

Nach ein paar Minuten erloschen die Flammen und verschmolzen mit der Dunkelheit. Die Prinzessin rief mich, und ich ritt weiter in dem Bewusstsein, dass ich nie wieder einen solchen Sonnenuntergang erleben würde.

In einer Hütte, die sich hinter überhängende Felsen duckte, besuchten wir ein junges kasachisches Paar, Toktalbek und Kamar, die verspielt und sogar zärtlich miteinander umgingen. Toktalbek sah aus, wie man sich einen Hirten vorstellt – rotbackiges Gesicht, stämmig und stark. Seine Frau war elegant und strahlend. Sie waren ein schönes Paar und wirkten sehr glücklich. Bisher hatte ich in Bayan-Olgij noch nie erlebt, dass ein Ehepaar sich anfasste. Die Mongolen, Tuvaner und Kasachen sind keine sehr berührungsfreudigen Menschen.

Wir saßen mit ein paar anderen Besuchern im Kreis auf den Filzteppichen und segneten unser Fleisch, indem wir die Hände, mit den Handflächen nach innen, auf Augenhöhe hoben, sie dann langsam vor dem Gesicht heruntersinken ließen und dabei »Allah« murmelten. Ich ahmte einfach die anderen nach. Die Hütte war gemütlich, viel wärmer als das zugige *ger*. Die Wände waren mit getrockneten Fleischteilen dekoriert, und mehrere kleine Lämmer blökten in ihren Pferchen in der Ecke. Die Prinzessin war entspannt und gesprächig. Sie sah müde, aber überraschend glücklich aus.

»Das ist mein Bruder«, erklärte sie mir und nickte zu Toktalbek hinüber. Er schenkte mir ein breites Grinsen und fragte sofort, ob wir auch Hirten in unserem Land hätten.

Die mongolischen Hirten, die *malchin*, leben nomadisch, packen fünf- bis sechsmal im Jahr ihre Jurten zusammen und treiben ihre Herden auf frische Weiden. Ihr Lebensrhythmus wird von den Jahreszeiten diktiert, und oft leben ganze Großfamilien zusammen, um gemeinsam das Vieh zu versorgen.

Ich antwortete ihm, dass es wahrscheinlich noch ein paar Hirten in England gebe, die aber keine Nomaden seien. Toktalbek gab sich mit dieser Antwort zufrieden und wandte sich wieder seiner Schwester zu. In den ersten paar Monaten in Tsengel ging mir das oft so. Die Leute wollten etwas Bestimmtes über mich und meine Welt wissen, sie stellten ihre Fragen, und das war auch schon alles. Es dauerte einige Zeit, bis ich in der Lage war, mit den Einheimischen zu reden, die fast gar keine gemeinsamen Erfahrungen mit mir hatten – bis ich lernte, ungezwungen mit ihnen zu plaudern und zu scherzen. Als ich es endlich heraushatte, bedeutete das einen himmelweiten Unterschied für mein Leben im Dorf. Aber ich erinnere mich noch gut, wie ich damals in dieser Hütte saß und mir ganz schwindlig wurde, so fremd fühlte ich mich in dieser Umgebung. Ich hatte zwei Jahre lang verbissen Mongolisch gelernt, weil es mir wichtig war, mit den Mongolen in ihrer eigenen Sprache zu reden, aber diese Leute hier waren Kasachen. Ich konnte nicht mehr als ein paar Worte mit ihnen wechseln.

Als einige Zeit später eine weitere Frau in die Hütte kam, saß ich immer noch allein in einem Raum voller Menschen, die sich angeregt unterhielten.

Diese neue Besucherin war etwas älter, in mittleren Jahren, und sah ziemlich abgearbeitet aus. Ihr schwarzes Haar war mit vielen weißen Strähnen durchzogen, was hier ungewöhnlich war für eine Frau, die höchstens um die vierzig sein konnte. Sie strahlte mich an und feuerte Fragen auf die Prinzessin ab. Dann setzte sie sich mir gegenüber und bat mich über die Prinzessin, etwas zu sagen, damit sie den Klang meiner Stimme hören könne. Dann sollte ich auch noch singen. Ich räusperte mich verlegen und summte halbherzig »Yesterday«. Alle klatschten und lachten anerkennend. Die Frau und ich schauten uns an und zuckten hilflos mit den Schultern. Wir waren fasziniert voneinander, aber unfähig uns zu verständigen.

Ich wollte ihr danken, weil mir plötzlich wieder leicht ums Herz war. Es braucht nicht viel – nur eine kleine Geste, durch die man sich einbezogen fühlt, ein bisschen Anteilnahme, um das Gefühl zu haben, dass man irgendwann dazugehören könnte. Ohne die Sprachbarriere hätten wir mit Sicherheit die ganze Nacht zusammengesessen und geredet.

Toktalbek nahm eine *dombra*, die zweisaitige kasachische Gitarre, von der Wand, und ihre melancholischen Klänge erfüllten die Hütte, als er von etwas Traurigem und Unwiederbringlichem sang.

»Wir hatten hier schon mal einen ausländischen Gast«, erzählte mir Kamar in langsamem, stockendem Mongolisch.

»Wirklich?« Ich war enttäuscht. Ich hatte natürlich gehofft, die erste ausländische Besucherin hier zu sein.

»Ja. Ein Mann aus Holland auf einem Fahrrad. Vor drei Jahren.«

Ich fragte mich, wohin in aller Welt dieser Typ gefahren war, aber sie wusste es nicht.

Meine neue Freundin – ihr Name war Ak Butta, was, wie ich später erfuhr, »Weißes Kamel« bedeutet – lud uns alle in ihre Hütte nebenan ein, wo wir einen weiteren Topf gekochtes Schaffleisch verspeisten und literweise braunen Tee in uns hineinschütteten. Mein Magen fing an zu rebellieren. Es war schon spät und beißend kalt, als die Prinzessin und ich endlich hinausstolperten und unter dem sternenfunkelnden Himmel schlotternd den Rückweg in unsere Eismulde antraten. Ein Radio knisterte im *ger* des Großvaters, und ein dampfendes Schaf wurde für unser drittes Abendessen auf eine Platte gehievt. Ich pickte an dem grauen Fleisch herum, während mir immer übler wurde, und wankte hinaus, um zu pinkeln und neben ein paar Kamelen zu stöhnen, die im Schnee knieten.

Wir schliefen zu zehnt in der Jurte, unter dicken *deel* und Filzdecken vergraben. Ich bekam eines der drei schmalen Betten, wo ich auf dem Rücken lag und auf die zitternden Schatten auf den verblichenen Wandbehängen starrte. Um meinen rumorenden, übersäuerten Magen zu vergessen, ließ ich die Ereignisse des Tages noch einmal vor mir vorüberziehen, während der Ofen auskühlte und die Jurtenwände erschauerten, als atmeten sie.

Ich erwachte im Morgengrauen. Der Ofen war bereits wieder angefeuert worden, und mir war so elend wie noch nie. Beim Frühstück bat ich um gekochtes Wasser statt Tee.

»Nein, nein.« Jarkan schüttelte mit breitem Grinsen den Kopf. »Sie müssen Tee trinken und Fleisch essen, *bagsh*. Das ist jetzt das Richtige für Sie!« Die Überreste des Schafs wurden kalt zum Frühstück serviert. Ich wankte hinaus und übergab mich vor den Kamelen.

Wir brachen am Vormittag mit dem Großvater auf. Der alte Mann war so gebrechlich, dass Jarkan ihn praktisch zum Jeep tragen und auf den Vordersitz hieven musste. Mein Magen krampfte sich zusammen, als wir aus der Eismulde hinausrumpelten und zurück zu den kahlen Hügeln fuhren. Jarkan beschleunigte abrupt, so dass der Jeep mit uns allen einen Satz nach vorne machte, während Mr. Goldzahn ein Gewehr unter seinem Sitz vorholte und das Rückfenster herunterkurbelte.

»*Kasgur! Kasgur!*«, brüllten alle, und der Großvater saß plötzlich aufrecht auf seinem Platz. Ich hielt den Atem an, als der Jeep wie verrückt herumschlingerte und Mr. Goldzahn den Gewehrlauf auf einen Schatten richtete, der vor uns dahinstrich. Aber unsere vier Räder konnten es nicht mit dieser Beute aufnehmen, die wie eine Erscheinung im Fels und Schnee verschwand. Mr. Goldzahn nahm sein Gewehr herunter, und wir hielten vor einer weiteren Hütte an.

»Was war das? Was war das?«, fragte ich die Prinzessin, während wir hineindrängten.

»Ein Wolf. Sie holen sich das Vieh, deshalb töten wir sie.«

»Gibt es viele Wölfe hier?«

»Ja – und jetzt sind sie so hungrig, dass sie in die Nähe der Häuser kommen.« Sie warf mir einen strengen Blick zu. »Sie kennen das Land nicht, Louisa – es ist sehr gefährlich. Jetzt, am Ende des Winters, ist die schlimmste Zeit. Alle Menschen und Tiere sind schwach und ausgehungert. *Muukhai* – es ist schrecklich.«

Als wir in der Hütte saßen, lehnte ich den Tee ab, auch auf die Gefahr hin, unhöflich zu sein, und bat stattdessen um heißes Wasser, weil mir schon wieder speiübel war. Die Prinzessin reichte mir eine

Schale schäumender Kamelmilch, eine Rarität im Winter, weil die Milcherträge sehr gering sind. Die großzügige Geste an mich war verschwendet. Zwei Minuten später kauerte ich vor der Tür und würgte im grellen Sonnenschein. Ein junges Mädchen in einem dunkelblauen *deel* schaute fasziniert zu, wie ich mir die Seele aus dem Leib kotzte, dann reichte sie mir stumm einen Kessel warmes Wasser, damit ich mir die Hände und den Mund abwischen konnte. Danach ging es mir fast wieder gut. Meine Güte, dachte ich, während ich mir die Hände und das Gesicht mit einem sauberen Lappen abtrocknete, es wird vielleicht noch eine Weile dauern, aber irgendwann wird sich dein Magen an das hier gewöhnen.

Auf dem Heimweg nahmen wir eine andere Route und fuhren mitten auf den marmorglatten Tsergal-See, damit Jarkan und Mr. Goldzahn fischen konnten. Während sie ihre Köder in die Wasserlöcher auswarfen, die von anderen Anglern ins Eis gehackt worden waren, kämpfte sich der Großvater von seinem Sitz hoch, packte seinen Gebetsteppich, kniete sich ächzend gen Mekka und betete auf dem Eis zu Allah. Als er fertig war, rief er mit überraschend lauter, bellender Stimme etwas zu Jarkan hinüber, das mir die Prinzessin kichernd übersetzte:

»He! Ihr beiden Jungen! Ich bin ein kranker, alter Mann! Ich muss ins Krankenhaus! Kommt her! Ich brauche keinen Fisch – ich mag überhaupt keinen Fisch! Wollt ihr, dass ich hier erfriere, bevor wir ankommen?« Ich konnte ihm nur Recht geben.

Wir brauchten den ganzen Tag, bis wir das Dorf erreichten, weil wir unterwegs immer wieder anhielten, um diverse Erwachsene, Kinder und eine verstörte Ziege mitzunehmen, die kurzerhand hinten hineingeworfen wurde und die ganze Zeit verzweifelt schrie.

Als wir endlich wieder hinunter auf den Chovd fuhren, waren wir zu elft im Jeep, darunter zwei kleine Jungen, die man zu der Ziege in den Kofferraum gequetscht hatte. Alle Reisen in die Berge, die ich miterlebte, liefen nach demselben Muster ab: Fahren, *ger*, Tee, fahren, *ger*, Fleisch, Tee, fahren … meine innere Uhr brauchte Monate, um sich an den Tsengeler Rhythmus anzupassen.

Es dämmerte bereits, als wir den Chovd hinuntersausten, und an den Felswänden der Schlucht stiegen Schatten auf wie eine heranrollende Flut. Endlich kam Tsengel in Sicht, das mir jetzt seltsam vertraut erschien.

Als Jarkan mich endlich vor Gansukhs *hascha* absetzte, bedankte ich mich überschwänglich bei ihm und der Prinzessin. Zuvorkommend, wie Jarkan war, warf er mir noch ein halbes Dutzend Fische zu. Ich schleppte mich mühsam zu meiner Jurte hinüber und hatte nur noch einen Wunsch – so schnell wie möglich in mein durchhängendes Bett zu sinken und mich in meinen Schlafsack und meinen Deckenberg hineinzuwühlen. Als ich meine Stiefel aufschnürte, schlug ich mir plötzlich die Hand vors Gesicht: Ich hatte meine Schüler ganz vergessen, die jetzt zwei Tage auf mich hatten warten müssen!

»Louisa *bagsh*!«, schimpfte ich laut vor mich hin. »Was denkst du dir eigentlich? Du bist gerade erst hier angekommen und schwänzt schon die Schule. Sieh zu, dass du das wiedergutmachst!«

Die Vögel fliegen hören

5

Der Frühling ist die unbeständigste Jahreszeit in der Mongolei. Die Dorfbewohner mögen ihn nicht. Sie sagen, man könne dem Wetter nie trauen, es sei so »unberechenbar und launisch wie eine Frau«.

Sansar-Huu und seine Freunde rissen Witze über diese alte Redensart, aber das Klima war unerbittlich. Stürme fegten durch das Dorf, Schnee wirbelte herum, und die Sonne war zu kraftlos, um das Eis aufzubrechen. Aus jedem Blickwinkel sah das Dorf ausgebleicht und vertrocknet aus, als hätte man ihm alles Überflüssige entzogen und es auf das Wesentliche reduziert, wie eine Frucht auf ihren Kern. Nichts wuchs, und der Boden war wie gefrorener Sand. Der Winter hatte sogar den Steinen das Blut ausgesaugt. Die Temperatur war niedrig, aber an manchen Vormittagen kletterte sie verführerisch in die Höhe, und dann versicherte Sansar-Huu mir, dass wärmeres Wetter im Anzug sei, dass der vereiste Chovd bald auftauen und es vielleicht sogar regnen würde.

Ich stand am Fluss, auf der Suche nach Wasser. Seit ich in Gansukhs *hascha* gezogen war, hatte ich mehrere Winterbrunnen entdeckt, die in das dicke Eis gehackt worden waren, doch obwohl jetzt die Sonne schien, war die vorige Nacht bitterkalt gewesen, und die Wasserlöcher in der Nähe waren alle wieder zugefroren. Als ich mit zusammengekniffenen Augen über das gleißende Eis spähte, sah ich einen kleinen Jungen mit einer Axt, der geduldig auf eine Vertiefung in der Mitte des Flusses einhackte, und ich schlitterte zu ihm hinüber.

»Ich brauche auch Wasser«, sagte ich, und der Junge nickte, die kleinen Hände um die Axt geklammert. Er sah nicht verschüchtert aus, nur abwesend. Nach den ersten paar Wochen hatten sich die Leute allmählich an mich gewöhnt. Es war eine Erleichterung, nicht mehr ständig angestarrt zu werden.

Ich kniete neben dem Jungen auf dem Chovd nieder, und wir gruben uns einen frischen Brunnen: Wir hackten das Eis auf und schöpften langsam den Eismatsch heraus, immer abwechselnd, damit wir unsere eisigen Hände in den Handschuhen aufwärmen konnten. Schließlich mussten wir uns regelrecht über das Loch beugen, um weitermachen zu können. Der Eismatsch gefror auf der Schöpfkelle, meine Hose fror an meinen Knien fest, und der Wind heulte über uns. Mein Gott, war das schrecklich. Selbst zum Sprechen war es zu kalt. Meine Finger waren steif und hart wie Metall, als endlich Wasser in das Becken unseres Brunnens sprudelte.

»*Sain bain*!«, riefen wir wie aus einem Mund und grinsten uns erschöpft an. Gut!

Wir füllten langsam die vier Eimer und wankten zu unseren *hascha* davon. Auf dem Heimweg verschüttete ich keinen einzigen Tropfen. Ich konnte es nicht glauben, dass ich so lange gebraucht hatte, um zwei lächerliche Eimer Wasser zu holen, und jetzt musste ich mich für die Schule fertig machen. Erst als ich in meiner Jurte war, merkte ich, dass mein Gesicht brannte und ich am ganzen Körper zitterte. Ich riss als Erstes meine nassen Kleider herunter, schaufelte Fäuste voll Anfeuermaterial in den Ofen und fragte mich wieder einmal, wo in aller Welt Gansukh und Sansar-Huu ihr Wasser holten. Ich hatte keinen der beiden jemals am Fluss gesehen. Am Nachmittag, nach der Schule, fragte ich sie endlich.

Sansar-Huu zuckte mit den Schultern. In der Ecke seiner Hütte standen mehrere randvolle Eimer. »Wir gehen zum Brunnen um die Ecke. Warum? Brauchst du Wasser?«

Ich schloss die Augen, schüttelte den Kopf und versuchte, es mit Humor zu nehmen. Ich lernte hier eine ganze neue Lebensweise und musste ständig um Rat fragen, nur um die einfachsten Aufgaben zu bewältigen. Manchmal hatte ich das Gefühl, dass ich gar nichts zustande brachte.

»Ich geh mit dir hin«, sagte er. »Wir brauchen auch Wasser.«

Sansar-Huu wusste, dass ich manchmal am Verzweifeln war, und er half mir nur so viel, dass ich hinterher alleine zurechtkam. Er ging mit mir zu einem Hof zwei Straßen hinter unserem, wo ein Dorfbrunnen in den steinigen, braunen Boden gebohrt worden war. Ein schwerer Holzdeckel lag über dem Loch, und ein Eimer, der aus dem Schlauch eines Lastwagenreifens gemacht war, baumelte in den Schacht hinunter. (Irgendwie erinnerte mich das Ganze an ein riesiges Kondom.) Das raue Seil war gefroren und musste Hand über Hand heraufgeholt werden, so dass ich mir die Finger aufschürfte, obwohl ich Handschuhe anhatte. Aber wie Sansar-Huu mit schiefem Grinsen bemerkte, als ich das Gesicht verzog: »Das ist immer noch besser, als zum Fluss zu gehen, *bagsh*.«

Wir hatten uns allmählich aneinander gewöhnt, Sansar-Huu, Gansukh, die Kinder und ich. In den ersten ein, zwei Wochen nach meinem Einzug war ich natürlich ein bisschen gehemmt. Wir drei Erwachsenen gaben uns große Mühe und zeigten uns von unserer besten Seite, redeten uns mit dem höflichen »*ta*« (Sie) anstelle des informelleren »*tschi*« an, das sich jetzt immer öfter in unsere Gespräche einschlich. Die beiden Kleinen, Opia und Yalta, hatten anfangs Angst vor mir, obwohl sie fasziniert von mir waren, und sie wagten sich nicht allein in mein *ger*. Aber Yalta wurde bald mutiger und tauchte mit seiner kleinen Schwester bei mir auf, um mich zu besuchen und in der Plastiktüte herumzuwühlen, die ich als Mülleimer benutzte. Er war ein stiller und ernster kleiner Junge, und ich werde nie vergessen, wie er vor Begeisterung aufschrie, wenn er eine leere Dose entdeckte, ein begehrtes Spielzeug für ihn, das er sofort in seiner Jacke versteckte. Die kleine Opia entpuppte sich, sobald sie ihre Schüchternheit überwunden hatte, als übermütiger, kleiner Kobold, der allen möglichen Blödsinn anstellte. Sie lachte und schrie mit der gleichen ungebremsten Wildheit, und ich nannte sie zärtlich »Hooligan«, ein Spitzname, der an ihr hängen blieb.

Ich war jetzt auch öfter mit Gansukh zusammen, die in meinen Unterricht hereinhörte, wann immer sie Zeit hatte. Wir gingen zusammen in die Schule und wieder nach Hause und hielten unsere täglichen Englischstunden ab, bei denen Zulmira plötzlich nicht mehr auftauchte. Sie kam nicht mehr in den *hascha* oder in meine Jurte und ging mir sichtlich aus dem Weg – ich hatte keine Ahnung, warum. Das Ganze war mir ein Rätsel. Wenn ich ihr begegnete, schaute sie entweder auf den Boden oder an mir vorbei. Ich schaffte es nie, ihren Blick aufzufangen, und ich traute mich auch nicht zu fragen, ob etwas nicht in Ordnung war. Ich war mir sicher, dass sie mir irgendwie grollte, ein bisschen wie ein ruhender Vulkan, der eines Tages unverhofft ausbricht, so dass alle um ihr Leben rennen müssen. Ich wusste nicht, wie ich mich ihr gegenüber verhalten sollte, also wählte ich den bequemsten Weg, war höflich, aber distanziert zu ihr und konzentrierte mich auf meine Freundschaft mit Gansukh.

An den langen Winterabenden, wenn die Kinder schliefen, kam Gansukh oft zu mir herüber oder lud mich zum Schaffleischessen bei Kerzenlicht in ihre Hütte ein. Wir saßen zusammen und aßen, dann tranken wir unzählige Schalen Tee in ihrem warmen, schummerigen Haus. Manchmal blieben wir lange auf und redeten die ganze Nacht, bis alle Kerzen heruntergebrannt waren, oder Gansukh spielte auf ihrer Gitarre und summte alte mongolische Lieder, während die Kinder ruhig und gleichmäßig atmeten. Sansar-Huu und ich hörten zu und träumten vor uns hin.

Gansukh und Sansar-Huu faszinierten mich, weil sie so verliebt ineinander waren. Ihre Gefühle füreinander äußerten sich in subtilen Gesten und übermütigem Geplänkel: ein tiefer Blick, der höchstens zwei, drei Sekunden dauerte, ein kurzes Grinsen als Antwort auf einen Scherz, den nur sie verstanden, ein gelegentliches Schulterklopfen, der rührende Wunsch, dem anderen das Leben ein bisschen leichter zu machen. Ich war immer bei ihnen willkommen und hatte nie das Gefühl, zu stören oder ausgeschlossen zu sein. Sie fassten sich selten in meiner Gegenwart an, genauso wenig wie vor anderen, nehme ich an.

Die wilde Landschaft der Mongolei hat eine erstaunlich konservative Bevölkerung hervorgebracht. Männer und Frauen haben ihre festen Jäger-Sammler-Rollen und weichen offenbar selten von den Regeln ab, die lange vor ihrer Geburt festgelegt wurden. Ich habe nie ein Paar gesehen, das sich an den Händen hielt oder Arm in Arm ging oder sich auch nur zum Abschied und zur Begrüßung auf die Wange küsste. Sie sagten sich nicht einmal auf Wiedersehen, außer wenn sie sich für längere Zeit trennten, sondern gingen einfach stumm auseinander, oft ohne einen einzigen Blick. Das Wort *bayartai*, das »Lebewohl« bedeutet, wird nur ausgesprochen, wenn jemand nicht zurückkommt.

Gansukh und Sansar-Huu waren beide aus Tsengel. Gansukhs Eltern wohnten gleich unten an der Straße, während Sansar-Huus Nomadenfamilie draußen in den kalten Bergen lebte. Die beiden kannten sich seit ihrer Kindheit, weil Sansar-Huu als Internatsschüler die Dorfschule besuchte, aber sie waren erst zusammengekommen, als sie beide an der Universität der tuvanischen Hauptstadt Khyzl studierten. Sobald sie ihr Examen gemacht hatten, heirateten sie.

»Wir wollten in Tuva bleiben«, erzählte mir Sansar-Huu, »aber ich bin der einzige Sohn der Familie, und meine Eltern werden älter. So sind wir zurückgekommen, damit ich ihnen mit dem Vieh helfen kann.«

Jetzt war er Teilzeithirte und Hausmann und blieb oft tagsüber bei den Kindern zu Hause, wenn Gansukh bei der Arbeit war. Sie wechselten sich im Haushalt und beim Kochen ab oder machten die Arbeit gemeinsam, was in der Mongolei ziemlich ungewöhnlich für ein Ehepaar ist. Hier im Dorf, wo nur Männer Jeeps fahren, Häuser bauen oder das Vieh weiden und nur Frauen sich um die Kinder kümmern, das Haus sauber halten, die Kleider waschen und kochen, war diese Teamarbeit geradezu revolutionär.

»Unser mongolisches Essen ist nicht so gut, sehr wenig Vitamine«, sagte Gansukh und schnalzte missbilligend mit der Zunge, als wir eines Abends einen Topf *tsoivan*, das sind gebratene Nudeln mit Fleisch, in ihrem Haus aßen. »Wir haben kein Gemüse, und jetzt ist auch noch das ganze Winterfleisch ausgegangen, und wir haben nur noch Trockenfleisch. Man muss es eine ganze Stunde lang kochen, bevor man es überhaupt zubereiten kann. Hier, sieh mal!« Sie griff hinter sich und hielt mir etwas unter die Nase, das wie ein Büschel grauer Filzstränge aussah, die an dicken, knotigen Fäden an einem gebleichten Knochen hingen. Ich nickte, ohne eine Miene zu verziehen, und war nur froh, dass ich das nicht vor dem Essen gesehen hatte. »Das können wir zwei, drei Jahre aufheben, Louisa, weil es hartes, zähes Fleisch ist. Und es gibt jetzt nur noch schwarzen Tee«, fügte sie müde hinzu. »Die Kinder brauchen Milch. Aber Sansar-Huu geht bald fort und hilft seinen Eltern wieder mit dem Vieh. Er bleibt ein paar Wochen in den Bergen, und wenn er zurückkommt und uns besucht, bringt er Milch und Joghurt mit, und dann müssen wir keinen schwarzen Tee mehr trinken.«

Die Mongolen lieben ihren Milchtee, aber im Augenblick gab es kaum Milch im Dorf. Die Tiere waren genauso ausgetrocknet wie das Land.

»Wann gehst du?«, fragte ich Sansar-Huu.

»Ach, morgen oder übermorgen. Sehr bald.« Er lächelte seiner Frau zu, dann schaute er mich an und runzelte die Stirn. »Viele Männer gehen weg, deshalb ist es gut, wenn zwei Frauen auf dem Hof leben ... ihr könnt euch gegenseitig helfen, solange ich fort bin. Unser Vieh in den Bergen ist halb verhungert, weil dort zu viel Schnee liegt. Sie finden nichts zu fressen. Wir müssen sie forttreiben und eine Weide finden, wo sie grasen können, und dann kann ich vielleicht frisches Fleisch und Milch mitbringen.«

Ich wollte nichts Unfreundliches über die einheimische Küche sagen und behielt daher meine Meinung für mich. Aber die Dorfbewohner äußerten unbekümmert, was sie dachten – »Unser Essen ist *muu*« –, und ich musste ihnen insgeheim Recht geben. Das Essen in Tsengel war wirklich schlecht und trostlos. Die Mahlzeiten waren fade, ohne jeden Geschmack, nur mit Salz gewürzt und vor allem gnadenlos eintönig. Graues Schaffleisch wurde mit weißen Fettbrocken gekocht (»damit es uns im Winter warm hält«) und immer mit Reis oder Nudeln serviert, und das tagaus, tagein. Im Sommer gab es allerdings eine kurze Schlaraffenland-Zeit, auf die man sich freuen konnte, wenn frische Milch gekocht, fermentiert, gesäuert und zu Butter und anderen Milchprodukten verarbeitet wurde. Aber selbst dann aßen die mongolischen Hirten jeden Abend unerschütterlich ihr Fleisch und ihre Knochen und würzten ihren Milchtee mit Salz und etwas glänzendem Fett. Um etwas Abwechslung zu haben, aßen sie dann Ziegen- oder manchmal auch Rindfleisch.

Mir war klar gewesen, dass ich, wenn ich erst einmal hier war, in den Läden kaum etwas kaufen konnte, und deshalb hatte ich einen großen Lebensmittelvorrat nach Tsengel mitgebracht. Der Schrank in meiner Jurte war mit einem langsam dahinschmelzenden Vorrat russischem Kaffee, osteuropäischen Nudeln, chinesischem Tomatenmark, verschrumpelten Knoblauchzwiebeln, deutschen Fischdosen, bulgarischen Mixed Pickles und tschechischen

Päckchensuppen gefüllt. Alles billige Importwaren. Die Mongolei produziert Fleisch, Mehl und Milchprodukte, aber sonst gibt es hier nicht viel, und das ist der Hauptgrund, warum die Mongolen auf dem Land in ihrem ganzen Leben nur eine Hand voll Zutaten kennen lernen. Das Klima, besonders hier in der Halbwüsten-Steppe des äußersten Westens, ist zu rau, um Gemüse anzubauen, und die Wachstumsperiode viel zu kurz. Seit 1990, dem Zusammenbruch des kommunistischen Regimes, wurden selbst die kollektiven Mehlfabriken vernachlässigt, und als dann noch mehrere schlechte Ernten hinzukamen, ging die einheimische Getreideproduktion fast um die Hälfte zurück. Die Mehl- und Reissäcke in Gansukhs Haus kamen alle aus China. Die Nudeln, das Tomatenmark und die Fischkonserven in meinem Schrank waren Luxusgüter, die nie in den Läden von Tsengel auftauchten. Man konnte sie nur in der Stadt kaufen.

Dadurch wurden sie natürlich umso kostbarer für mich, da sie praktisch unersetzlich waren. Aber ich schämte mich insgeheim für mein Vorratslager und hortete die Sachen schuldbewusst ganz hinten im Schrank. Ich war immer glücklich, wenn ich meine Ulaanbaatar-Schätze mit einem Besucher teilen konnte, der während des Kochens hereingeschneit kam, und manchmal kochte ich ein Essen für Gansukh und ihre Familie. Aber ich wollte nicht, dass die Leute meine Vorräte sahen, denn bei der Mangelnahrung hier war es bereits ein unerhörter Luxus, zwischen einheimischem Fleisch oder Fischkonserven, Nudeln oder Reis wählen zu können.

Ich hatte eine Abmachung mit der Schule, dass ich für meine Unterrichtsstunden freie Unterkunft plus Holz und Grundnahrungsmittel bekommen sollte. Geld war nicht im Spiel, was die Sache sehr einfach machte. Wann immer ich Menke, dem Schulleiter, begegnete, begrüßte er mich mit barscher Stimme, selbst wenn er dabei lächelte. »*Sain bainuu*, Louisa *bagsh*. Brauchen Sie etwas? Fleisch? Mehl? Wenn ja, dann gehen Sie in die Küche und sagen Sie es denen. Die haben dort alles.«

Ich nickte, bedankte mich und eilte zu meiner nächsten Stunde. Ich wusste immer noch nicht genau, wo der Eingang zur Schulküche war, aber Menke war so einschüchternd, dass es mich große Überwindung kostete, ihn nach etwas zu fragen oder ihn um etwas zu bitten. Irgendwie würde ich es schon selber herausfinden.

Tsengel war ein Labyrinth von nicht gekennzeichneten, geschlossenen Türen, die man aufreißen oder aufziehen musste, hinter denen vielleicht ein überfülltes Klassenzimmer lag mit niedrigen, schmalen Schreibtischen und ratternden Fenstern – oder ein winziger, spartanischer Laden, wo die Einheimischen an einer roh gezimmerten Theke herumstanden, obwohl sie selten etwas kauften – oder ein zugiger Kohlenkeller – oder die dampfende Sauna namens Schulküche, der wärmste Ort im ganzen Dorf.

Die Küche war das Reich von drei kopftuchtragenden Frauen: Gerel-Huu, Shinid und Bagit. Als ich zum ersten Mal hineinging, nachdem ich geklopft und vorsichtig durch die Türritze gespäht hatte, war es dort warm, laut und voll mit Leuten. Die winzige, o-beinige Gerel-Huu schimpfte gerade ein paar Schüler aus, die sich hereingeschlichen hatten, um die Reste der letzten Mahlzeit zu stibitzen; Bagit, der ältesten der drei Küchenfrauen, fehlten mehrere Zähne, sie sah müde und gebeugt aus. Sie rührte in einem Kessel, der auf dem Ofen dampfte, während Shinid mich angrinste und einen Mund voller krummer, glänzender Zähne zeigte. Sie ließ einen Augenblick von dem himalajagroßen Teigberg ab, den sie gerade knetete, um mir eine Schale Tee anzubieten. »Hallo, *bagsh! Tsai oh!* – Trinken Sie Tee!«

Zwei Lehrerinnen saßen an einem Tisch und teilten sich eine Zeitung. Ich setzte mich auf den anderen Schemel und musste sofort meine Jacke ausziehen, weil es hier drin so wunderbar wohlig warm war.

Shinid wischte sich die Schweißbäche von ihrer breiten Stirn. »Der wärmste Ort im ganzen Dorf, diese Küche! Kommen Sie nur hierher, wann immer Sie Zeit haben. Alle Lehrer kommen zu uns zum Teetrinken.«

Die beiden *bagsh* blickten von den klein gedruckten Zeitungsseiten auf und lächelten zustimmend. Draußen drückten ein paar Kinder ihre Gesichter an die beschlagenen Scheiben, um uns besser sehen zu können. Als Gerel-Huu sie entdeckte, brüllte sie: »*Gaa*! – Haut ab!« und ballte ihre kleine Faust, eine majestätische Matrone, die eine riesige, tödlich aussehende Schöpfkelle in der Luft schwenkte. Die Kinderschar johlte und stob davon wie eine Herde Schafe.

»Für wie viele Schüler kochen Sie?«, fragte ich und blickte mich um. Die Küche war mit einem großen Herd ausgestattet, auf dem vermutlich alles gekocht wurde, plus zwei robusten Tischen zum Teigkneten und Fleischhacken und einer eindrucksvollen Sammlung von großen Töpfen und Kesseln, die pausenlos mit eisigem Flusswasser gefüllt wurden von jeweils zwei mageren, drahtigen Kindern mit nackten, roten Händen und triefenden Stiefeln. Die Küche hatte etwas beinahe Ästhetisches in ihrer Kahlheit und absoluten Makellosigkeit, abgesehen von dem halben Dutzend Ziegenköpfe, die unter einem der Tische herumkullerten.

»Einhundertundzehn Kinder jeden Tag«, sagte Shinid und hob ihre Arme, um sich wieder auf den Teigberg zu stürzen. »*Tsai* und Brot am Morgen, dann Mittagessen und abends noch ein Nachtessen.«

»Das ganze Jahr über?«, quiekte ich fassungslos.

Gerel-Huu lachte laut heraus, ein dröhnendes Lachen, das den ganzen Raum erfüllte wie ein Hitzeschwall vom Ofen her, und die ganze Küche stimmte mit ein.

»Ja, *bagsh*! Sie kommen alle im September von den Bergen herunter und bleiben bis zum Sommer. Ihre Eltern bringen uns Fleisch und Holz, und die Kinder schlafen dort oben.« Sie zeigte zur Decke hinauf. »Wir haben Schlafsäle.«

Nachdem ich eine zweite Schale salzigen Tee getrunken hatte, stand ich auf, um in meine Klasse zurückzugehen, aber dann fiel mir der eigentliche Grund für meinen Besuch ein. Ob ich vielleicht etwas Fleisch bekommen könnte, wie Menke *bagsh* gesagt hatte?

Gerel-Huu verschwand in einem Nebenraum und kam mit einem dicken, weißen Prügel zurück, der von mehreren dunklen Striemen, ähnlich wie Holzmaserungen, durchzogen war. Sie drückte ihn mir in die Arme. »*Makh, bagsh.*«

Es war ein großes Stück Hammelfett – mehrere Kilos – mit Fleischfasern dazwischen. Ich schluckte und wusste sofort, dass ich das niemals essen würde. Vielleicht konnte ich es Gansukh geben. Gerel-Huu muss gemerkt haben, wie entsetzt ich war, denn sie stemmte die Hände in ihre breiten Hüften und grinste mich verschmitzt an.

»Möchten Sie lieber *char makh, bagsh*?« Schwarzes Fleisch – das bedeutete mageres Fleisch.

»O ja, bitte.« Ich lächelte hoffnungsvoll.

»*Sain bainuu*. Wir haben zu Hause noch ein bisschen frisches *char makh*, aber kein Schaf. Rindfleisch. Wir mögen es nicht besonders. Ich nehme das Fleisch hier und gebe Ihnen dafür *char makh*. Meine Tochter bringt es Ihnen in Ihr *ger*.«

Ich strahlte und gab ihr dankbar den Fettprügel zurück. Am nächsten Morgen kam Gerel-Huus mondgesichtige kleine Tochter, die Badamtsetseg hieß, zu mir herüber und drückte kichernd ein gefrorenes Stück Rindfleisch an sich, das dunkel und mager war.

Es schmeckte absolut köstlich.

6

Am Morgen des ersten Apriltags brannte die aufgehende Sonne so plötzlich und heftig herunter, dass der Chovd endlich ein bisschen auftaute und glitzerte wie ein nasser Fischleib. Ich streifte glückselig meine dicke Jacke, meine Handschuhe und meine Mütze ab und machte vor meinem Nachmittagsunterricht einen kleinen Erkundungsgang. Einer spontanen Eingebung folgend, wandte ich mich dem Hügel zu, an dem das Dorf lehnte, mit der reizvollen Siedlung ganz oben auf der Spitze. Ich wollte hinaufwandern und die Leute begrüßen, die dort wohnten.

Der Hügel war nicht sehr hoch, bot mir aber einen neuen Ausblick auf Tsengel. Von den oberen Hängen konnte ich das ganze Dorf überblicken: den Hauptplatz in der Mitte mit dem Krankenhaus auf der einen Seite, der Schule auf der anderen und dem winzigen Postamt hinten in Flussnähe. Die krummen Häuserzeilen zogen sich vom Zentrum nach außen, mit ihren schmalen Gässchen zwischen den einzelnen Höfen. An einer stillen Ecke stand eine schmucklose, kleine Moschee, die sich in nichts von den anderen Häusern unterschied, außer dass ein Stern und eine Mondsichel wie ein Wetterhahn auf ihrem Dach prangten und in der wiedergekehrten Sonne funkelten.

Weißer Rauch quoll aus allen Schornsteinen, ein Jeep spuckte und stotterte in der Ferne, was wie Raucherhusten klang, Kühe, Ziegen und Hunde suchten nach Futter. Auf dem schimmernden, weißen Fluss konnte ich zwei Männer über das Eis gleiten und Eishockey spielen sehen. Ich hörte sie von weitem johlen, und ihr Gelächter hallte von den Felsen wider. Weiter flussaufwärts wurde ein Kamel zum Trinken an ein großes Wasserloch geführt, während mehrere winzige Gestalten, die lange Holzstangen mit je einem Eimer an beiden Enden über den Schultern trugen, auf dem glatten Eis zurück zum Flussufer schlitterten. Ohne das Gewirr der toten Stromkabel, den ratternden Jeep und das zweistöckige Betonungetüm auf dem Hauptplatz hätte man meinen können, die Zeit an diesem Ort wäre stehen geblieben. Es war genau das, was ich an Tsengel am meisten liebte, und ich wusste bereits, dass sich dafür die ganzen Kämpfe, die ganze Plackerei lohnte: nicht mehr unter meinem eigenen Himmel zu leben, sondern in einer älteren, reineren Welt, wo die Elemente ihren urtümlichen Einfluss ausübten wie entfesselte Gottheiten.

Die Kuppe des Hügels war breit, steinig und verlassen. Nichts rührte sich, als ich zu einer Siedlung von großen, rechteckigen Adobe-Höfen kam, die mit Zinnen geschmückt und mit massiven Holztoren versehen waren. Ich schlängelte mich durch die Gassen, ließ meine Hand über die raue Oberfläche der Mauern gleiten und spähte vorsichtig durch die geschlossenen Tore, voller Neugier, was ich dahinter antreffen würde. Die Höfe waren offenbar alle leer, stattdessen war der Boden mit blassbraunen Hügeln bedeckt: festgebackene, gefrorene Erde, von den Jahreszeiten versiegelt. Aha – nun begriff ich endlich, wo ich war. Vorsichtig ging ich weiter, weil ich nicht wusste, auf wessen Grab ich gerade trat.

Jenseits der Höfe ragten vier breite, weiße Pyramiden auf, alle mindestens zweieinhalb Meter hoch und mit einem Lehm-Baldachin gekrönt, der so meisterhaft modelliert war, dass es aussah, als wären die Bauwerke in dickes, besticktes Tuch gehüllt. Es lag etwas Unheilvolles über diesen Pyramiden, oder vielleicht war es auch nur mein schlechtes Gewissen, weil ich hier unerlaubt eingedrungen war. Vorsichtig ging ich darauf zu. Die unteren Mauern waren mit feinen Haarrissen durchzogen, wo die Tünche abzublättern begann. Alle hatten nur ein einziges unverglastes Fenster, das vergittert war, so dass man nicht hineinkonnte – aber auch nicht heraus. Über den Gittern waren Schwarz-Weiß-Fotos von älteren Frauen und Männern angebracht, die heiter herunterlächelten.

Der Ort gefiel mir. Die Lebenden sind viel Furcht erregender als die Toten, und hier lagen die Hüter der Erde respektvoll in ihrem eigenen, friedlichen Dorf begraben. Erst als ich ein paar flachere Hügel entdeckte, die unten am Hang zusammengedrängt und nur durch ein paar magere Pflöcke mit einem Namen und zwei Daten gekennzeichnet waren, beschlich mich ein unbehagliches Gefühl. Diese letzten Gräber sahen irgendwie armselig aus, nach einem hastigen, unzeremoniellen Begräbnis, als ob die Hinterbliebenen sich schämten und die Toten so schnell wie möglich vergessen wollten. Einer der Hügel war mit einem Gewirr aus rostigem Stacheldraht bedeckt, wahrscheinlich um die Hunde davon abzuhalten, den Toten, der darunter lag, wieder auszugraben.

Als Gansukh mich ohne Jacke und Mütze durch das Dorf spazieren sah, stürzte sie auf mich zu und schimpfte mich aus. »Louisa, was machst du nur? So darfst du nicht aus dem Haus gehen, sonst wirst du krank!«

Auch Zulmira warnte mich, als ich ihr begegnete. »*Bagsh*« – sie konnte sich nie überwinden, mich beim Vornamen zu nennen –, »Sie brauchen eine Mütze – Ihr Kopf wird sonst sehr kalt.«

Ich versprach ihr, dass ich meine Mütze holen würde, fragte sie, wie es ihr gehe, und lenkte behutsam das Gespräch auf unsere nächste Englischstunde. Zulmira wandte den Blick ab und schaute an mir vorbei. »Ich habe zu tun, *bagsh* ... zu viele Kasachisch-Stunden. Ich sage Ihnen Bescheid, wenn ich Zeit habe.« Ihr Ton ließ keine weitere Diskussion zu, und wir verabschiedeten uns bald. Ich fragte mich immer noch, womit ich sie gekränkt haben konnte.

Trotz dieser Warnungen, eine Mütze zu tragen, wanderte ich den ganzen Nachmittag ohne Kopfbedeckung herum, weil die Sonne so verheißungsvoll warm war, obwohl der Wind immer noch eisige Unterströmungen mit sich führte. Bis es dämmerte, war die Luft abgekühlt, und mein Kopf begann leise zu dröhnen, ein Gefühl, als pfeife Zugluft durch meine Ohren. Dann kribbelte meine Stirn, und in den nächsten paar Stunden hing ich wie ein Häufchen Elend über meinem Schreibtisch, zusammengekrampft und stöhnend, die Hände an meinen schmerzenden Kopf gepresst. Ich konnte an diesem Abend nichts essen. Todkrank und halb blind vor Schmerzen, kramte ich ein paar Tabletten hervor, die ich hinunterschluckte. Ich warf aus Versehen die Kerze um, als ich ins Bett kletterte, und ließ mich mit dem Gesicht nach unten in die Kissen fallen, von Übelkeit geschüttelt und so elend wie noch nie. Okay, ich war selber schuld, aber das nützte mir jetzt auch nichts. Völlig zerschlagen kroch ich am nächsten Vormittag aus dem Bett, ich konnte kaum aus den Augen sehen, und mein Kopf ratterte wie ein hohler Kürbis.

Nachdem ich mich an den Ofen geschleppt hatte, um Kaffee zu kochen, kam Gansukh mit Amraa *bagsh* herein. Alle einheimischen Lehrer wurden mit dem Titel *bagsh* angeredet, der an ihren Vornamen angehängt wurde, so wie die Ärzte *emch* und die Fahrer *jolooch* genannt wurden. Jeder, der eine bezahlte Arbeit im Dorf verrichtete, wurde sofort mit seiner Tätigkeit identifiziert.

Amraa hinkte herein und setzte sich schwerfällig. Sie sog genießerisch den aromatischen Duft des Kaffees ein, den ich ihr anbot. »Mmm, *sain bain*!« Ich war mit allen Lehrern bekannt gemacht worden, hatte aber bisher noch keine Gelegenheit gehabt, mit Amraa zu sprechen.

Ich wusste nur, dass Amraa, ihre kleine Schwester und ihre Eltern eine der wenigen Chalcha-Mongolenfamilien im Dorf waren. Die Chalcha stellen die ethnische Mehrheit in der Mongolei dar, ungefähr 80 Pozent der Gesamtbevölkerung. Amraas Eltern kamen aus Ulaanbaatar, waren aber vor über einem Jahrzehnt hierhergekommen, weil sie beide einen Lehrauftrag erhalten hatten, die kasachischen Schüler in Mongolisch zu unterrichten. Inzwischen unterrichtete Amraa auch Mongolisch an der Tsengeler Schule, so wie ihre Mutter. Ihr Vater lebte in Olgij und besuchte sie an den Wochenenden.

»Ich wollte nie Lehrerin werden. Ich wollte Medizin studieren«, erzählte Amraa, während wir unsere Schalen leerten und *buurtzug* knabberten, »aber als ich noch klein war, habe ich mich mit kochendem Tee verbrüht und kann deshalb meinen Arm nicht richtig gebrauchen.« Sie stellte die Schale in ihrem Schoß ab, rollte ihren Ärmel hoch und zeigte mir unbefangen ihren verkrüppelten Arm. Dicke, rote Striemen liefen von ihrer rechten Schulter zum Handgelenk herunter, wie ein Gewirr von Kabeln, die nicht richtig unter der Haut verlegt waren. Ihre verschrumpelte rechte Hand war wie Pergament; die wächserne Haut spannte über den Knöcheln, die wie von vernarbten Schwimmhäuten zwischen den Fingern zu einer Klaue gekrümmt waren. Mir fehlten im ersten Moment die Worte. Die Hand war verkrüppelt und unbrauchbar.

Ich nehme an, dass Amraas Beine auch verkrüppelt waren, obwohl ich sie nicht zu sehen bekam, denn sie hinkte so stark beim Gehen, dass ihr ganzer schmächtiger Körper nach einer Seite gezogen wurde. Aber ich bemitleidete sie nicht. Wie soll man auch Mitleid mit einem Menschen haben, der seine Behinderung so gelassen trägt, der einem lächelnd und unbefangen voll in die Augen blickt und ruhig verlangt, dass man seinen entstellten Körper zur Kenntnis nimmt?

»Wir sind gekommen, um dir zu sagen, dass heute im Klub Disco ist«, verkündete Gansukh, und ihre Stimme war ganz schrill vor Aufregung. Sie ignorierte Amraas Narben.

»Disco?«, wiederholte ich, als ob ich das Wort noch nie gehört hätte. »Was für eine Disco?«

Wörter, die für angenehme Dinge stehen – wie Disco, Musik, Früchte, Wein, Komfort, Sex –, waren für mich bedeutungslos geworden. Hier hatte ich nur Verwendung für Wörter, die den harten Alltag betrafen: rau, kalt, Holz, Eis, Fleisch, Mehl.

Ich hatte hier im Dorf keinerlei Sexleben und auch nicht die Energie, in dieser Hinsicht aktiv zu werden. Ich war sexuell bankrott, eine Single-Frau und Außenseiterin, die gar nicht in Betracht kam. Wahrscheinlich machte es mir nur deshalb nichts aus, weil ich meistens todmüde war. Meine Vorstellungen von Spaß und Vergnügen hatten sich radikal geändert: ein langes, heißes Schaumbad, Brathähnchen, Avocados und kaltes Bier waren jetzt in meiner Fantasie der Gipfel des Luxus.

Aber wie in aller Welt sollte eine Disco in einem Dorf funktionieren, das keinen Stromanschluss hatte? Doch Gansukh und Amraa stießen sich gegenseitig an und kicherten wie kleine Mädchen. »Ja, heute Abend im Klub. Dort gibt es Strom, einen Generator. Wir können alle zusammen hingehen. Hast du einen Lippenstift?«

Sansar-Huu war bereits in die Berge gezogen, so dass Gansukh erst einen Babysitter suchen musste, ehe wir drei den Lippenstift hervorholen und zu der Disco im Klub gehen konnten. Es war bereits dunkel, als wir endlich zurück in Richtung Schule aufbrachen. Der Klub war direkt am Hauptplatz, wo ich ihn noch nie bemerkt hatte. Eine lärmende kleine Schar strömte zum Hintereingang, und selbst von außen war die Musik laut und einladend. Wir mussten alle 200 Tugrik (ungefähr 15 Pence) Eintritt an einen pickligen Jungen bezahlen. Dann stiegen wir die Stufen hinauf und drängten uns hinein.

Die Tanzfläche sah aus wie ein überfüllter Berghang und senkte sich zu einer Bühne ab, wo eine bunt gemischte DJ-Crew ein Kassettendeck bediente. Eine nackte Glühbirne baumelte über der Bühne, eine zweite über dem »Hang« und verbreitete ein schummriges, stimmungsvolles Licht. Zwei riesige Holzöfen zu beiden Seiten der Bühne hielten den Raum warm.

Ich war hingerissen. Die Disco war super, weil sie die wichtigsten Voraussetzungen erfüllte – groß, dunkel und laut –, und ich erlebte zum ersten Mal seit meiner Ankunft, wie die Dorfbewohner sich gehen ließen und feierten. Fast alle waren fantastische Tänzer, drehten sich elegant zu ihrer traditionellen Musik oder tanzten in großen Kreisen von 20 bis 30 Leuten zu jeder anderen Musik. Der Generator erschauerte, die Glühbirnen flackerten zwischen den einzelnen Nummern, aber die Tanzfläche wurde nie leer.

Amraa und Gansukh machten mich an diesem Abend mit vielen neuen Leuten bekannt, unter anderem mit ihrer gemeinsamen Freundin Tuya, einer Tuvanerin mit glänzenden, schwarzen Haaren, so dick wie eine Pferdemähne, und einem übermütigen, freundlichen Lächeln.

»*Saino*! – Hi!«, grüßte Tuya mich lässig und Kaugummi kauend. Sie saß eng an den attraktiven Mann an ihrer Seite gedrückt. »Das ist Gerele«, fügte sie hinzu und stieß ihren Begleiter an, der erst sie, dann mich schief angrinste. Tuya war mir auf Anhieb sympathisch, und ich wusste, dass ich mit ihr befreundet sein wollte. Sie hatte etwas Rebellisches an sich, so wie sie ihren Kaugummi kaute, ihre Lippen knallrot geschminkt hatte und hemmungslos mit Gerele in der schummrigen Disco flirtete. Sie war erfrischend respektlos, den Kopf voll aufmüpfiger Ideen, und sie sah aus, als ob sie gern lachte. Wir hüpften alle in dem Gewühle zu amerikanischer und mongolischer Popmusik herum, die längst out war, bis wir ins Schwitzen kamen. Dann durchbrach jemand unseren großen Kreis und drückte mir einen weißen, verknoteten Schal in die Hände. Ich hielt den Schal hoch und schaute fragend zu Gansukh hinüber.

Sie lachte und brüllte über die verzerrte Musik hinweg: »*Büjig*! Tanze! Du musst in die Mitte gehen und dort tanzen und dann den Schal weitergeben!«

Also tat ich das und lachte, als der ganze Kreis zu johlen und zu stampfen anfing. Ein paar andere Frauen kamen spontan zu mir in die Mitte, und wir tanzten zusammen.

Sobald wir eine Atempause einlegten, wurden Amraa, Gansukh und Tuya pausenlos von Männern geholt, die, wenn sie eine Frau zum Tanzen aufforderten, ihre Hände ausstreckten und sich höflich verbeugten. Auch die Frauen tanzten zusammen die Tanzfläche hinauf und hinunter und sahen selbst in ihren dicken Winterstiefeln elegant und graziös aus. Ein paar von ihnen forderten mich auf, und ich trampelte ungeschickt auf ihren kleinen Füßen herum, weil ich nie wirklich Walzer oder sonstige Tänze gelernt hatte. Die Frauen grinsten und kicherten und gaben mir ein paar improvisierte Tanzlektionen, während ich ungeschickt mit ihnen herumwirbelte.

Erst gegen Ende des Abends forderte mich einer der Männer zum Tanzen auf. Der Typ war unglaublich groß für einen Mongolen und hielt mich mit seinen heißen, verschwitzten Riesenpranken an der Taille fest und an der rechten Hand. Als wir einen Walzer probierten, bebte er vor Lachen, und immer wenn ich zu ihm aufschaute oder eine Frage stellen wollte, prustete er los wie verrückt, so dass wir wieder übereinander stolperten und die Zuschauer sich das Lachen verkneifen mussten. Wahrscheinlich hatten seine Freunde mit ihm gewettet, dass er sich nicht trauen würde, mich aufzufordern.

Die dampfend heiße Luft quoll in die Nacht hinaus, als die Musik endlich aus war und wir dick vermummt den Heimweg antraten.

»*Yanaa*! Ist das kalt!«, sagte Gansukh schlotternd. Sie fasste mich unter und wich leicht zurück, als eine Horde Männer grölend vorbeiwankte. »Die Typen im Klub sind immer betrunken nach der Disco«, zischte sie, »die wollen nur saufen und dann eine Schlägerei anfangen.« Sie klapperte mit den Zähnen. »Ah, *margash* – morgen – wird es sehr kalt sein.«

Gansukh hatte Recht behalten. Über Nacht war die Temperatur gesunken, und dicke weiße Wolken brüteten über den nahen Bergen. Ich zog meine dicke, unförmige Jacke zu, schob meine Mütze tief über die eisigen Ohren und bat in der Schule um einen Sack Kohlen. Ein paar der Männer, die in die Berge hinaufgeritten waren, um das Vieh zu retten, kehrten auf ihren erschöpften Pferden zurück und warnten uns vor tiefen Schneedriften und verheerenden Blizzards, die in unsere Richtung zogen.

Als Erstes wurden wir von einer Staubattacke heimgesucht. Es war ein paar Nächte nach der Disco, als ich brutal aus einem Albtraum gerissen wurde, aufgeschreckt von dem Lärm vor meiner Tür, der sich anhörte, als würde ein Schwein abgestochen. Es war ein heftiger Staubsturm, der um das Dorf heulte und bis zum Morgengrauen gegen die Filzwände meiner Jurte peitschte. In der Nacht darauf brach der nächste Sturm los, und ich saß aufrecht in meinem schmalen Bett und klammerte mich an meine Decken, während ich leise vor mich hinfluchte und hoffte, dass die Filzwände diesem Wüten standhalten würden.

»Das ist ein sehr gefährlicher Wind im Frühling, du musst in meinem Haus schlafen«, drängte Gansukh. »Dein *ger* könnte einstürzen.« Ich nahm ihre Einladung dankbar an und verlebte ein paar gemütliche Nächte in ihrem warmen, winterfesten Haus, während draußen die Telegrafenmasten herumschwangen, als wollten sie nach einander greifen. Am Morgen konnten wir oft nicht bis zum anderen Ende von Tsengel sehen. Gelbstichige Staubwolken verhüllten die Häuser, die Berge und den dunstigen Sonnenball.

Aber trotz dieser wütenden Stürme und des eisigen Wetters blieben die Klassenzimmer kalt und ungeheizt. Am 10. April war die

Heizperiode zu Ende, und damit basta. Das war ein absurdes Überbleibsel aus der langen kommunistischen Ära, als an kollektiven Beschlüssen nicht gerüttelt werden durfte, auch wenn es allen das Leben erleichtert hätte. (Selbst in Ulaanbaatar wurde die Fernheizung vom Elektrizitätswerk kontrolliert und ging zu bestimmten Terminen an und aus, egal, wie das Wetter war.) Ich wunderte mich nur, dass die Lehrer in Tsengel sich nie beklagten und dass Menke, der doch die eisigen Klassenzimmer und schlotternden Schüler sah, sich nicht erweichen ließ. Es gab schließlich genügend Holz oder Kohle in der Schule.

Amraa und ich kämpften uns in einem heftigen Sturm vom Unterricht nach Hause. Wir klammerten uns aneinander und legten den ganzen Weg rückwärts gehend zurück, während andere sich schützend die Hand vor die Augen hielten und versuchten, blind durch den brennenden Staub zu waten. Kinder kauerten hinter klappernden *hascha*-Zäunen, die Leute schrien im Sturm, fassten sich an den Händen und arbeiteten sich mühsam nach Hause voran. Ich konnte den Staub in meiner Kehle spüren, er klebte in meinem Haar und auf meiner Haut. Amraa und ich erreichten endlich meine Jurte, den nächsten Unterstand. Wir tranken schwarzen Kaffee und aßen zusammen einen ekelhaft schmeckenden, chinesischen Schokoriegel aus einem der Tsengeler Kioske, und die ganze Zeit schwankten die Filzwände um uns herum, als bewegten sie sich im Rhythmus einer dröhnenden Musik.

»Das ist die schlimmste Zeit des Jahres«, schrie Amraa, um das dumpfe Brüllen draußen zu übertönen. »Der Winter, das ist in Ordnung. Wir wissen, dass er immer kalt ist. Aber der Frühling ist gefährlich, weil man nie sagen kann, wie das Wetter wird. Der Luftdruck ist niedrig, so dass alle Leute dauernd müde sind. Der Staub dringt überall ein, das Vieh ist am Verhungern, und wo bleibt der Regen? *Chetsüü*. Es ist schwer.«

Die Prinzessin hatte mich am Vortag besucht und genau dasselbe gesagt. Sie ließ sich in letzter Zeit nicht oft blicken, weil sie, wie sie sagte, im Moment sehr beschäftigt sei und keine Zeit für den Unterricht habe. Sie war gerade ins Altai-Gebirge gefahren, um einen Patienten zu holen, und musste drei Nächte dort ausharren. Selbst der unerschrockene Jarkan hatte es nicht geschafft, seinen Jeep durch die Stürme und Schneewehen zu steuern.

»Allah, was bin ich kaputt«, stöhnte sie, als ich ihr eine Schale starken Kaffee aufbrühte. »Ich habe für nichts mehr Zeit. Nur schlafen und arbeiten. Weil das Krankenhaus jetzt voll ist mit kranken Leuten – und in den Bergen krepieren die Tiere.«

7

Mittwochmorgen, fünf vor elf: Das winzige Postamt in Tsengel war gerammelt voll. Die Post kam einmal in der Woche so gegen elf. Um Viertel vor elf kam man kaum mehr zur Tür hinein.

Der Mann aus Olgij, der die Post brachte, hatte ein breites, gutmütiges Lächeln, einen Schnauzbart, so dick wie Yakfell, und einen Bauch wie eine gut genährte Kuh. Sein Umfang wirkte umso gewaltiger, als alle anderen in Tsengel drahtig und mager oder höchstens stämmig waren. Der Postbote war der einzige Fettwanst, den ich je im Dorf gesehen habe, und er wohnte auch nicht hier.

Er lieferte seinen Postsack ab und rumpelte ein paar Minuten später wieder davon. Dann gingen der Postmeister Addai, der Bruder von Abbai, und seine beiden Helferinnen – Nina und eine Frau mit dem wunderbaren Namen Buyan-Tok-Tok – an die Arbeit. Alle drängten nach vorn, um so schnell wie möglich an die Reihe zu kommen, Zeitungen wurden gegrapscht, Telegramme, Briefe und Pakete ausgehändigt. Auch die Leute, die keine Zeitungen bestellt hatten und keine Post erwarteten, tauchten zu Dutzenden auf, um sich nur ja nichts entgehen zu lassen und zumindest einen kurzen Blick auf die Welt jenseits ihrer Grenzen zu erhaschen.

Ich war immer am Boden zerstört, wenn nichts für mich in der Post war. Dann ließ ich den Kopf hängen, zog mich aus dem Gedränge zurück, und einen Augenblick wurde mir ganz schwindlig vor Einsamkeit. Dieser Sack voll zerknittertem Papier war schließlich mein einziger Kontakt zur Außenwelt. Obwohl ich schon mehrere Monate in Tsengel lebte, brauchte ich immer noch das Gefühl, dass meine Abwesenheit in der Welt draußen bemerkt wurde.

Wenn Nina meinen Blick auffing und den Kopf schüttelte, wurde mir schmerzlich bewusst, dass meine Familie und meine Freunde offenbar sehr gut ohne mich auskamen.

Nina, eine kleine, wettergebräunte Person mit einem verschmitzten Grinsen im Gesicht, versuchte mir die bittere Pille zu versüßen. »Ihre Post kommt nächste Woche, *bagsh*«, tröstete sie mich, und ich wusste ihre Geste zu schätzen, schlich aber trotzdem schmollend in die Schule zurück, mit langem Gesicht und tieftrauriger Miene wie ein armes, ungeliebtes Waisenkind. Wenn Nina mir dagegen einen Umschlag reichte, dankte ich ihr so überschwänglich, als ob sie den Brief selbst geschrieben hätte. Ein Paket entlockte mir lautes Jubelgeschrei, und die Dorfbewohner, die ihre Nachrichten miteinander austauschten, verstummten, schüttelten die Köpfe und lächelten nachsichtig, wenn ich mich zur Tür hinausquetschte und an die bröckelnde Wand lehnte, um den Brief rasch zu überfliegen. Dann las ich ihn noch einmal langsam, Wort für Wort. Ein- oder zweimal nahm ich mir vor, die Post aufzuheben, bis ich zu Hause war, dann zuerst meinen Ofen anzuzünden und mir eine Schale Tee zu kochen (der Kaffee war inzwischen ausgegangen), aber ich konnte einfach nicht so lange warten. Ich hielt durch bis zum Ende der nächsten Unterrichtsstunde, dann holte ich die blassblauen Briefbögen hervor und verschlang jedes Wort, während ich auf meinem wackligen Schreibtisch hockte und mit den Fersen an das Holz trommelte.

An einem Mittwoch erhielt ich drei Briefe, was die Enttäuschung der vorigen Woche mehr als wettmachte. Es war viel zu kalt, um draußen herumzustehen, und ich stürmte in die Schulküche zu einem Becher Tee und einer kurzen Lektüre, bevor meine zweite Unterrichtsstunde begann.

An dem Tonfall der Briefe, die ich von meinen Freunden erhielt, konnte ich viel über ihre Einstellung zu meinem mongolischen

Abenteuer ablesen. Meine australische Freundin Ktima zum Beispiel, die als Journalistin in London lebt, stellte mir sehr detaillierte Fragen, damit sie sich ein Bild von der archaischen Welt machen konnte, in die ich gezogen war. »Wie ist das Essen? Das Wetter ist bestimmt eisig, oder? Gibt es ein Nachtleben dort draußen?« Sie wollte kurze, prägnante Antworten: Fakten, mit Klatsch gewürzt. Ich grinste und schickte ihr in Gedanken eine Postkarte mit folgendem Text zurück: »Hallo, Ktima! Das hier ist Tsengel in vier Worten: Eis, Staub, Trockenfleisch und Disco.«

Meine Zwillingsschwester Amy schrieb immer sehr kurze Briefe, ein paar Zeilen, mehr nicht. Sie wollte wissen, was ich an meinem Geburtstag vorhatte, und entsetzte sich im selben Atemzug über die Plumpsklos, die ich ihr beschrieben hatte. Ich hatte mich inzwischen daran gewöhnt. Und vereiste Klos stinken zumindest nicht; außerdem hielten die meisten Leute ihre Plumpsklos peinlich sauber. Aber Greg hatte Recht: Es gab weit und breit keinen Fetzen Klopapier. Wir nahmen stattdessen die Zeitung von der letzten Woche, die wir in winzige Stücke rissen. Amy schrieb, dass sie mir eine Palette Luxus-Toilettenpapier schicken wolle, um mir mein schweres Los zu erleichtern.

Amys Mann machte Witze darüber, dass ich mich wahrscheinlich mit Yakseife wusch, und Freunde aus Ulaanbaatar fragten mich, ob ich Medikamente oder Essen brauchte. Meine Mutter schickte mir bunte Ansichtskarten und flache Zeitschriftenbündel, die ich erst alleine las, dann noch einmal mit Gansukh und schließlich als Toilettenpapier oder zum Anfeuern verwendete. Ma bat mich, ihr unser Leben im Dorf zu schildern, wie sich die Landschaft verändere, *»nachdem jetzt der Frühling endgültig bei uns eingezogen ist und sicherlich auch bald dorthin kommen wird, wo du bist, Louisa.«*

An diesem Abend setzte ich mich an meinen Schreibtisch und schrieb ihr einen langen Brief.

»Ich gewöhne mich allmählich an alles, Ma. An das ruhige Leben. Ich stehe morgens früh auf und gehe früh ins Bett, und immer noch bin ich die meiste Zeit mit den dringendsten Arbeiten beschäftigt: Holzhacken und Wasserholen nehmen kein Ende. Das Unterrichten macht Spaß, und ich habe immer viel Besuch nach der Schule. Abends schreibe ich Tagebuch – mit endlosen PS. Ich will alles über das Leben hier festhalten, das sich um mich herum abspielt.

Ich verbringe Stunden damit, einfach nur mit den Leuten zu reden, weil ich ihre Geschichten hören möchte. Manchmal habe ich das Gefühl, dass mir nicht genug Zeit für mich selber bleibt, was absurd klingt an einem Ort wie diesem! Wir sind hier mitten in der Wildnis, aber die Leute kennen keine Privatsphäre. Sie leben ungeheuer eng aufeinander, und die Familien wohnen alle in einem oder höchstens zwei Räumen. Schlafen, Essen, alles immer gemeinsam. Ich bin garantiert die Einzige in Tsengel, die ein eigenes Schlafzimmer hat. Aber allein leben gilt hier als Unglück, und Gansukh denkt immer, dass ich einsam sein muss, wenn ich allein bin, und daher Gesellschaft brauche. Die Kinder, die nebenan wohnen, beobachten mich von ihrem Hausdach aus – sogar wenn ich aufs Klo gehe! Sie klettern einfach hinauf und starren mich an, bis ich sie anschreie, dass sie abhauen sollen.

Aber die einschneidendste Veränderung ist für mich der Lärm oder vielmehr die Stille. Die Geräusche, mit denen ich mein Leben lang überflutet wurde – Fernsehen, Kühlschrank, Türklingel, Telefon –, alles das ist weg. Als hätte es nie existiert. Ich höre nicht Radio, sehe nicht fern, knipse keine Schalter an, lasse kein Bad einlaufen und gehe nicht ans Telefon. Wenn keine Besucher da sind und ich allein in meiner Jurte bin, ist es so still, dass man die Vögel über das Dach fliegen hört.

Der Frühling, nach dem du fragst, lässt leider auf sich warten. Das Wetter ist noch verdammt kalt, aber der Chovd taut langsam auf, als hätte er seinen eigenen Kopf, und jetzt bilden sich schmale Wasserrinnen zwischen den riesigen Eisschollen, die manchmal fast zwei Meter über das Ufer hinausragen und mit einem seltsamen limonengrünen Mineral durchsetzt sind. Im Ernst! Der ganze Fluss ist mit diesem smaragdgrünen und weißen Eis bestreut, wie mit lauter zersplitterten Buntglasscheiben. Es ist fantastisch!

Auf meinen Spaziergängen sehe ich die Dorfmänner auf vereisten Felsen über dem Fluss sitzen und angeln. Sie schauen kaum auf, wenn wieder eine Eisplatte ins Wasser stürzt, obwohl das Krachen über das ganze Tal hin schallt. Auch jetzt reiten noch manche Nomaden mit ihren Pferden über den Fluss, aber das Eis sieht inzwischen trügerisch aus, und die Ufer bestehen nur noch aus vereistem Morast. Wir werden immer noch von Staubstürmen heimgesucht, und unser Brunnen ist so mit Staub und Schlamm verstopft, dass wir jetzt lieber das schmutzige Flusswasser zum Kochen nehmen. Es schmeckt ganz okay, auch wenn es zwischen den Zähnen knirscht, aber es sieht widerlich aus.«

Ich sagte nichts von den Tierkadavern, über die ich auf meinen Spaziergängen stolperte. Das Flussufer war inzwischen mit aufgedunsenen, verwesenden Kälbern, Schafen und Ziegen übersät. Das Flusseis schmolz allmählich, aber die Erde war immer noch spröde und rissig und vertrocknet wie ein Fossil. Es gab keine Weide, wo die Tiere grasen konnten, und sie verhungerten. Das bisschen Fleisch, das an ihren Knochen hing, wurde nicht gegessen, weil es als verseucht galt. Die Tiere verwesten einfach und verpesteten mit ihrem Gestank die Landschaft. Es war die reine Verschwendung.

»Regen, Regen«, sagten die Dorfbewohner sorgenvoll, »wir brauchen jetzt Regen.« Regengüsse, welche die Erde tränkten und dem noch lebenden Vieh Energie gaben. Hirten kamen aus den Bergen und saßen in Gansukhs Hütte, schüttelten die Köpfe und erzählten mit gerunzelter Stirn von den vielen Tieren, die sie verloren hatten.

»Das ist der schlimmste Frühling seit zehn Jahren«, sagte Sansar-Huu bei einem seiner Blitzbesuche zu Hause, bei denen er seine Familie mit köstlichen Milchprodukten versorgte. Die Erträge waren immer noch knapp in den Bergen, aber die Yaks wurden inzwischen gemolken, und wir konnten jetzt frischen, herben Joghurt trinken und riesige, dicke Laibe gefrorener Milch auf dem Ofen schmelzen. Die Milch schmeckte würzig und herrlich sahnig. Gansukh gab mir immer einen kleinen Eimer voll mit in meine Jurte. Sie drückte ihn mir einfach in die Hand, wenn ich ging. Ich nahm ihn lächelnd an und sagte nichts, wie es hier üblich ist. Man sagt nicht danke, sondern denkt nur daran, dass man auch Dinge hat, die man mit anderen teilen kann. An einem Nachmittag kochte ich mir einen halben Topf süßen Reispudding. Er war sehr nahrhaft und schmeckte köstlich.

Sansar-Huu blieb meistens über Nacht bei seiner Familie. Am nächsten Morgen war er bei Tagesanbruch bereits wieder fort und galoppierte die ungefähr 70 Kilometer zurück ins Altai-Gebirge, wo seine Eltern immer noch um ihre Herden kämpften. Da er die meiste Zeit fort gewesen war, hatte ich meine Stadtvorräte mit Gansukh und den Kindern geteilt, das war nur gerecht. Schließlich saßen wir alle im selben Boot. Jetzt waren diese Vorräte fast zu Ende, und wir mussten uns jeden Abend mit getrocknetem Fleisch, Reis, Mehl und Salz begnügen. Tagsüber lebte ich von Tee mit Brot oder *buurtzug*, weil ich mich nicht aufraffen konnte, eine weitere, zähe, geschmacklose Mahlzeit zu kochen.

Als ich Gansukh sagte, dass Ende April mein Geburtstag sei, hatte ich mir vorgestellt, dass wir vielleicht eine Flasche Wodka trinken und ein paar Lieder singen würden, denn die Mongolen feiern ihren Geburtstag normalerweise nicht. Aber Gansukh erzählte es sofort Amraa und Tuya weiter, und Amraa wollte unbedingt eine Party auf die Beine stellen. Wir stimmten alle zu, und dann wurde nicht mehr darüber geredet.

Als der 23. April heraufdämmerte, war ich bereits angezogen und gewaschen, bis mir plötzlich einfiel, dass ich jetzt dreißig Jahre alt war. Irgendwie war es nicht mehr wichtig. Ich brühte eine Kanne Tee auf und wünschte, es wäre Kaffee, da platzte Amraa mit einem Strauß Plastikblumen und einer selbst gemachten Karte herein.

»Herzlichen Glückwunsch zum Geburtstag! Nein, ich kann jetzt nicht Tee trinken, ich muss in den Unterricht. Vergiss nicht, dass heute Abend deine Party im Klub ist.«

Gansukh und Sansar-Huu, der in der Nacht zuvor aus den Bergen zurückgekommen war, schenkten mir eine große Tafel deutsche Schokolade vom Schwarzmarkt in Olgij. Dann tranken wir alle zusammen *suutei tsai*, den salzigen Milchtee, und aßen frisches Brot und die Schokolade zum Frühstück. Es war fast ein kontinentales Frühstück.

Später ging ich mit Gansukh ins Dorf, auf der Suche nach Bier, das man gelegentlich in einem der Läden oder Kioske finden konnte. Wir klapperten den ganzen Ort nach Alkohol ab. Jeder Ladenbesitzer bot uns Kekse an oder drückte uns ein paar Süßigkeiten in die Hand, während wir herumstöberten. Wir standen an der Theke, kauend und tratschend, und ich fragte mich, wie die Händler eigentlich ihr Geld verdienten, denn sie waren viel zu großzügig und verteilten Süßigkeiten an Kunden wie uns, die meistens gar nichts kauften, und gaben die meisten Waren auf Pump her. Sie führten genau Buch über die einheimischen Schuldner, kritzelten alles auf Notizblöcke, die sie unter der Ladentheke liegen hatten. Ich kaufte nur selten etwas in diesen Läden, weil es einfach nichts zu kaufen gab. Alle führten mehr oder weniger die gleichen Waren – Kerzen, dünne Notizbücher, kleine Kekspackungen und Berge von glänzenden, unförmigen Bonbons, die scheußlich schmeckten. Es gab chinesische Hefe in orangefarbenen Packungen und ausgebeulte Säcke mit grauem chinesischen Steinsalz, Mehl und Reis. Nur in einem Laden gab es Alkohol, eine Reihe von *arkhi*-Flaschen ohne Markenbezeichnung, die auf einem Stapel grellbunter Pullis und einem Sortiment chinesischer Turnschuhe thronten. Der *arkhi* war sehr billig, und man konnte den Alkoholdunst riechen, noch bevor man den Deckel abgeschraubt hatte. Ich kaufte trotzdem zwei Flaschen.

Als wir durch den Ort zogen und vor den Staubböen Unterschlupf suchten, kamen die Leute zu uns herüber, um mir die Hand zu schütteln und zum Geburtstag zu gratulieren. Leute vom Dorf, die ich noch nie gesehen hatte, stiegen von ihren Pferden ab oder kamen aus ihren *haschas*, um mich zu begrüßen. Tuya, Gerel-Huu, Zulmira, die Prinzessin, Nina und ein paar andere Lehrer drückten mir weitere Blumensträuße, kleine Tütchen mit glänzenden Süßigkeiten und winzige Parfümfläschchen in die Hände, während wir über den Platz schlenderten.

In der Mongolei gibt es ein ungeschriebenes Gesetz, dass man sich nicht für Geschenke bedankt, sondern sie einfach einsteckt und erst aufmacht, wenn man allein ist. Es ist unhöflich, sich für ein Geschenk zu bedanken, weil es den Eindruck erweckt, dass man darauf spekuliert hat, und ein Geschenk in der Öffentlichkeit aufzumachen ist geradezu ein Affront. Man nimmt nur einfach wortlos an, was man bekommt, und hebt es auf für später. Aber ich hätte wirklich gern danke gesagt, und es kostete mich große Mühe, den Mund zu halten, während sich meine Arme füllten. Irgendwann hatte ich nichts mehr, wo ich die Geschenke verstecken konnte, und war den Tränen nahe, weil alle so nett zu mir waren.

Einer der Männer, die zu mir kamen und mir die Hand schüttelten, stand halb von mir abgewandt und schaute mich mit einem dunklen Auge an. Ich konnte zuerst nur die eine Hälfte seines Gesichts sehen, aber als er sich umdrehte, um weiterzugehen, blieb mir vor Schreck fast die Luft weg, und ich versuchte krampfhaft, meinen Blick von seiner anderen Gesichtshälfte losreißen, die vom unteren Lidrand bis zum Kinn mit dichtem, borstigem, schwarzem Haar bewachsen war. Wahrscheinlich waren taktlose Gaffer wie ich der Grund, warum er mir demonstrativ seine andere Gesichtshälfte zugekehrt hatte. Ich spürte, wie ich rot wurde.

Gansukh las mir wie immer meine Gedanken vom Gesicht ab. »Das ist Selik-Khan«, sagte sie ruhig. »Er hat schon immer so ausgesehen. Mit diesem Gesicht. Er wurde so geboren, wir wissen nicht, warum. Aber du solltest mal seine Frau und seine vier Kinder sehen – *saikhan*.«

Selik-Khan ging weg und grüßte beiläufig zur anderen Straßenseite hinüber. Er bewegte sich unbefangen und entspannt unter seinen eigenen Leuten. Ich schaute ihm nach, ohne zu wissen, was mich am meisten faszinierte – die Selbstverständlichkeit, mit der die Leute seine Entstellung hinnahmen, oder seine haarige Gesichtshälfte. Gansukhs sachlicher Kommentar sprach Bände. Es gibt viele Orte, wo jemand, der so aussieht wie Selik-Kahn, gefürchtet wäre und ausgestoßen werden würde. Er hielt sich meist in den Bergen um Tsengel auf, wo er Hütten baute, und wann immer ich ihm begegnete, nahm er diese halb abgewandte Haltung ein, und nicht ein einziges Mal fing er meinen Blick auf. Ich fühlte mich unbehaglich in seiner Gegenwart, und um mein schlechtes Gewissen zu beruhigen, sagte ich mir, dass es an seiner eigenen Unsicherheit lag, aber ich weiß nicht, ob das wirklich stimmt.

Nachmittags in der Schule brachte ich meinen Schülern das »Galgenspiel« bei, weil ich an meinem Geburtstag keine Adverbien pauken wollte. Als ich später mit Gansukh und Sansar-Huu beim Essen saß, tauchte Amraa mit Tuya auf. Sie waren beide perfekt geschminkt und trugen bestickte *deel* und hochhackige, glänzend polierte Stiefel. Sie sahen toll aus.

»Louisa, bist du denn noch nicht fertig? Im Klub warten schon alle auf dich. Komm endlich!«, rief Amraa und schüttelte in gespielter Entrüstung den Kopf. Ich ließ meine halb gegessene Mahlzeit im Stich und stürzte in meine Jurte hinüber, um mich umzuziehen. Aber was in aller Welt sollte ich anziehen? Meine Kleider waren alle schmutzig und abgetragen, meine Pullover verfilzt, meine Stiefel abgewetzt – es sah alles unmöglich aus, einschließlich mir selber. Ich wühlte herum und verstreute überall meine Kleider, und schließlich tauchte ich in einem zerknitterten Kleid wieder auf, einen Lippenstift in der Hand und von Lampenfieber gepackt. Ich wollte nicht wirklich in den Klub gehen und Ehrengast dort sein – das war mir irgendwie alles zu viel. Eine Show, eine Vorstellung mir zu Ehren. Niemand sonst im Dorf feierte seinen Geburtstag so groß. Ich hätte viel lieber mit Gansukh, Sansar-Huu, Amraa und Tuya in meinem *ger* gefeiert, Wodka getrunken und im Kreis meiner Freunde dem Gitarrenspiel gelauscht. Ich wollte mich nicht den Blicken und Erwartungen des ganzen Dorfes aussetzen. Aber Amraa hatte die Party für mich organisiert, um mir das Gefühl zu geben, dass ich dazugehörte, und jetzt konnte ich nicht kneifen. Ich strich mein verkrumpeltes Kleid glatt, so gut es ging, nahm einen kräftigen Schluck aus einer der *arkhi*-Flaschen und blies die Kerze aus.

Stunden später wurde ich immer noch zum Tanzen aufgefordert. Ich sagte dem Mann, dass ich zu müde sei, aber er stand da, die Hand nach mir ausgestreckt, bis ich nachgab und mich auf den

»Berghang« führen ließ. Er wünschte mir alles Gute zum Geburtstag, wirbelte mich sacht herum, und als der Walzer zu Ende war, holte er einen Strauß Plastikblumen aus seinem *deel* hervor und drückte ihn mir in die Hand. Ich strahlte ihn an, als er mich zu meinem Platz zurückführte, wo Magmyasuren, der Musiklehrer, geduldig auf seinen Tanz wartete.

Ganuskh und Amraa hatten den DJ, eine Kasachin namens Kultii, dazu überredet, den »Hang« zu leeren und Platz für ein paar Partyspiele zu machen. Gansukh glitt allein über die Tanzfläche, in der Hand den verknoteten weißen Schal, und alle fingen im Rhythmus ihrer Schritte zu klatschen an. Dann reichte sie den Schal einem jungen Mann und nahm seinen Platz ein, während er sich schwerfällig über die Tanzfläche drehte und den Schal einer errötenden jungen Frau zuwarf. Er nahm ihren Platz ein, sie tanzte zu einem anderen jungen Mädchen hinüber, und so ging es immer weiter. Alle tanzten der Reihe nach allein, die einen stolz und triumphierend, während andere sich vor Verlegenheit krümmten. Jeder Tänzer wurde mit einem warmen, donnernden Applaus belohnt.

Dann kamen weitere Spiele an die Reihe, die ich nicht ganz verstand, aber Tuya beugte sich zu mir herüber und gab laufend ihre Kommentare ab, mit reichlich Klatsch und Tratsch gewürzt, und wir johlten vor Lachen, bis uns fast die Tränen kamen. Die Menge klatschte, stampfte und brüllte, als immer neue Paare den »Hang« hinauf- und hinunterrasten, und schließlich wurden wir gepackt und mit hineingezogen, und ich lief in die falsche Richtung, aber es war mir egal.

Mein Gott, was konnten diese Leute feiern! Mein Kopf drehte sich bereits, als Abbai auf die Bühne stieg und mir nach einer gnädig kurzen Rede ein Zeichen machte, zu ihm heraufzukommen. Abbai war der Mann, der mich ursprünglich ins Dorf geholt und mir Arbeit angeboten hatte – und als Bürgermeister von Tsengel war er eine wichtige Persönlichkeit. Ich war ihm zu Dank verpflichtet, aber ich wollte trotzdem nicht vor allen Leuten auf die Bühne gehen. Ich schüttelte den Kopf und legte in einer flehentlichen Geste die Hände zusammen. »Nein, nein. Wirklich. Keine Rede. Nein.«

Aber Gansukh flüsterte mir ins Ohr: »Du musst dich bei allen bedanken. Geh einfach rauf und sing ein Lied.«

Ich schmetterte »It's Been A Hard Day's Night« in das übersteuerte Mikrofon, und als ich wieder die Stufen runterging, zitterten mir die Knie. Ganz plötzlich sprang ich, ohne zu überlegen, zurück auf die Bühne, packte das Mikrofon, das rauschte und knisterte wie eine defekte Telefonleitung, und keuchte hinein: »Das ist die beste Party, die ich je erlebt habe. Danke! Vielen Dank!« Als ich wieder die Treppe hinunterstieg, wartete Abbai auf mich, um mit mir zu tanzen.

8

Am nächsten Morgen ging ich nicht in die Schule. Ich war zu schwach, um meine Stunden abzuhalten, und wagte mich den ganzen Tag über nur zweimal hinaus. Der Himmel sah aus, als grollte er mir. Riesige tintenschwarze Wolken hingen drohend über den Bergen, und die Luft war kalt und feucht. Es würde jetzt wirklich bald regnen.

Tuya schaute auf dem Heimweg bei mir herein. Als sie mich am Ofen sitzen und lustlos an meinem Tee nippen sah, schüttelte sie fröhlich den Kopf. »Du siehst schrecklich aus! Warst du in der Schule?«

Genau das gefiel mir an Tuya: Sie sagte unverblümt, was andere Leute in Tsengel nur dachten.

Ich schüttelte zerknirscht den Kopf.

»Menke *bagsh* hat dich gesucht«, sagte sie.

Ach du Schreck, dachte ich, hoffentlich hat Gerel-Huu mich nicht bei ihm verpetzt. Sie war auf dem Weg in die Schulküche durch unseren Hof gekommen und hatte mich draußen vor meiner Jurte kotzen sehen. Ich hatte es nicht einmal bis zum Klohäuschen geschafft.

»He! Lou-i-sa!«, hatte Gerel-Huu über die Straße gebrüllt und schallend gelacht. »Das muss ja ein tolles Fest gewesen sein!«

Ich hatte nur gequält genickt und mir den Mund abgewischt, während Gerel-Huu boshaft grinsend durch eine Zaunlücke verschwand.

Zwei Tage später saß ich in meiner Jurte und wartete auf Gansukh, die zu ihrer Englischstunde kommen wollte. Opia und Yalta waren bei mir und spielten mit einer leeren Sardinenbüchse, meinen

Shampooflaschen und Gesichtscremetuben. Der Ofen war heiß. Es war sehr gemütlich. Plötzlich erstarrte ich. Auf dem Zeltdach war ein leises Pladdern wie von Wassertropfen zu hören. Yalta drehte sich zu mir um und sagte ein Wort, das ich noch nie gehört hatte. Er sprach noch kein Mongolisch, nur seine tuvanische Muttersprache. Aber ich nickte, denn ich wusste, was er sagte.

Regen.

Wir liefen zusammen hinaus in den staubigen Hof. Der Boden löste sich bereits in braune Pfützen auf, und der Schauer steigerte sich zu einem sintflutartigen Regenguss. Ich erinnere mich noch genau daran – wie ich barfuß auf der nassen Erde stand, die Arme weit ausgebreitet, das Gesicht dem grauen Himmel zugewandt. Der Regen war weich und kalt, und ich fröstelte und murmelte »mhmm« – alles auf einmal, weil es sich so gut anfühlte. Als ich schon ganz durchgeweicht war und Opia und Yalta in den Pfützen herumtanzten, kam Gansukh zum Tor hereingerannt.

Sie schrie vor Lachen, als sie uns drei herumhüpfen sah. »Schau dir das an!« Gansukh riss Opia vom Boden hoch, und das Wasser lief ihnen übers Gesicht. »Ist er nicht herrlich, der Regen? Genau das haben wir gebraucht! Jetzt wird Tsengel wieder schön!« Wir umarmten uns spontan und liefen in mein *ger* zurück, um uns am Ofen zu trocknen und aufzuwärmen.

Auch am nächsten und übernächsten Tag goss es in Strömen. Die Erleichterung stand den Leuten ins Gesicht geschrieben, wenn sie zwischen den heftigen Regenschauern in der Stadt herumliefen.

»Warte nur«, sagte Amraa, als wir an ihrem *hascha*-Tor standen und auf den aufbrechenden Fluss hinausschauten, »in ein paar Tagen ist alles grün. Du wirst unser Tal nicht wiedererkennen. Das Flusseis ist dann geschmolzen, und das Vieh kann grasen.«

Bereits jetzt war ein grüner Grassaum am Flussufer in die Höhe geschossen, und die ausgehungerten Tiere im Ort machten sich darüber her. Zum ersten Mal war der Frühling in greifbare Nähe gerückt.

Meine Freude über den Regen erhielt einen Dämpfer, als die Jurte zu lecken anfing wie eine gesprungene Schüssel. Es tropfte unablässig an mehreren Stellen durch das Zeltdach, und an den Filzwänden lief ein dünnes Rinnsal herunter und verbreitete sich auf dem Boden, so dass ein Sack Mehl feucht wurde und verdarb. Ich musste alles in die Mitte neben den Ofen rücken, auch mein Bett, und alle Schüsseln und Eimer auf dem Fußboden verteilen, um das kalte Wasser aufzufangen, das ständig durch das Dach tropfte. Alles war klamm und feucht, und ich sehnte mich nach trockener Wärme und frischer Nahrung: nur eine winzige Atempause in diesem höllischen Kampf, warm und trocken zu bleiben, einfach nur zu überleben. (Von Brathähnchen und Bier war keine Rede mehr, jetzt träumte ich nur noch von Zwiebeln, Äpfeln und Knoblauch.)

Dann hörten die Regengüsse so plötzlich auf, wie sie begonnen hatten, und wir wurden wieder von heftigen Staub- und Schneestürmen heimgesucht. Hier ein Auszug aus meinem Tagebuch Anfang Mai:

> Heute verschlug es selbst den abgehärteten Einwohnern von Tsengel die Sprache. Der Regen hatte aufgehört, stattdessen fegte ein heftiger Sturm durch das Dorf. Staub und Schnee wirbelten herum, als sei der Winter zurückgekommen. In der Schule war es eiskalt. Ich bin fast den ganzen Nachmittag zu Hause geblieben, aber irgendwann hielt ich es nicht mehr aus und lief hinaus in das schwache, graue Sonnenlicht.
> Draußen begegnete ich vermummten, geduckten Leuten, die sich gegen die Wand der riesigen, wirbelnden Flocken stemmten. Selbst die mageren, streunenden Hunde, die sich zitternd zusammengerollt hatten, waren zu elend, um auf mich loszu-

gehen. Ich kam an einer rappeldürren Kuh vorbei, die sich an einen klappernden *hascha*-Zaun drückte. Gleich um die Ecke war der restliche Zaun ganz und gar herausgerissen worden wie eine Reihe verfaulter Zähne, und die Telegrafendrähte lagen in wirren Knäueln über die Straße verteilt. Es sah aus, als sei hier ein Aufruhr ausgebrochen.

Regen und Schnee sind eine fatale Kombination, besonders für die Hirten im Altai. In den Bergen östlich von Tsengel kam ein junger Nomade ums Leben; er war von einem Regenguss durchnässt worden und dann in einem Schneesturm erfroren. Er war Gerel-Huus Neffe, und ich ging zu ihr, als ich die Nachricht hörte.

Gerel-Huu, vom Kummer überwältigt, war zu Hause, während ihre Kinder, sechs Söhne und eine Tochter, hilflos um sie herumstanden und nicht wussten, wie sie ihre verzweifelte Mutter trösten sollten. Solange ich dort war, weinte sie die ganze Zeit still vor sich hin.

»Er war der einzige Sohn meines Bruders«, erzählte sie mir, das Gesicht rot und geschwollen vom Weinen. »Wer soll sich jetzt um seine Frau und sein Kind kümmern? Wer wird seine Eltern versorgen, wenn sie alt werden?«

Ich spürte die Angst, die ihr die Kehle zudrückte. Sie trauerte nicht nur für sich selber, sondern für die ganze Familie, die einen Vater, Neffen, Sohn und Ehemann verloren hatte. Ich saß da und hielt ihre Hand und fand keine Worte, um sie zu trösten. Meine Fahrt in die Berge mit der Prinzessin hatte mir gezeigt, dass die Nomaden hier immer Auge in Auge mit dem Tod lebten. Schon allein die Tatsache, dass sie in dieser unwirtlichen Gegend überleben konnten, stellte einen Triumph des menschlichen Willens dar. Aber sie bewegten sich auf einem schmalen, gefährlichen Grat, schutzlos den Elementen ausgeliefert, und letzten Endes waren sie genauso verletzlich wie wir alle. Sie konnten es sich nicht leisten, unachtsam zu sein.

Die Angst ist, wie der Tod, ein unverzichtbarer Teil des Lebens. Wahrscheinlich brauchen wir alle ein paar Angstmomente in unserem Leben. Das gehört zum Leben – ohne Angst gäbe es keine echte Freude, Begeisterung oder Triumph. Aber wenn wir unserer Angst nicht irgendwann die Stirn bieten, frisst sie uns auf, hindert uns am Leben.

Ich hatte bisher nie Grund gehabt, mich in Tsengel zu fürchten. Soweit ich wusste, hatte ich hier keine Feinde, und ich lebte in einem sicheren *hascha*, bei Leuten, die ich kannte und denen ich vertraute. Der Gedanke, nach Tsengel zu ziehen, hatte mir anfangs Angst gemacht, aber diese Angst hatte sich gelöst, weil ich ihr entgegengetreten war. Ich war ins Dorf gekommen und hatte mir hier ein Zuhause geschaffen. Meine Angst war besiegt, ich hatte es geschafft.

Aber die Angst hat viele Gesichter.

Sansar-Huu und die meisten anderen einheimischen Männer waren noch in den Bergen, als die Soldaten auf dem Hauptplatz eintrafen, lauter junge Typen, die widerstrebend aus den Bergen nach Tsengel herunterkamen, um ihren einjährigen Militärdienst abzuleisten. Ihre Ankunft löste eine vage Unruhe aus; es lag etwas in der Luft, ein unterschwelliges Unbehagen, das sich im Dorf breitmachte.

Ich war ziemlich überrascht, als ich die Soldaten sah. Aus meiner Zeit in Ulaanbaatar, wo ich für die mongolische Presse gearbeitet hatte, wusste ich, dass die Männer in der Stadt sich oft vor der Einberufung drückten, indem sie die richtigen Leute bestachen oder sich bescheinigen ließen, dass sie krank oder verrückt oder beides waren. Aber diese Hirten folgten alle ihrem Einberufungsbefehl, obwohl es kein Geheimnis war, wie schlecht die Soldaten in den

Militärbaracken auf dem Land behandelt wurden. Erst vor einem Jahr war ein Rekrut in der Provinz Sukhbaatar im ländlichen Norden der Mongolei buchstäblich verhungert, und ein paar andere Soldaten waren zur selben Zeit wegen extremer Unterernährung ins Krankenhaus gekommen. Die Presse wurde nicht in die Kasernen von Sukhbaatar vorgelassen, obwohl ein Arzt aus Ulaanbaatar ausgesagt hatte, dass die betroffenen Soldaten wie »Überlebende eines Konzentrationslagers« ausgesehen hätten.

Die Rekruten in Tsengel lungerten tagelang im schlechten Wetter auf dem Dorfplatz herum und warteten auf die Lkws nach Olgij, wo sie zu ihrer Ausbildung und ihrem Militärdienst in andere Teile des Landes gebracht werden sollten. Natürlich wurde es ihnen bald langweilig, und sie streunten Tag und Nacht im Dorf herum.

Ich sah sie manchmal, wenn ich in Tsengel unterwegs war, aber sie ließen mich in Ruhe, und ich machte mir weiter keine Gedanken darüber, bis Gansukh eines Tages mit einem Seil in meine Jurte kam.

»Es ist nicht gut, dass du hier allein schläfst«, sagte sie. »Jetzt, wo diese ganzen Soldaten im Dorf sind. Aber wenn du in deinem *ger* bleiben und nicht in mein Haus kommen willst, dann nimm wenigstens das hier, und verrammle deine Tür.«

Weil ich sah, dass es ihr ernst war, nahm ich das Seil und hängte es neben die Tür. Ich schlief hin und wieder in Gansukhs Haus, und wir aßen fast jeden Abend zusammen, aber ich brauchte auch meinen eigenen Bereich. Ich genoss den Luxus, nachts allein in meiner Jurte zu sein, und das wollte ich mir nicht nehmen lassen. Ich schrieb Tagebuch, werkelte herum oder saß einfach nur da und schaute zur Dachluke hinauf, in der sich ein kleiner Ausschnitt des riesigen mond- und sterngeschmückten Himmels abzeichnete. Ich fühlte mich sicher in meinem Zuhause, und die Soldaten hatten mir bisher keinen Grund gegeben, mich zu fürchten.

Ein paar Tage später sprach mich Kultii, die Kasachin, die im Klub auflegte, von der anderen Straßenseite an. Sie hatte eine volle, tiefe Stimme, fast ein Bariton, und ihr Körper war breit und stämmig. Sie hätte ohne weiteres ein Soldat sein können.

»He, Louisa! *Sain bainu*? Du musst am Freitag in den Klub kommen, dort steigt eine große Party, weil die Armee-Typen am Montag abreisen. Bring Gansukh, Tuya und Amraa mit.«

Es war komisch: Ich hatte im Dorf noch nie einen Disco-Abend ausgelassen, aber das hier war mir irgendwie nicht geheuer. Ich hatte Angst, dass die Soldaten die Gelegenheit nutzen würden, sich vollaufen zu lassen und zu randalieren, bevor sie die Stadt verließen, und ich wollte nicht dabei sein, wenn das passierte. Gansukh gab mir Recht.

»Sie brechen jetzt nachts in die *haschas* ein, Louisa«, sagte sie, und ihr kleines rotes Muttermal auf der rechten Wange glühte, wie immer, wenn sie aufgeregt oder besorgt war. »Ein paar von den Frauen haben Angst, weil ihre Männer immer noch fort sind. Nein, nein, wir gehen besser nicht hin.«

Tuya und Amraa bestürmten uns mitzukommen, aber wir weigerten uns standhaft und blieben in dieser Nacht zu Hause. Trotz Gansukhs Protest ging ich nach dem Abendessen in meine Jurte zurück. Ich konnte mir nicht vorstellen, dass dort jemand einbrechen würde, wenn ich zu Hause war und schlief.

Wie üblich war es draußen totenstill. Die meisten Leute waren wahrscheinlich im Klub. Ich versperrte die Tür mit dem Seil, das Ganuskh mir gegeben hatte, ging früh ins Bett und las. Als ich gerade in den Schlaf abdriftete, hörte ich die Nachtschwärmer aus der Disco nach Hause kommen, Männer und Frauen, die laut redend und lachend hinter dem hohen *hascha*-Zaun vorübergingen. Sie schienen sich alle gut amüsiert zu haben. Ich kroch noch tiefer unter meine Decken und gähnte.

Als ich den Holzzaun splittern und die Männer in den Hof einbrechen hörte, hatte ich keine Ahnung, wie spät es war. Ich konnte überhaupt nichts sehen, denn der Mond war untergegangen und die Nacht pechschwarz. Ich lag da und rührte mich nicht, während die Typen draußen im Hof herumtrampelten, urinierten und lachten. Es waren vier oder fünf Männer. Schließlich griff ich nach meiner Kerze und meinen Streichhölzern, zündete sie aber nicht an, sondern kauerte angespannt in meinem Bett und wartete darauf, dass sie verschwanden. Aber sie gingen nicht fort. Die ganze Bande stand vor meiner Tür draußen und klopfte immer heftiger und lauter gegen das Holz.

»Louisa, *bagsh*, können wir hereinkommen? Wir möchten Sie kennen lernen.«

Ich wunderte mich nicht, dass sie mein *ger* und meinen Namen kannten. Jeder im Dorf kannte mich. Jetzt liefen sie um das Zelt herum, traten gegen die Filzwand, kreisten mich ein. Ich hielt den Atem an, als einer von ihnen aufs Dach kletterte. Zum Glück rutschte der Typ unter lautem Getöse herunter, und seine Kumpel brüllten vor Lachen. Ein oder zwei andere rüttelten an der zugebundenen Tür.

»Na los, mach auf. Lass uns rein. Wir wollen dich sehen. Jetzt, sofort!«

Dann hämmerten sie mit einem schweren Gegenstand an die Tür. Ihre Stimmen wurden drohend.

»*Odocken*! – Los! Mach jetzt die Tür auf!!«

Ich spürte ihre Aggressivität, ihre dumpfen, betrunkenen Gedanken und hatte große Angst. Wenn sie hereinkamen, das war mir klar, würde mindestens einer von ihnen den Versuch machen, mich zu vergewaltigen.

Ich hatte diese Angst schon einmal durchgemacht. Vor vielen Jahren, als ich neunzehn war und in Israel lebte. Ein Mann, an dessen

Gesicht ich mich nicht mehr erinnere, hatte mich auf den Boden geschleudert wie einen morschen Ast. Dann riss er mir die Hose auf. Ich hatte jahrelang Albträume und Panikattacken, bis ich mein Selbstbewusstsein wiedergefunden hatte. Mir war nichts anderes übriggeblieben, als die Scherben aufzusammeln und sorgfältig zusammenzufügen. Ich lernte, meinen Instinkten zu vertrauen und wieder allein zu reisen. Ich habe es letztendlich unbeschadet überlebt.

Als mir diese Bilder durch den Kopf schossen, stieg plötzlich die helle Wut in mir auf. Ich hatte noch nie Angst gehabt in Tsengel, und jetzt sollte ich mich von diesen besoffenen Typen dort draußen fertigmachen lassen? Von wegen! Das hier war *mein* Zuhause. Ich wusste, wo die Axt lag, weil ich am Nachmittag Holz gehackt und sie vorsichtshalber mit hereingenommen hatte. Ich kauerte auf dem Boden und tastete in einem weiten Kreis um mich herum. Die Axt lag neben dem Ofen. Ich hielt schützend die Klinge vor mich, baute mich ein paar Zentimeter hinter der Tür auf, die Arme erhoben und die Beine leicht gespreizt, und überschüttete sie mit einem Schwall von Schimpfwörtern, die schmutzigsten und unflätigsten, die ich in Englisch und Mongolisch kannte. Meine Stimme wurde immer schriller: »Los, haut ab, oder ich hau euch die Axt über den Kopf!«, kreischte ich. »Ich will schlafen. Los, verpisst euch, ihr Scheißtypen. Ihr verdammten, besoffenen, widerlichen Wichser, ihr dreckigen Arschlöcher! Lasst mich in Ruhe, verflucht noch mal!«

Die Typen draußen verstummten, völlig überrumpelt von meinem Wutausbruch. Keine Frau in Tsengel würde es wagen, so mit Männern umzuspringen.

Schließlich gaben sie ihre Belagerung auf und gingen fort. Einfach so. Ich kann nur raten, was in ihnen vorging. Wahrscheinlich hatten sie keine Lust, sich mit dieser Furie anzulegen, die sie mit der Axt bedrohte. Ich hatte ihnen einen Strich durch die Rechnung gemacht. Sie hatten wahrscheinlich mit Geschrei und Tränen gerechnet oder auf ein leeres *ger* spekuliert, das sie plündern konnten. Auf jeden Fall waren sie nicht auf eine Ausländerin gefasst, die sie in der unflätigsten Weise in ihrer eigenen Sprache beschimpfte. Mit trockenem Mund und schweißüberströmt stand ich da und lauschte. Ich hörte, wie sie fortgingen und halbherzig gegen Gansukhs Fenster schlugen, während einer von ihnen kotzte. Aber als sie endlich das Tor hinter sich zuwarfen und auf die Straße drängten, merkte ich, dass einer von ihnen zurückgeblieben war. Der Typ stand immer noch vor meiner Tür, und plötzlich knallte er seinen schweren Stiefel gegen das Holz, langsam und methodisch, immer wieder.

»Na komm schon, Louisa. Ich bin's, Batbayar. Lass mich rein. Ich will mit dir sprechen.«

Ich erstarrte, die Axt zu meinen Füßen. Einen Augenblick ging etwas zutiefst Bedrohliches von diesem Mann aus, der allein zurückgeblieben war. Und es war nicht Gereles Freund Batbayar. Ich kannte Batbayars sanfte, hohe Stimme. Diese Stimme hier war anders, tief und lallend.

Er trat wieder gegen die Tür. »Lass mich rein.«

Aber sein Geschrei ging allmählich in ein Winseln über. Er hatte jetzt genug, und ich wusste, dass er sich bald verdrücken würde. Ich räusperte mich und befahl ihm ruhig, mich in Frieden zu lassen und fortzugehen.

»Morgen. Du kannst mich morgen besuchen. Ich will jetzt schlafen. Geh weg. Morgen kannst du kommen und Tee mit mir trinken.«

Er lungerte noch einen Augenblick herum, dann war auch er verschwunden.

Ich stand lange da, zitterte am ganzen Körper und lauschte. Dann ließ ich mich langsam auf mein Bett sinken und schlug die Hände vors Gesicht.

Ich fühlte mich gar nicht als Siegerin. Nur schrecklich allein.

9

Ich schlief unruhig und schreckte jedes Mal hoch, wenn ich ein Geräusch draußen hörte: ein Kratzen am Zaun, ein Winseln oder einen fernen Ruf, der die Gasse herunterhallte. Ich war erschöpft, nervös und gereizt.

Natürlich erzählte ich Gansukh und den anderen, was passiert war. Ich konnte es einfach nicht für mich behalten.

»*Zowan*!«, zischte Tuya. »So was Widerliches!«

Gansukh schüttelte den Kopf und beschwor mich, bei ihr im Haus zu schlafen. »Du kennst diese Typen nicht, Louisa. Wir schon, und ich kann dir versichern, die sind immer so, wenn sie von den Bergen runterkommen. Frag die anderen Frauen. Es ist immer das Gleiche, sie trinken und prügeln sich und halten unsere Kinder wach. Wenn doch nur Sansar-Huu schon zurück wäre!«

Gansukh sah auf einmal schrecklich müde aus, und sie tat mir leid. Es war sehr ehrenwert von Sansar-Huu, dass er für seine Eltern arbeitete, damit sie besser über das Frühjahr kamen, aber andererseits ließ er Gansukh im Stich, die mit ihren beiden Kindern, ihrem Vollzeitjob als Lehrerin, ihren Englischstunden und der Arbeit in Haus und Hof allein zurechtkommen musste. Und dann hatte sie auch noch mich aufgenommen. Wir halfen uns natürlich gegenseitig, aber Gansukh musste auch noch ihre alten Eltern versorgen, die gleich unten an der Straße lebten. Kein Wunder, dass sie erschöpft aussah.

Ich schlief ein paar Nächte in Gansukhs Haus, bis die Rekruten das Dorf verließen, dann kehrte ich in meine Jurte zurück. Ich wusste, dass sie jetzt fort waren, dass alles in Ordnung war, aber ich konnte mich dort nicht entspannen. Es war nicht nur die unterschwellige Angst, dass wieder ein Mann bei mir einzubrechen versuchte, obwohl ich nachts auf jeden Fußtritt draußen lauschte und immer mit der Axt unter meinem Bett schlafen ging. Es war eine geistige Verunsicherung, ein Knäuel banger Gedanken, was ich überhaupt in Tsengel suchte und ob mein Leben hier wirklich auf mehr hinauslief als auf eine oberflächliche, romantische Illusion.

Ich war der Meinung gewesen, dass ich mich gut im Dorf eingelebt hatte, dass ich echte Freunde gewonnen und gelernt hatte, in dieser harten Welt zu bestehen. Ich hatte herausfinden wollen, ob ich fähig war, mich an das Leben hier anzupassen, ohne die Dinge auszukommen, an die ich gewöhnt war, die ich immer für selbstverständlich gehalten hatte. Was mich gereizt hatte, waren die Herausforderung und zugleich der romantische Aspekt, die Vorstellung, im äußersten Westen der Mongolei zu leben. Ich hatte gehofft, dass die Leute mich akzeptieren würden, weil ich Mongolisch sprach, dass ich in der Gemeinschaft willkommen sein würde und so vielleicht das Leben der Dorfbewohner und der Nomaden in den Bergen von innen heraus beobachten konnte.

Es war nie meine Absicht gewesen, mich als »Einheimische« aufzuspielen, ich wollte nur nicht immer die Außenseiterin sein. Aber in Wahrheit wusste ich natürlich, dass die Soldaten genau deshalb nach der Disco an meine Tür gekommen waren: weil sie dachten, sie könnten es ja mal bei der ausländischen *bagsh* probieren.

Gansukh sprach es selber aus, als wir spätabends in ihrem Haus zusammensaßen und die Kinder schon schliefen. Es klang nicht wie ein Vorwurf, sie war nur einfach ehrlich: »Weißt du, sie sind gekommen, als sie betrunken waren, weil sie dich sehen wollten, Louisa. Weil du eine *gadaad-neen hun* bist, eine Außenseiterin.«

Greg hatte leider wieder einmal Recht behalten.

Die Blase war geplatzt, und in den nächsten paar Wochen lösten sich die meisten Illusionen, die ich mir gemacht hatte, in Luft auf. Ich musste mir eingestehen, dass die Beziehungen zwischen den Menschen in Tsengel genauso komplex, tragisch und zerbrechlich waren wie überall sonst. Und dass ich nicht nur die *gadaad-neen hun* war, sondern dass es auch Leute im Dorf gab, die mich nicht mochten oder denen nichts daran lag, dass ich hier war.

Ich merkte, dass Gansukh ein heikles Thema ansprechen wollte, als sie in meine Jurte kam und das Muttermal an ihrer Wange aufflammte wie ein Insektenstich. Sie hockte sich auf den Schemel und spielte mit einem losen Wollfaden an ihrem Pullover, und ich wartete auf das, was sie mir mitteilen wollte.

»Einer meiner Verwandten ist vom Land hereingekommen«, fing sie schließlich an und starrte in ihre Teeschale. »Er ist im Krankenhaus, und wir müssen seine Medikamente bezahlen, weil er kein Geld hat. Kannst du mir 3000 Tugrik leihen, bis Sansar-Huu zurückkommt?«

3000 Tugrik sind weniger als 3 £. Fast nichts. Aber ich bekam kein Gehalt und wusste nicht einmal, ob ich genug Geld hatte, um nach Ulaanbaatar zurückzufliegen, weil man als Ausländer viel mehr für die Inlandsflüge in der Mongolei bezahlen musste als die Einheimischen und der örtliche Wechselkurs ständig fluktuierte. Gansukh bekam ein volles Gehalt von ungefähr 25 000 Tugrik im Monat.

Ich weiß, wie kleinlich es klingt, dass mich diese armseligen 3000 Tugrik wurmten. Aber sobald Gansukh ausgeredet hatte, fielen mir die ganzen selbstgefälligen Kommentare ein, die ich von Ausländern in Ulaanbaatar gehört hatte: »Warte nur, bis du ein paar Monate dort bist und alle Geld von dir leihen wollen. Die betrachten dich als ihre Bankfiliale. Die denken, wir sind alle reich, weil wir Ausländer sind.«

Und natürlich ist mir auch klar, dass Gansukh und Sansar-Huu, die sich in meiner Tsengeler Zeit mehrmals Geld von mir liehen, ihrerseits unglaublich großzügig zu mir waren. In den Monaten, in denen ich bei ihnen lebte, gaben sie mir Milch, Butter, Joghurt und Fleisch und teilten oft ihr Essen mit mir. Heute weiß ich auch, dass es gar nicht das Geld war, warum ich so ablehnend auf Gansukhs Bitte reagierte, sondern das Gefühl, dass der Wert unserer Freundschaft – und Gansukh war meine beste Freundin in Tsengel – letzten Endes vom Geld abhing. Es lag an meinem mangelnden Vertrauen in die Beziehungen zu den Leuten im Dorf, dass ich mich wegen ein paar lächerlicher Pfund innerlich so aufregte.

Ganuskh wusste natürlich, dass ich ihr die Bitte nicht abschlagen konnte und wollte, und ich machte meinen Geldgürtel auf und reichte ihr stumm die grünen Tugrik-Scheine.

»Sansaar-Huu kommt bald mit *yamani-noluur* zurück«, sagte sie und stand auf. »Jetzt werden die Ziegen ausgekämmt, und er bringt dann Wolle mit. Wenn er die verkauft hat, kann ich dir dein Geld zurückgeben.«

Ich nickte und zwang mich zu einem Lächeln, schließlich waren es ja nur ein paar Pfund.

Aber dann hatte ich auch noch Probleme mit Zulmira, die seit Wochen kaum mit mir gesprochen hatte und nicht in meine Jurte oder auch nur in den Hof kommen wollte.

Wir schlichen in der Schule aneinander vorbei, verlegen lächelnd, weil offensichtlich etwas schiefgelaufen war zwischen uns und keine genau wusste, was. Irgendwann konnte ich die Spannung nicht länger ertragen und besuchte Zulmira zu Hause. Ich fragte sie vorsichtig, ob wir unsere Englischstunden nicht wieder aufnehmen könnten.

Zu meiner Überraschung willigte sie ein. Wir könnten uns nach der Schule in einem leeren Klassenzimmer treffen und miteinander lernen, meinte sie zögernd. Sie bot mir sogar an, mir als Gegenleistung für ihre Englischstunden Kasachischunterricht zu geben, was ich begeistert annahm. Wir legten die Unterrichtszeiten fest, und ein, zwei Wochen lang lief es ganz gut, aber dann war entweder eine von uns zum vereinbarten Termin anderweitig beschäftigt, oder Zulmira musste zusätzliche Stunden geben, weil die Abschlussprüfungen näher rückten. Am Ende verlief dieser zweite Anlauf, wie nicht anders zu erwarten, ebenfalls im Sand. Wahrscheinlich warfen wir uns im Stillen gegenseitig vor, dass die andere sich nicht genug Mühe gegeben hatte, und schließlich war das Ganze so verfahren, dass wir einfach resignierten. Nachdem ich mehrmals vergeblich nach der Schule auf sie gewartet hatte, gab ich es endgültig auf.

Gansukh sagte nicht viel über Zulmira und ihr auffälliges Fernbleiben von unserem *hascha*, aber ich hörte aus ihren Bemerkungen heraus, dass Zulmira nie ihre Freundin gewesen war. Vielleicht, weil Zulmira Kasachin war und Gansukh Tuvanerin, und beide waren sehr stolz. Ich weiß es nicht genau.

Zulmira kam dann schließlich doch in unseren *hascha*. Es war an einem Samstagmorgen Ende Mai, als die Frühjahrsstürme endlich der Sonne gewichen waren. Tuya und ich tranken Tee in meiner Jurte. Wir waren total aufgekratzt und planten, da das Wetter jetzt wärmer wurde, eine Reise in die Berge, wo wir Tuyas Nomadeneltern besuchen wollten. Plötzlich stolzierte Zulmira mit finsterem Weltuntergangsgesicht herein, baute sich mitten in meiner Jurte auf und putzte mich nach Strich und Faden herunter.

»Warum, *bagsh*, muss ich die ganze Zeit auf dich warten? Warum? Wir machen Stunden aus, und du kommst nicht. Ich warte in der Schule auf dich, ich warte zu Hause auf dich, und du kommst einfach nicht. Nie. Ich dachte, du wolltest mich unterrichten? Magst du keine Kasachen? Wie soll ich Englisch lernen, wenn du nicht einmal zum Unterricht auftauchst? Ich mache alle Hausaufgaben, die du mir gibst, und was ist? Nichts. Rein gar nichts.«

Ich klappte hilflos meinen Mund auf und zu, bis ich endlich die Sprache wiederfand. »Zulmira ...«, war alles, was ich im ersten Moment herausbrachte. Ich war wie vor den Kopf geschlagen. »Hier, trink eine Tasse Tee«, bot ich kleinlaut an. Zulmira stand mit funkelnden Augen vor mir und lehnte es ab, sich zu uns zu setzen oder Tee zu trinken.

»Zulmira, ich habe auch auf dich gewartet, es tut mir leid. Wir können gern mit unseren Stunden weitermachen. Wir können auch eine andere Zeit ausmachen. Und natürlich mag ich Kasachen. Bitte sei nicht böse ...« Ich verhaspelte mich vor lauter Nervosität, und vielleicht hörte ich mich irgendwie herablassend an. Aber Zulmira hatte mich völlig überrumpelt, und ich wusste nicht, wie ich auf ihr finsteres Gesicht und ihre heftigen Vorwürfe reagieren sollte.

»Nein, ich bin nicht böse, *bagsh*«, fiel Zulmira mir mit schriller Stimme ins Wort, »überhaupt nicht. Ich wollte nur wissen, warum du mich nie unterrichtest. Aber ich muss jetzt gehen, und wenn du Zeit hast, kannst du mir eine Stunde geben. Vielen Dank.« Dann stolzierte sie zur Tür hinaus und ließ mich mit offenem Mund sitzen.

Als Zulmira das *hascha*-Tor hinter sich zugezogen hatte, stieß Tuya, die die ganze Zeit still gewesen war, ein langes, verächtliches Schnauben aus und verdrehte die Augen. »Kasachen«, sagte sie nur.

Aber Zulmira hatte in gewisser Weise Recht. Ich hatte sie aufgegeben, ohne mich groß um sie zu bemühen, jedenfalls nicht so wie um Ganuskh. Zulmira lernte langsamer Englisch und war nicht so motiviert wie Gansukh, folglich brauchte sie mehr Anleitung. Ich hatte meinen gemütlichen, kleinen Freundeskreis in Tsengel, und deshalb machte es mir nicht viel aus, wenn Zulmira nicht zu ihren Stunden auftauchte. Im Klartext: Ich hatte genug Arbeit und Freunde im Dorf, um ohne sie auszukommen.

Aber es lag nicht nur an ein paar schlecht organisierten Englischstunden, dass unsere potenzielle Freundschaft in die Brüche gegangen war, das wusste ich. Die Prinzessin war ebenfalls klammheimlich aus meinem Leben verschwunden, hatte aufgehört, mich zu besuchen und um Stunden zu bitten, und sie nahm mich auch nicht mehr auf ihre Fahrten in die Berge mit.

Zulmira hatte mit ihrer provozierenden Frage, ob ich die Kasachen nicht mochte, einen wunden Punkt getroffen. Ich hatte immer noch keine kasachischen Freunde in Tsengel und konnte nur ein paar Worte ihrer Sprache. Ich lebte fast nur unter Mongolen und Tuvanern – Gansukh, Sansar-Huu, Amraa, Tuya und ihre Freunde. Abgesehen von meinen Schülern hatte ich kaum Kontakt zu den einheimischen Kasachen, die ich höchstens auf der Straße grüßte. In Zulmiras Augen – und vielleicht dachten die Prinzessin und andere einheimische Kasachen genauso – hatte ich mich mit den Mongolen und Tuvanern zusammengetan, während ich den Kasachen nur Lippenbekenntnisse lieferte, und das noch nicht einmal in ihrer eigenen Sprache.

Die Tuvaner beherrschten alle fließend Mongolisch, aber viele Kasachen, vom Schulkind bis zum Rentner, sprachen wenig oder gar kein Mongolisch. Vielleicht, weil sie so sehr auf ihre eigene Identität bedacht waren, dass sie keinen Raum für eine andere Sprache oder Kultur hatten. (Die meisten Tuvaner sprachen auch fließend Kasachisch, aber ich habe nur einen Kasachen in Tsengel getroffen, der richtig Tuvanisch sprechen konnte.) Wenn ich Tsengel wirklich verstehen wollte, anstatt hier nur recht und schlecht zu überleben, wenn ich in das geheime Leben des Dorfes eindringen wollte, dann musste ich mich ernsthaft bemühen, die Kasachen kennen zu lernen. Denn je länger ich in Tsengel lebte, desto deutlicher spürte ich, wie scharf die Trennungslinie in der Dorfgemeinschaft zwischen den verschiedenen Volksgruppen war.

Es war eine unausgesprochene und ungleiche ethnische Trennlinie. Die Kasachen und Tuvaner lebten Seite an Seite, aber keineswegs zusammen. Eine beiderseitige Apartheid. Das begann schon in der Schule, wo die Klassen vom Kindergarten bis zum Abschlussjahr in kasachische und tuvanische Schüler aufgeteilt und getrennt in ihrer eigenen Sprache unterrichtet wurden. Die Schüler lernten alle auch Mongolisch, kamen aber nie in einer Klasse zusammen. Die Lehrer waren Tuvaner und Kasachen (plus Amraa und ihre Mutter), aber der Schulleiter, der Krankenhauschef und der Ortsvorsteher waren alle Männer und Kasachen. Die Tuvaner besaßen offenbar nicht viel Macht im Dorf, was vielleicht die unterschwelligen Spannungen und Reaktionen wie die von Tuya erklärte.

Ich wusste nichts über ihre Geschichte und die Feindseligkeit, die zwischen ihnen herrschte, aber soweit ich sehen konnte, gab es keine Einrichtung in Tsengel, wo sich Tuvaner und Kasachen auf gleicher Augenhöhe treffen und ihre Kräfte und Fähigkeiten zusammenbringen konnten. Ich hatte auch festgestellt, dass alle Ladenbesitzer Kasachen waren. Ja, sogar die Häuser, die fast gleich aussahen, waren getrennt nach kasachischen oder tuvanischen Haushalten angeordnet. Amraa und ihre Familie lebten ganz in der Nähe von Gansukh in einer tuvanischen Ecke.

Ich war sehr oft bei Gansukh zu Hause und habe fast nie erlebt, dass ein Kasache in ihrer Tür auftauchte. Als ich fragte, ob Tuvaner und Kasachen auch manchmal untereinander heirateten, zog Gansukh die Augenbrauen hoch und dachte einen Augenblick nach, bevor sie antwortete: »Ein- oder zweimal ist das vorgekommen, glaube ich. Kasachische Männer heiraten niemals unsere Frauen, aber ich kenne einen Tuvaner, der eine Kasachin geheiratet hat, und ihre Kinder sind Tuvaner. Eltern mögen es überhaupt nicht, wenn Kasachen und Tuvaner, du weißt schon …« Sie bildete einen Kreis mit dem Daumen und Mittelfinger ihrer linken Hand und bohrte einen

Finger ihrer rechten Hand hinein. Ich nickte, um ihr zu zeigen, dass ich verstanden hatte, und wir kicherten beide.

Während ich mich für einen Besuch in Zulmiras Haus stählte, um unseren Streit aus der Welt zu schaffen, kehrte Sansar-Huu auf einem schrottreifen Lastwagen aus den Bergen zurück und warf mehrere dicke, ausgebeulte, fettige Säcke auf den Boden, bevor er selber herunterkletterte. Vor ein paar Tagen waren die Händler aus Olgij auf dem Dorfplatz eingetroffen waren, um die Kaschmirwolle aufzukaufen, die die Nomaden gerade aus ihren Ziegen herausgekämmt hatten.

Die Händler sahen nicht wie reiche Leute aus. Sie fuhren zu mehreren in schmutzigen Jeeps durch die Berge und trugen dieselben *deel*, Mützen und Stiefel wie die Dorfbewohner. Aber ihre Taschen waren mit dicken Bündeln grüner Tugrik-Scheine voll gestopft, und diese Geldscheine lockten die Männer von Tsengel mit unwiderstehlicher Macht aus den Bergen herunter.

Sansar-Huu mischte sich auf dem Hauptplatz unter die Händler von Olgij und die anderen Männer des Dorfes. Ich schlenderte allein oder mit Gansukh auf dem Platz herum, fasziniert von den wettergegerbten Hirten zu Pferde mit ihren Kamelen im Schlepptau, die mit überquellenden Säcken mit Kaschmirwolle beladen waren. Tsengel hatte sich für kurze Zeit in einen turbulenten Markt verwandelt, wo die Männer auf dem Boden zusammenhockten, Wollsäcke auf billigen, tragbaren Waagen abwogen und in aller Gemütsruhe miteinander feilschten. Aus einem der Säcke lugte ein Wollkamm hervor. Er sah wie ein riesiger Afrokamm aus, mit langen, stumpfen Zähnen. Die Händler bezahlten 7000 Tugrik (ungefähr 9 US-Dollar) für ein Kilo unbehandelter Kaschmirwolle, die strohgelb war und sich ein bisschen fettig anfühlte. Sie hinterließ einen dünnen Film auf den Händen. Viele einheimische Familien konnten es sich nicht leisten, die 80 Kilometer nach Olgij zu reisen, wo, wie jeder wusste, der Preis für Kaschmirwolle wesentlich höher lag, und die Händler aus der Stadt nutzten ihren Vorteil skrupellos aus. Aber zumindest die Ladenbesitzer von Tsengel waren glücklich, weil die Waren, die sie auf Lager hatten, für kurze Zeit reißenden Absatz fanden. Trotz dieses plötzlichen Geldsegens gab es keine randalierenden Betrunkenen. Nach Einbruch der Dunkelheit war der Platz verlassen und das Dorf fast still bis zum nächsten Morgen. Die jungen Rekruten waren fort, um ihrem Land ein Jahr lang zu dienen, und die einheimischen Männer, die nach Hause zurückgekehrt oder von den Bergen heruntergekommen waren, um ihre *yamani-noluur* zu verkaufen, hatten offenbar Wichtigeres zu tun, als ihr Geld für *arkhi* zu verschwenden.

10

In Tsengel herrschte Aufbruchstimmung. Die Dorfbewohner hatten ihre Wolle verkauft und sich in den Läden mit Reis und Mehl eingedeckt. Jetzt packten sie ihre Häuser zusammen und zogen für den Sommer in die Berge. Die sesshafte Dorfgemeinschaft kehrte für die nächsten drei Monate wieder zu ihren alten nomadischen Traditionen zurück.

Die meisten Familien in Tsengel besaßen zumindest eine kleine Herde, die sie entweder in oder um die Stadt herum oder in den nahen Altai-Bergen hielten. Im Winter und Frühling versorgten ihre nomadischen Verwandten in den Bergen die Tiere, aber im Sommer zog fast das ganze Dorf in den Altai, um die Herden zu weiden und von dem Überschuss an Milch und Milchprodukten zu leben. Obwohl das Wetter den ganzen Frühling über katastrophal gewesen war und die Weiden um Tsengel immer noch verdorrt und gelb aussahen – nur an den Ufern des Chovd waren sie mit Grün durchsetzt –, zogen die Familien bereits fort. Sie nahmen alle ihre Besitztümer mit sich, räumten die Möbel, Teppiche, Betten, ja sogar die Öfen aus ihren Häusern und stapelten die ganze Ladung auf ihre knatternden, rostigen Lastwagen. Ich sah Ziegen, Kälber und einmal sogar eine Kuh, die auf der Ladefläche eines Lastwagens zwischen den Möbeln, Jurten und aufgeregten Kindern mitgeführt wurde. Sobald die Schule zu Ende war, würden die meisten Leute fortgezogen sein. Und plötzlich wurde mir bewusst, dass ich auch wegmusste, wenn meine Arbeit an der Schule zu Ende war, denn das Dorf würde dann fast völlig leer sein. In den paar Monaten, die ich hier gelebt und unterrichtet hatte, hatten mich weder Menke noch Abbai gefragt, wie lange ich bleiben wollte. Es war nichts vereinbart, so dass ich jederzeit fortgehen konnte, wenn ich wollte.

Ich wälzte das alles in meinem ruhelosen Kopf, als Sansar-Huu mir sagte, dass er bald das *ger* brauche. Mein Haus war zugleich das Sommerhaus der Familie, und jetzt musste es mit in die Berge.

»Ich nehme Opia und Yalta mit zu meinen Eltern«, sagte Sansar-Huu. »Wir packen jetzt alles zusammen, und wenn die Schule zu Ende ist, kommt Gansukh nach. Du kannst so lange bei ihr im Haus wohnen.«

»Wann gehst du fort?«

»Morgen oder übermorgen.«

Ich blickte mich in meinem kleinen runden Zuhause um. Ich würde es vermissen.

»Louisa, was willst du machen, wenn die Schule zu Ende ist?«, fragte Gansukh.

»Keine Ahnung«, antwortete ich. Ich musste meine mongolische Aufenthaltserlaubnis verlängern lassen, aber ich hatte keine Lust, länger als ein paar Tage nach Ulaanbaatar zurückzugehen. Ulaanbaatar ist zwar die kälteste Hauptstadt der Welt, aber im Sommer kann es dort unerträglich heiß werden. Die Luft steht, und die Sonne knallt erbarmungslos auf die staubtrockene Stadt herunter. Es war keine verlockende Aussicht.

Gansukh schaute erst mich, dann Sansar-Huu an, dann wieder mich. »Willst du mit uns in die Berge kommen, Louisa? Du kannst bei uns und Sansar-Huus Eltern wohnen. Wir sind dort ganz weit weg von hier«, fügte sie hinzu und breitete ihre Arme aus, »an einem schönen Ort. Wir zeigen dir unsere Landschaft und wie wir Nomaden im Sommer leben.«

Ich starrte die beiden an und wusste im ersten Moment nicht, wie ich auf ihr großzügiges Angebot reagieren sollte. Ich wollte nicht von Tsengel weg. Diese letzten paar Monate waren sehr hart, aber faszinierend gewesen, und ich hatte das Gefühl, dass ich jetzt erst unter die Oberfläche dieses einzigartigen Dorfes vorzudringen begann. Wenn ich tief Luft holte und zugab, dass ich eigentlich bis Weihnachten bleiben wollte, konnte ich einen vollen Jahreszeitenzyklus miterleben und ein ganzes Jahr in Tsengel verbringen. Ich hatte einige wesentliche Dinge über das Dorfleben aufgeschnappt, aber trotzdem blieb mir Tsengel weiterhin ein Rätsel – diese bizarre tuvanische und kasachische Siedlung, wo die wenigen Chalcha-Mongolen ohne Murren ihren ethnischen Minderheitenstatus hinnahmen. Wenn ich bis Ende des Jahres bleiben könnte, würden meine bruchstückhaften Eindrücke von Tsengel vielleicht zu einem Ganzen verschmelzen und mir einen klaren Begriff von dieser abgelegenen kleinen Welt geben.

Ich wusste, dass der Sommer harte Arbeit bedeutete, denn das Leben auf dem Land war immer mühselig in der Mongolei, aber in der Wärme und Sonne, wenn es Milch, Joghurt und Sahne im Überfluss gab, würde das Leben dennoch um vieles leichter sein. Außerdem hatte ich die Möglichkeit, unter Nomaden zu leben, wie ich es mir in Ulaanbaatar und London jahrelang erträumt hatte.

Ach, das Leben hier ist gar nicht so schwer, redete ich mir ein und verdrängte die Staubstürme, die ausgemergelten Frauen, die unterernährten Kinder, das hungernde Vieh und das schreckliche Essen. Auf jeden Fall hatte ich mich jetzt daran gewöhnt: Es war nicht der richtige Zeitpunkt, Tsengel zu verlassen. »*Saikhan*, schön«, sagte ich zu Gansukh und Sansar-Huu. »Das wäre wunderbar. Danke! Ich muss aber erst nach Ulaanbaatar zurück und meine Aufenthaltsgenehmigung verlängern lassen. Aber ich komme sofort wieder und fahre dann zu euch in die Berge! *Sain bain*!«

Ich schmiedete tausend Pläne für den Sommer und Herbst und wandte mich kurz entschlossen an Menke, sobald ich ihn das nächste Mal in der Schule sah. Ich schlug ihm vor, vielleicht in der ersten Hälfte des nächsten Schuljahrs weiter an der Schule zu unterrichten und gleichzeitig mit Gansukh und Zulmira zu arbeiten, damit sie nach meiner Abreise meinen Unterricht weiterführen konnten. »Dann brauchen Sie keine ausländischen Lehrer mehr, weil Sie zwei Englischlehrerinnen vor Ort haben«, drängte ich, als wir zusammen auf der Bank vor dem Haupteingang der Schule in der Sonne saßen, er am einen Ende, ich am anderen.

»Warum können Sie nicht das ganze nächste Jahr hierbleiben, Louisa *bagsh?*«, fragte er.

Ich erklärte ihm, dass ich seit über zwei Jahren nicht mehr in England gewesen war und an Weihnachten zu Hause bei meiner Familie sein wollte. Menke nickte langsam und sagte nichts, sein braunes Gesicht blieb völlig unbeteiligt und ausdruckslos. Dann stand er auf und ging weg, ohne ein Wort zu sagen, was mich zwar nicht von meinem Wunsch abbrachte, noch weitere sechs Monate im Dorf zu verbringen, mich jedoch empfindlich in meinem Stolz verletzte.

Die Schule war offiziell am 15. Juni zu Ende. Die meisten Schüler waren schon in der Woche davor verschwunden, und die wenigen, die geblieben waren, feierten den Ferienbeginn, indem sie am letzten Tag laut johlend und so früh wie möglich aus der Schule stürmten. Kaum waren sie zum Vordereingang hinausgerannt, als die Lehrer sich auch schon an die undankbare Aufgabe machten, die Klassenzimmer mit einer tropfenden Pampe aus Kalk und Wasser zu tünchen, die hier als weiße Farbgrundierung dient. Gerel-Huu, Shinid und Bagit machten sich mit ihren Großfamilien auf in die Berge, und sobald die Klassenzimmer hergerichtet waren, würden die Lehrer ebenfalls fortgehen. Nur ein versprengtes Häuflein der reichsten und ärmsten Dorfbewohner verbrachte den Sommer in Tsengel. Die Reichen blieben da, um in einem oder zwei Läden, dem Postamt oder dem Regierungsgebäude zu arbeiten, und die ärmsten

Familien konnten sich keine Jurten leisten, so dass sie den ganzen staubtrockenen mongolischen Sommer über in den kleinsten Hütten des nahezu leeren Dorfes ausharren mussten.

An diesem letzten Schultag, als alle Leute in Aufbruchstimmung waren und mit strahlenden, eifrigen Gesichtern über ihre Sommerpläne redeten, beging ein junger Dorfbewohner Selbstmord.

Lashun unterrichtete die Grundschulklassen in Tsengel, eine große schlanke Frau mit blutloser, fahler Haut, die mit einem Mann namens Kalim verheiratet war. Sie wohnte im selben *hascha* wie die Familie von Guul-Naa, der sanften Chemielehrerin. Lashun hatte mir eines Abends in der Disco ihren Mann vorgestellt. Er war klein und dunkel und erzählte, dass er Fahrer sei, aber im Augenblick nicht arbeite, weil er, wie die meisten Männer in Tsengel, keinen Jeep besitze. Ich sah Lashun und Kalim nur noch einmal zusammen, als sie mit ein paar Freunden lachend durch das Dorf zogen und beide ziemlich betrunken waren. Lashuns Gesicht war bereits vom Alkohol gezeichnet, ihre Wangen von roten Äderchen durchzogen. Ich sehe sie noch vor mir, wie sie ihren langen Hals zurückbog und schallend über etwas lachte, das Kalim gesagt hatte. Ein paar Tage später, als ich mit Gansukh unterwegs war, begegnete ich Kalim wieder. Wir grüßten ihn, und er murmelte hallo, stank nach Wodka und hatte ein blaues Auge, so groß wie ein Hühnerei.

»Ich bin mit ihm in die Schule gegangen, weißt du«, sagte Gansukh kopfschüttelnd. »Kalim war in meiner Klasse. Wir sind gleich alt.«

Wir saßen in ihrem leeren Haus, in dem wir jetzt zusammen wohnten. Wir waren gerade von der Schule zurückgekommen, wo die Lehrer betroffen auf der Treppe oder in den Klassenzimmern mit den übereinandergestapelten Schreibtischen saßen und kopfschüttelnd über Lashun und Kalim redeten.

Gansukh trommelte mit den Fingern auf den Tisch und senkte ihre Stimme, obwohl außer uns niemand im Zimmer war. »Er war einer der Intelligentesten in unserem Jahrgang. Vielleicht war das sein Problem. Er hatte kein Auto und keine Arbeit. Nichts. Er hat sich immer gelangweilt, deshalb hat er zu viel getrunken. Er hätte in Kasachstan bleiben sollen, in Alma-Ata. Dort hat er studiert – was war es noch gleich? – Ach ja, Maschinenbau. Lashun war auch in Alma-Ata, das arme Mädchen. Hat eine Ausbildung als Grundschullehrerin gemacht. Sie haben in Kasachstan geheiratet, sind aber zwei Jahre später hierher zurückgekommen. Kalims Eltern sind immer noch drüben.«

Gansukh erzählte die ganze Geschichte mit leiser, tonloser Stimme. Es war ein trostloses Familiendrama, das sich in ähnlicher Weise in jeder anderen ländlichen Gemeinde hätte abspielen können. Aber es war hier, in Tsengel, passiert und brachte etwas über das Leben in diesem Dorf ans Licht, das ich bereits gespürt, aber nicht in Worte zu fassen vermocht hatte. Nicht einmal vor mir selbst – vielleicht weil ich es nicht ertragen konnte.

Lashun und Kalim waren nach Tsengel zurückgekehrt. Lashun hatte schnell Arbeit an der Dorfschule gefunden, wo fast nur Lehrerinnen unterrichteten. Sie hatte sich wieder ins Dorfleben eingefügt und war mit ihrem neugeborenen Baby und ihren Grundschülern völlig ausgelastet gewesen. Aber leider gab es nur wenige Jobs in Tsengel und gar nichts für Männer wie Kalim, der klug und qualifiziert war, aber keine Tätigkeit fand, die er hier ausüben konnte. Kalim hatte keine Ersparnisse, er konnte also auch keinen Jeep kaufen und als Fahrer arbeiten, was bedeutete, Menschen und Waren zwischen Olgij und Tsengel hin- und herzutransportieren. Für die Männer gab es hier wirklich nicht viel zu tun, auch wenn ein paar von ihnen das Dorf regierten. Aber es waren die Frauen, die im Krankenhaus und in der Schule arbeiteten, die die Läden führten, die Kinder aufzogen und die Häuser putzten. Sie waren von morgens bis abends beschäftigt und meistens müde, immer auf dem Weg zu irgendeiner Arbeit, während Kalim und seine alten Kumpel den ganzen Tag vertrödelten, auf dem Hauptplatz herumlungerten, wenn es nicht zu kalt war, oder eine Flasche *arkhi* leerten.

Kalim und Lashun hatten schon immer viel gestritten, aber es wurde noch schlimmer, als Kalim den ganzen Tag zu trinken anfing. Er war ständig betrunken. Tsengel war alles, was er hatte, und vielleicht trank er, weil er es hier nicht mehr aushielt. Irgendwann hatte Lashun genug, packte ihre Taschen und zog mit ihrer kleinen Tochter aus. Das brachte Kalim zur Besinnung, und er setzte alles daran, seine Frau zurückzuholen, indem er ihr schwor, die Finger vom Schnaps zu lassen. Mit dem Ergebnis, dass Lashun jetzt ebenfalls zur Flasche griff.

Ihre halbherzige Versöhnung hielt ungefähr ein Jahr an, bis alles in die Brüche ging, weil Kalim sich langsam zu Tode trank. Die Streitereien wurden immer häufiger und hässlicher. Guul-Naa und die anderen Lehrer schauten einfach weg, wenn Lashun wieder einmal alkoholisiert in die Schule kam, die Arme mit gelben und violetten Blutergüsse übersät. Lashuns Eheprobleme gingen sie nichts an, und außerdem waren Lashun und Kalim nicht das einzige Paar in Tsengel, das sich anschrie und mit Fäusten aufeinander losging.

Am 14. Juni, in der Nacht vor dem letzten Schultag, kam es wieder einmal zu einem erbitterten Streit zwischen den beiden. Guul-Naa sagte, sie habe gehört, wie die beiden sich die ganze Nacht angeschrien und beschimpft hätten. Kalim schüttete bis in den frühen Morgen *arkhi* in sich hinein und trank offenbar weiter, als seine Frau in die Schule ging. Wenn er ins Bett gegangen wäre und seinen Rausch ausgeschlafen hätte, hätten Kalim und Lashun sich noch einmal versöhnen können. Aber Kalim nahm die Wäscheleine ab, die über dem *hascha* aufgespannt war, und erhängte sich an den

Dachsparren ihrer Hütte. Guul-Naas Mann Balakh-Kha ging über den Hof und sah ihn zappeln. Als er Sekunden später die Hütte erreichte, kam er zu spät. Kalim hatte sich stranguliert.

»Er war sechsundzwanzig, Louisa. Ich verstehe es nicht. So was kann doch hier nicht passieren!« Wir schwiegen lange. »Nein, so was passiert hier nicht«, wiederholte Gansukh nach einer Weile. Sie stand auf, nahm einen Besen und fegte mit gesenktem Kopf den Boden. Ich stand ebenfalls auf und ging hinaus.

Am nächsten Morgen in aller Frühe wrangen wir unsere Wäsche im Hof aus, als Gansukh sich plötzlich aufrichtete. »Schau mal«, sagte sie.

Ein kleiner Konvoi von Jeeps rollte den Hang zum Friedhof hinauf. Wir beschirmten unsere Augen gegen die Sonne und schauten blinzelnd zu, wie der Trauerzug sich zwischen den Adobe-Gräbern hindurchbewegte und vor einem frischen Grab stehen blieb.

»Sein Vater ist noch nicht aus Kasachstan angekommen«, sagte Gansukh leise, »und Lashuns Eltern sind noch auf dem Land. Aber die Kasachen begraben ihre Toten immer am nächsten Tag. Das ist so Brauch bei ihnen.«

11

Es war ein seltsamer Gedanke, von hier fortzugehen. Obwohl ich wusste, dass ich höchstens ein paar Wochen weg sein würde, war es merkwürdig ... irgendwie beunruhigend. Ich zögerte die Abreise unbewusst hinaus, denn nachdem ich jetzt in Tsengel bleiben wollte, hatte mein Besuch in Ulaanbaatar irgendwie an Wert verloren. Okay, das Essen und Bier dort waren natürlich verlockend, ein willkommener Luxus. Ich würde mich mit leckeren Sachen vollstopfen und lange, heiße Bäder nehmen. Aber ich wollte nicht allzu lange in der Stadt bleiben. Vorausgesetzt, ich kam überhaupt hin, denn wenn ich kein Ticket zum Preis für Einheimische buchen konnte, hatte ich nicht genug Geld für den Rückflug.

Die letzten paar Tage vor meinem Ausflug in die Zivilisation waren unvergesslich, nicht zuletzt weil Tsengel endlich aufblühte. Das Wetter wurde wärmer, die Weiden saftiger, und obwohl es nicht mehr regnete, stieg der Wasserpegel im Fluss an, weil die fernen Gebirgsgletscher zu schmelzen begannen.

Ungefähr ein Dutzend Familien verließen ihre Häuser und zogen buchstäblich um die Ecke, an eine weite Flussschleife etwa eine Meile vom südlichen Ende des Dorfes entfernt. Sie stellten ihre Jurten auf und weideten ihre kleinen Herden am Ufer des Chovd, und an den Abenden, die jetzt länger wurden, konnte man die Frauen und Kinder sehen, wie sie ihre Ziegen molken. Sie winkten fröhlich, wenn andere Lastwagen zu einer längeren Reise in die Berge davonrumpelten, und es schien ihnen überhaupt nichts auszumachen, dass sie dableiben mussten. Ich blickte über die warme, vergleichsweise üppige Landschaft hinaus und wünschte mir, ich müsste nicht fortgehen: Das Gras ist ja bekanntlich immer grüner, wenn man wegmuss.

Tsengel hatte gerade einen seiner Söhne unter tragischen Umständen zu Grabe getragen, aber das Leben ging weiter, und letzten Endes ist das der Lauf der Welt: die einzige Möglichkeit, wie wir alle überleben.

Ich rief Greg an, um ihn zu fragen, ob er in Olgij sein würde, wenn ich in die Stadt kam.

»Klar«, sagte er ins Telefon, und seine Stimme klang so fern, als käme sie von einem fremden Planeten und nicht von einem kaum 80 Kilometer entfernten Ort. »Wie läuft's denn so, Louisa?«

Die Verbindung war miserabel, und ich versuchte gar nicht erst, seine Fragen zu beantworten, sondern brüllte nur in den Hörer hinein, dass ich ihn bald besuchen würde. Greg und ich waren fast die ganze Zeit, seit ich in der Mongolei war, in Kontakt geblieben und verstanden uns ausgezeichnet. Ich war ihm dankbar, dass er mich in Tsengel mir selbst überlassen hatte, und konnte es jetzt kaum erwarten, ihn wiederzusehen und meine Erfahrungen der letzten Monate mit ihm auszutauschen.

Abbai, den ich seit unserem Neujahrsausflug kaum gesehen hatte, kam zu Gansukhs Haus und sagte, er wolle mich nach Olgij begleiten, von wo mein Flug nach Ulaanbaatar ging. Ich fragte ihn nicht, woher er wusste, wann ich fortgehen würde, ich hatte mich daran gewöhnt, dass Nachrichten sich im Dorf in Windeseile verbreiteten. Ich erklärte Abbai, dass ich mir irgendwie ein Ticket zum Preis für Einheimische besorgen müsse, weil ich keine 160 Dollar mehr habe, und er starrte mich so entsetzt an, dass es beinahe komisch war.

»Sehr schwierig, *bagsh*. Sehr, sehr schwierig. Vielleicht müssen Sie mit einem Lastwagen fahren.«

»Nach Ulaanbaatar?« Gansukh schüttelte den Kopf.

Das bedeutete vier oder fünf Tage hinten auf einem Lastwagen, der sich seinen Weg holpernd durch die Berge und die Wüste Gobi sucht. Ich wollte lieber nicht daran denken. Ich wusste, dass ich die 1700 Kilometer bis Ulaanbaatar, meist auf unbefestigten Straßen, notfalls überstehen würde, aber ich betete, dass es mir erspart bleiben möge. Es hörte sich grauenhaft an.

»Wann kommen Sie zurück, *bagsh?*«, fragte Abbai. Er wusste also auch bereits, dass ich zurückkommen wollte.

»Sehr bald. Vielleicht in zwei Wochen. Ich ... äh ... gehe den Sommer über mit Gansukh und Sansar-Huu in die Berge, um mit ihrer Familie zu arbeiten.«

Ich hatte gedacht, dass Abbai meine Begeisterung für das traditionelle Nomadenleben gutheißen würde, aber dann sah ich, wie Gansukh rot wurde, als er finster die Stirn runzelte, seinen schlanken Hals einzog und murmelte: »Sie müssen auch die Kasachen kennen lernen. Wir sind auch Nomaden, *bagsh*. Wenn der Sommer vorbei ist, müssen Sie bei einer kasachischen Familie leben. Sie können in meinem *hascha* wohnen, wir haben dort ein Zimmer übrig.«

Es wird Zeit, dass Sie etwas über das restliche Dorf erfahren, über unser Volk, wollte er damit sagen, ein Angebot, das ich mir nicht entgehen lassen konnte. Ich dankte ihm und versicherte ihm, dass ich gern in seinem *hascha* bei seiner Familie leben wolle, aber rechtzeitig zu Weihnachten nach England zurückkehren müsse. Ich erklärte ihm auch die Schulsituation, da Abbai mir ursprünglich den Job in der Schule verschafft hatte.

Abbai hörte mir aufmerksam zu, dann fuhr er mit der Hand über sein Gesicht, als wolle er eine lästige Fliege verscheuchen. »Machen Sie sich deshalb keine Sorgen, *bagsh*. Sie können dableiben und an der Schule unterrichten und Gansukh und Zulmira ausbilden. Ich weiß das, weil ich der *Chural darakh* bin, der Chef.«

Und damit, so schien es, war die Sache erledigt.

Das Wort *Chural* bedeutet Regierung oder Rat. Abbai war der Vorsitzende des Tsengel *Chural*, der für die Verwaltung des Dorfes und des umliegenden Tsengel-Distrikts zuständig war. Die Tuvaner hatten jedoch einen eigenen, kleineren *Chural*, wo Entscheidungen gefällt wurden, die ihre tuvanische Gemeinde betrafen. Dieser *Chural* wurde nur von Tuvanern, meistens ausschließlich Männern, abgehalten, aber kurz bevor ich nach Ulaanbaatar abreiste, hatte Gansukh mir gesagt, dass sie mich zu einer Ratsversammlung mitnehmen wolle.

Das Dorf war still, als wir die Gasse hinuntergingen, den Platz überquerten und zu einem riesigen Holztor gegenüber der Klinik kamen. Es war ein Vorhängeschloss, so groß wie eine Männerfaust, und baumelte halb offen an einem Holzbalken, der quer darüber verlief und das Gebäude besser schützte als jeder Wachhund. Es musste etwas sehr Kostbares dahinter verborgen sein.

»Fest drücken«, kommandierte Gansukh. »Wir müssen hier rein.«

Wir stemmten uns mit unserem ganzen Gewicht gegen das Tor, das schließlich nachgab und knarzend aufging. Dann traten wir in einen kleinen Hof.

Vor uns stand das Gerippe eines Tempels mit einem abgesackten Pagodendach, das selbst zu dieser Tageszeit dichte schwarze Schatten auf den Boden warf. Ich konnte die Feuchtigkeit in dem vermoderten alten Holz riechen. Eine Gruppe von Männern saß in dem Gemäuer, lehnten sich gegen die dicken Säulen oder hockten auf dem löchrigen Holzboden. Ein oder zwei von ihnen rauchten. Hin und wieder verirrte sich ein Sonnenstrahl durch das halb eingestürzte Dach und warf Lichtpfeile, in denen winzige Stäubchen tanzten, über die Versammlung, die von dünnen Rauchschwaden umwogt war. Ein hagerer Mann mit hohlen Wangen stand vor der Menge und redete mit leiser, zorniger, leidenschaftlicher Stimme zu ihnen. Die Männer beachteten uns nicht.

Ganuskh und ich standen schweigend auf der Schwelle. Alle hörten aufmerksam dem hageren Sprecher zu, und ihre Augen hingen an seinem dünnen Gesicht mit den fiebrig funkelnden Augen. Die Männer redeten nicht dazwischen, rutschten nicht herum oder gähnten. Sie hörten einfach nur zu.

Gansukh legte ihre Hand auf meine Schulter. »Das ist Amer-Huu, der Vorstand unseres Tuvaner *Chural*«, flüsterte sie. »Er sagt, dass Tsengel mehr Tuvaner hat als jedes andere Dorf, und deshalb müssen wir diesen Tempel wieder aufbauen, damit wir einen Platz haben, wo wir miteinander beten können. Der Bau hier wurde von Choybalsan zerstört, und wir haben seit mindestens sechzig Jahren keinen Tempel mehr.« Sie lauschte wieder, bevor sie lächelnd hinzufügte: »Er sagt, sie sollen keinen Alkohol mehr kaufen und stattdessen das Geld für den Tempel spenden, weil er noch vor dem Winter fertig werden muss. Er sagt, sie sollen stattdessen *arkhi* aus Stutenmilch herstellen.«

Jede Nation hat ihre Despoten und Diktatoren, ihre Schreckenszeiten oder »viele lange Tage ohne Licht und Hoffnung«, wie eine mongolische Freundin es nannte. Sie spielte damit auf das Regime von Horloogiyn Choybalsan an, der von 1939–1952 Premierminister der Mongolei war. Er war für die berüchtigte Säuberungswelle verantwortlich, die Ende der 1930er Jahre über die Mongolei hinwegfegte und zu der Verhaftung und Ermordung mongolischer Konterrevolutionäre führte. Vorsichtigen Schätzungen nach wurden in den ersten 18 Monaten der Säuberungen mehr als 20000 Mongolen zum Tod verurteilt. Akademiker und buddhistische Mönchen wurden zu Tausenden verfolgt und ermordet und wegen der geringsten vermeintlichen Abweichung oder Opposition gegenüber dem kommunistischen Staat mit drakonischen Strafen belegt.

Lange Zeit war es in der Mongolei Tradition gewesen, dass der älteste Sohn einer Familie seine Gelübde als Lama ablegte und die vertrauten burgunderroten Ordensgewänder trug. Bis 1945 waren über 18000 Lamas hingerichtet und die 800 Klöster der Mongolei bis auf drei geplündert oder ausradiert worden. Nur das Gandan-Kloster von Ulaanbaatar, wo ich unterrichtet hatte, war verschont geblieben und wurde vom Staat als Vorzeigestück bewahrt.

Viele mongolische Buddhisten hatten ihr Leben aufs Spiel gesetzt, um ihren Gottesdienst und ihre Rituale im Geheimen fortzuführen, und hatten mit unerschütterlichem Mut, den kein Diktator brechen konnte, an ihrem Glauben festgehalten. Bilder und Schriften wurden versteckt oder vergraben, Lamas verkleidet und Gebete heimlich intoniert. Der Buddhismus überlebte Choybalsan, der 1952 in Moskau starb. Aber diese kleine Tempelruine erinnerte daran, wie schrecklich die Säuberungen gewütet hatten, selbst in diesem abgelegenen Winkel des Landes.

Erst mit der friedlichen Revolution 1990 wendete sich das Blatt, und das zaghafte Wiederaufleben des Buddhismus wurde jetzt von demselben Staat gefördert, der jahrelang alles getan hatte, um ihn auszurotten. Ich weiß nicht, warum die Tuvaner in Tsengel acht Jahre brauchten, um mit dem Wiederaufbau ihres Tempels zu beginnen. Und als ich die Männer des Dorfes so ernst und feierlich in ihrem verfallenen Heiligtum kauern sah, gestand ich mir nicht das Recht zu, sie zu fragen.

Zwei Tage später verließ ich Tsengel. Ich hatte an diesem Morgen einen schlimmen Kater, weil ich mit Gansukh und Sansar-Huu eine Flasche Wodka zum Abschied geleert hatte, und dann waren Amraa und Tuya mit einer zweiten Flasche gekommen, die wir natürlich auch leerten. Abbai tauchte wider Erwarten pünktlich zum vereinbarten Zeitpunkt auf, etwas, das kein Mongole bisher je geschafft hatte, so dass ich noch nicht mit Packen fertig war, als er draußen vor dem *hascha* vorfuhr und hupte.

»Ich hab's dir doch gesagt!«, schimpfte Gansukh, während ich in der Hütte herumrannte, wahllos schmutzige Kleider in meinen Rucksack stopfte und gleichzeitig meine Schmerztabletten suchte. »O Louisa, Abbai sagt, dass dein Flugticket ein Riesenproblem sein wird. Hoffentlich irrt er sich.«

Ich beruhigte sie, alles würde gut gehen, und wir würden uns bald wiedersehen. Nachdem ich noch Grüße an alle ausgerichtet hatte, stolperte ich auf die staubige Straße hinaus, wo Abbai und ausgerechnet Menke auf mich warteten.

Leider hatte Abbai Recht gehabt mit dem Flugticket. Obwohl er alle Hebel in Bewegung setzte und trotz der großzügigen Hilfe von Greg und Gregs Boss, einem aristokratisch aussehenden Kasachen namens Attai, bekam ich kein Ticket zum einheimischen Preis. Schließlich mussten sowohl Abbai als auch Greg die Stadt verlassen.

Ich saß über eine Woche in Olgij fest und war am Boden zerstört. Mein Visum war fast abgelaufen, und ich musste mir eingestehen, dass ich mir das alles selbst eingebrockt hatte. Es war zum Verrücktwerden, zumal ich das Geld für ein Ticket zum vollen Preis hatte. Doch es lag auf einem Bankkonto in Ulaanbaatar, und ich konnte von Olgij aus nichts abheben. Ich spielte schon ernsthaft mit dem Gedanken, ohne Visum nach Tsengel zurückzukehren, als Attai mir zum Glück eine Möglichkeit bot, aus der Grube herauszukommen, die ich mir selber gegraben hatte. Er hatte mir eine Mitfahrgelegenheit in einem Jeep verschafft, der gerade zu einer langen Reise durch die Wüste Gobi in Richtung Osten nach Ulaanbaatar aufbrach. Der Fahrer war Attais älterer Bruder Orulsen, und Alma, Orulsens Frau, sollte auch mitkommen.

Wir brachen kurz vor der Dämmerung am nächsten Morgen auf, fuhren durch die Berge nach Chovd und dann zur Wüste Gobi hinunter.

12

Ich habe niemand viel über die 1700-Kilometer-Fahrt von Tsengel nach Ulaanbaatar erzählt, weil es nicht viel zu sagen gibt. Es war einfach eine lange, strapaziöse Reise. Vier Tage und drei Nächte fuhren Orulsen, seine Frau Alma und ich nonstop und bei unerbittlicher Hitze durch karges Steppenland entlang der Wüste Gobi. In den ersten beiden Tagen gab es nicht einmal eine Fahrspur durch diese orangebraune Mondlandschaft, in der weder Bäume noch Sträucher wuchsen und man nur selten einen flüchtigen Blick auf etwas Lebendiges erhaschte. Über Stunden hinweg nichts als der flache, glühende Horizont und die ausgetrocknete Erde, über die wir hinwegholperten. Die westliche Gobi war schön und faszinierend in ihrer Kahlheit, aber auch erschreckend, weil alles so tot wirkte. Ich konnte mir nicht vorstellen, wie ein Nomade hier überleben sollte, denn da war nichts, wovon er sich ernähren konnte. Aber schließlich erspähten wir in der Ferne ein trabendes Kamel und dann einen verkrüppelten Dornbusch, der herausfordernd seinen dünnen Schatten auf den rissigen Boden warf. Also gab es hier doch Leben. Später kamen wir an einem Lager von mehreren Jurten vorbei, wo eine Frau alleine draußen stand, und ich schüttelte nur den Kopf und fragte mich, wie und warum sie hier überlebte. Für mich war es reiner Masochismus, in diese Wildnis vorzudringen, wo weder Wasser noch Weiden zu sehen waren, wo es kein Entrinnen vor der Hitze und dem riesigen, glühenden, leeren Raum gab. Dass die Nomaden so wenig Wert auf Angenehmes und Bequemlichkeit legen, ist etwas, das ich nie verstehen werde. Nachdem ich die Provinz Gobi-Altai gesehen hatte, musste ich zugeben, dass

Tsengel seinen Namen – »Wonne« – vielleicht doch nicht zu Unrecht trug.

Ich weiß noch, wie ich mich irgendwann in meinem Sitz vorbeugte und Orulsen fragte, ob wir einen Augenblick am Ufer des weißen Sees anhalten könnten, der in der Ferne schimmerte.

Orulsen lachte und schüttelte den Kopf, die Hand am Steuerrad. »Nein, *bagsh*, wir können nicht anhalten. Weil es keinen See gibt, verstehen Sie, dort sind nur Felsen.«

Es war meine erste Fata Morgana, die ich hier zu Gesicht bekam.

Wir fuhren weiter nach Nordosten und aßen in einsamen Hütten inmitten von riesigen, kahlen Ebenen, die sich in der Sonne verloren. Hin und wieder begegneten wir ein paar wettergebräunten Fahrern, die auf einer anderen endlos langen Reise waren. Sie setzten sich zu uns, rauchten, tranken Tee und aßen einen Teller dampfendes, fettiges Fleisch. Wir schliefen die erste Nacht im Jeep und auf der restlichen Reise in den Jurten befreundeter Nomaden. Nach Einbruch der Dunkelheit fiel die Temperatur steil ab, und wir streiften unsere Pullis über und zogen unsere Jacken zu. Wir fuhren über 18 Stunden am Tag und nahmen unterwegs wortkarge Nomaden mit, deren Haut wie verschrumpeltes, altes Leder aussah. So durchquerten wir ein halbes Dutzend Provinzen, und wenn der Motor des Jeeps sich überhitzte, was mehrmals der Fall war, saßen Alma und ich am Ufer eines trägen Flusses und ließen unsere Füße im kalten Wasser baumeln. Am Tag danach waren meine Füße geschwollen wie dicke Würste.

Als endlich das berüchtigte Elektrizitätswerk Nummer 4 in Sicht kam, das seinen dunklen Qualm über den letzten Hügel jagte, johlten wir alle heiser vor Freude.

»Louisa – ist London so groß wie unsere Hauptstadt?«, fragte Orulsen, während er den Schlaglöchern in der nun geteerten Straße auswich.

»London hat zehn Millionen Einwohner«, erwiderte ich, ohne zu überlegen.

Der Jeep geriet ins Schleudern und näherte sich dem steinigen Hang, als Orulsen, wie vom Donner gerührt von dieser Zahl, den Kopf herumriss und mich fassungslos anstarrte.

Es war wundervoll, aber irgendwie auch qualvoll, wieder in Ulaanbaatar zu sein. Anfangs wagte ich mich kaum auf die Straße hinaus. Es muss eine Art Kulturschock gewesen sein, denn ich wollte niemanden sehen und nirgends hingehen, und ich bereute es schon fast, dass ich überhaupt hergekommen war. Es war einfach zu viel für mich.

Irgendwann ging ich doch hinaus, und die Stadt kam mir unglaublich überfüllt vor. Ganze Blocks von Billigläden, Kiosken, Nachtclubs und Bars waren entlang der zentralen Enkh Taivan, der Friedensallee, aus dem Boden geschossen und mit modernem Krempel vollgestopft. Riesige, glitzernde Reklameschilder waren überall auf dem Platz aufgestellt, die Luft stank nach Abgasen, und die Straßenjungen bettelten jetzt in Englisch.

Bevor ich nach Tsengel gezogen war, hatte ich immer nur in Städten gelebt und mich als typischen Stadtmenschen gesehen. Aber die Woche in Ulaanbaatar warf mich völlig aus der Bahn, weil ich so ganz anders auf mein altes Zuhause reagierte, als ich gedacht hatte. Anstatt den Wiedersehenstrubel mit meinen alten Freunden zu genießen, holte ich mein Visum ab und flüchtete schnurstracks zum MIAT, dem Mongolian Airline-Gebäude, um den nächstmöglichen Flug zurück nach Olgij zu buchen. Es war Ende Juni, und der Andrang war groß. Der abgestumpfte, alte Schalterbeamte sagte mir, ich solle es in zwei Wochen noch einmal versuchen, aber ich wusste, wie der Hase in Ulaanbaatar läuft, und so stand ich am nächsten Morgen in aller Frühe mit einem Bündel Dollarnoten in meiner

Tasche wieder am MIAT-Schalter. Diesmal kam ich mit einem Ticket für den Wochenendflug wieder heraus. Ich war so glücklich, dass ich einen kleinen Freudentanz auf der Treppe des Gebäudes aufführte. Nicht einmal der Gedanke, dass ich jetzt sechs weitere Monate gekochtes Hammelfleisch essen müsste, konnte meine Begeisterung dämpfen.

Ich kaufte so viel Essen und Geschenke, wie ich nur tragen konnte, und flog fünf Tage später in den Westen zurück. Als das kleine Flugzeug über die Hauptstadt hinwegdröhnte, schaute ich hinunter und wusste, dass ich mich aus der Ferne wieder ein bisschen nach Ulaanbaatar sehnen würde. Ich hatte zwei Jahre lang dort gelebt und mich wie in einer gemütlichen, weitläufigen Kleinstadt gefühlt und nicht wie in einer seelenlosen Großstadt. Trotzdem war ich froh, dass ich fortkam. Tsengel übte einen seltsamen Zauber auf mich aus, und ich wollte nur noch in die Berge zu meinen Freunden zurückkehren, das Naadam-Fest feiern und auf Tuyas Hochzeit anstoßen.

Unsere Berge

13

Sansar-Huus Mutter, Deri-Huu, konnte bis zum Schluss meinen Namen nicht aussprechen. Sie nannte mich den ganzen Sommer über Elizaa, und ich sagte nach einiger Zeit Eej zu ihr, was Mutter bedeutet, weil alle sie so nannten und weil es einfach bequemer war. Deri-Huu war eine imposante Matrone von 56 Jahren, ihre Haut war dunkel wie Eichenholz und ihr Busen so gewaltig wie ein Felsüberhang. Sie war groß und breit, lachte dröhnend und bewegte sich leichtfüßig, und ihr dichtes, schwarzes Haar war in ihrem braunen Nacken zu einem Knoten geschlungen. Ich sah sie nie aufgeregt oder zornig. Alles an ihr war gemessen und heiter.

Bash-Balbar, ihr Mann, sah dagegen wie ein Greis aus. Er war hager und gebrechlich und wurde von ständigen Krankheitsschüben geplagt. Seine Haut war so weiß wie die von Deri-Huu sonnenverbrannt. Bash, wie er genannt wurde, litt oft unter Atemnot und war auf seinen Sohn Sansar-Huu und seinen robusten älteren Bruder Bayan-Saikhan angewiesen.

Bash und Bayan-Saikhan hatten ihre Herden immer Seite an Seite gehütet. Sie bauten zusammen ihre Jurten ab, beluden ihre Kamele und fuhren die Tiere vier- oder fünfmal im Jahr zu frischen Weiden. Mit Sansar-Huus Hilfe hatten sie zwei Holzhütten mit einem winterfesten, überdachten Steinpferch für ihre Tiere auf einem breiten natürlichen Felssims hoch oben in den Bergen gebaut.

Dort verbrachten sie die kältesten Wintermonate. Zu Beginn des Frühjahrs trieben sie ihre Herden zurück auf die Weide, und jedes Jahr suchten sie sich einen neuen Platz für ihr Sommerlager, wo die Luft kühl und das Gras saftig war. Sie waren inzwischen sehr wohlhabend und besaßen zusammen 450 Schafe und Ziegen plus ihre Pferde- und Yakherden. Bayan-Saikhans Name bedeutet auf Mongolisch »Reich und Schön«. Der Name hatte ihnen allen Glück gebracht.

Ich kam auf der Ladefläche eines Lastwagens, der wie ein rülpsender Betrunkener aus Tsengel hinaus- und das Flusstal hinuntergeknattert war, im Sommerlager an. Ich war aufgeregt und nervös, weil ich Gansukh und Sansar-Huu seit einer Ewigkeit nicht mehr gesehen hatte – jedenfalls kam es mir so vor – und Deri-Huu und Bash noch gar nicht kannte. Ich hatte keine wirkliche Vorstellung davon, was mich im Sommerlager erwarten würde.

Als der Lastwagen schließlich zum Halten kam, fand ich mich in einem weiten, felsübersäten Tal wieder, wo drei Jurten an einem lapislazuliblauen Fluss standen. Gansukh lief gerade mit einem Eimer Milch zu ihrem *ger*. Sie stellte ihn ab, um mich zu umarmen, und wir brachen beide in Gelächter aus.

»*Saino*! Wie geht's dir?«

»Und wie geht's dir, Louisa? Wir haben schon gehört, dass du kommst. Wir haben auf dich gewartet!«

Die Nachrichten waren schneller gereist als ich. Ich hatte mehrere Tage in Tsengel verbracht und auf einen Lastwagen gewartet, der so weit hinaus nach Westen fuhr. Wir hockten auf Schemeln in Gansukhs Jurte, wo ich auch wohnen würde, und tranken Tee. Die Winterteppiche waren zusammengerollt worden, und der Teppich bestand nun aus kühlem, platt getretenem Gras.

Sansar-Huu kam herein und nickte mir beiläufig zu. »*Saino*, Louisa.«

Es wurde kein Aufheben gemacht, was mir nur recht war. Deri-Huu und Bash lebten nebenan mit drei ihrer fünf Töchter. Bayan-Saikhan, seine Frau Manike und ihre beiden Söhne bewohnten die dritte Jurte. Dann gab es noch einen Hund im Lager, der mich die ganze erste Woche wie verrückt anbellte und von allen außer Opia, Yalta und mir nur getreten wurde. Als ich nach seinem Namen fragte, zuckte Gansukh mit den Schultern und sagte, er sei nur ein Hund.

»Wie war Ulaanbaatar?«, fragte sie mich eines Abends. »War's schön, wieder in der Stadt zu sein?«

»Ach, es geht«, sagte ich achselzuckend. »Ja, doch, ganz gut. Aber ich wollte hierher aufs Land zurück. Die Stadt ist nur heiß und staubig, aber hier ist es schön.«

»Es könnte schön sein«, entgegnete sie, »aber es ist harte Arbeit. Du wirst schon sehen. Jeden Tag dasselbe – nichts als Arbeit vom frühen Morgen bis tief in die Nacht.«

Spätestens am nächsten Morgen wusste ich, dass das keine Übertreibung war. Deri-Huu stand um fünf Uhr morgens auf, und alle anderen waren um halb sieben auf den Beinen. Als ich die Augen aufmachte, zog Gansukh gerade einen schmutzigen *deel* und ein Paar abgetragene, alte Stiefel an.

»Louisa, du bleibst im Bett und schläfst, es ist noch sehr früh«, sagte sie. »Du kannst aufstehen, wenn wir mit dem Melken fertig sind.«

Aber ich wollte nicht im Bett bleiben, wenn Gansukh und Sansar-Huu sich schon für die Arbeit fertig machten. Ich stolperte in eine kühle, zarte Dämmerung hinaus, das Tal war in blasses Frühlicht getaucht, und das kurze Gras glitzerte vor Tau. Wir kochten und tranken Tee, dann folgte ich ihnen hinaus und half, die Ziegen anzubinden und zu melken.

»Die da, die Schwarzweiße dort drüben!«, schrie mir Deri-Huus halbwüchsige Tochter Shilgee zu. »Nein! Nicht die – die andere!«

Ich schaute mich ratlos um. Welche sollte das verdammt noch mal sein? Für mich sahen sie alle gleich aus. Schließlich packte ich eine von ihnen im Nacken und zerrte sie nach minutenlangem

Kampf zu den anderen Ziegen hinüber, die mit einem langen Seil zwischen zwei Pfosten an den Hälsen zusammengebunden waren.

Shilgee, die das Gesicht einer Vierzehnjährigen und die abgearbeiteten Hände einer erwachsenen Bäuerin hatte, verdrehte die Augen und schüttelte den Kopf, während sie die Ziege mit einem kräftigen Tritt in den Hintern fortjagte und zu mir sagte: »Die können wir nicht melken. Das ist ein Bock.«

Ich kniff die Augen zu und musste beinahe lachen.

Als Nächstes fragte ich Deri-Huu, ob ich ihr beim Melken helfen könne, was noch idotischer war. Während Deri-Huu eine Ziege nach der anderen molk, kniete ich hinter meiner ersten und zerrte vorsichtig an ihren Zitzen. Ein dünnes, weißes Gerinnsel tröpfelte in den Eimer. Deri-Huu hatte ihren Eimer bereits gefüllt, als ich noch immer verbissen an meiner zweiten Ziege zerrte. Die dritte trat meinen Eimer um, und Shilgee schaute mich böse an, als sie ihn mir wegriss.

»So geht das nicht«, schimpfte sie. »Wir brauchen die Milch, du kannst sie nicht einfach vergeuden. Lass mich das machen.« Sie kniete sich hin und molk die prallen Zitzen aus, während ich kleinlaut zur Jurte zurückschlich.

Ich wollte mich doch nur nützlich machen und das Gefühl haben, zusammen mit den anderen zu arbeiten. Aber ich hatte keine Ahnung vom Melken oder was sonst noch anfiel. Ich war also mehr eine Last als eine Hilfe. In den nächsten paar Tagen fragte ich Gansukh immer wieder, was ich tun könnte, weil alle den ganzen Tag über so beschäftigt waren.

Gansukh zuckte mit den Schultern. »Mach dir keine Sorgen, Louisa. Du kannst ein Buch lesen oder spazieren gehen. Du gehst doch gern spazieren. Du brauchst keine Ziegen zu melken, du wirst nie wieder so leben. Das bringt dir nichts.« Es war ihr offenbar unangenehm, mich arbeiten zu lassen, was ich seltsam fand, nachdem wir schon so viel zusammen gemacht hatten. Wenn Gansukh und Sansar-Huu draußen waren, lief ich in der Jurte herum, räumte auf, holte Wasser vom Fluss oder sammelte Säcke voll getrockneter Kuhfladen für den Ofen. Nur um etwas zu tun zu haben.

Als Deri-Huu vorschlug, dass ich mit Shilgee einen Tag lang die Ziegen und Schafe hüten sollte, war ich hell begeistert, und sobald das Melken am nächsten Morgen zu Ende war, brachen wir zusammen auf. Wir überquerten das steinige Tal, dann kletterten wir, die brave Herde zwischen uns, den Steilhang hinauf, während die Sonne immer höher stieg. Schließlich hockten wir uns auf ein paar hohe, flache Felsen und schauten zu, wie die Tiere sich gierig über die Zwergsträucher mit den winzigen, glänzenden Blättern, ähnlich wie Teeblätter, hermachten. Das Tal lag jetzt weit ausgebreitet vor uns. Wir konnten ein paar andere *ger*-Lager sehen und eine Herde, die lautlos über den grünen Boden ausschwärmte. Mein Felsen fasste sich bereits warm an, aber als ich es mir darauf bequem machen wollte, wohlig und schläfrig, sprang Shilgee auf die Füße. »Los, gehen wir! Die Herde muss weiter!« Sie war erst vierzehn, aber schon von der Schule abgegangen, um ihren Eltern zu helfen, und sie nahm ihre Arbeit sehr ernst. Unerbittlich jagte sie mich bergauf und bergab und um unser Talende herum zu den besten Weideplätzen. Ich war wild entschlossen, nicht zu jammern, aber nach wenigen Stunden schon war ich völlig erledigt und hinkte weit hinterher.

»Jetzt komm schon!«, brüllte Shilgee mir über die Schulter zu. »Kannst du nicht ein bisschen schneller gehen? Wir müssen das Vieh zusammenhalten.«

»Shilgee, warte!« Ich musste rennen, um sie einzuholen, während ich leise vor mich hinfluchte. Die Hitze wurde jetzt immer schlimmer, und ich hechelte wie ein Hund. Die Mongolei kann im Sommer glühend heiß sein, und obwohl unser Lager im Tal war, lag es viel höher als Tsengel. Ich hatte mich die ganzen letzten Wochen danach gesehnt, wieder mit Gansukh, Sansar-Huu und ihrer Familie zusammen zu sein und an dem Leben teilzunehmen, das die Nomaden im Sommer führten. Aber ich hatte keine Ahnung gehabt, dass es die ganze Zeit so viel zu tun gab. Und das Ziegenhüten mit Shilgee, die kaum halb so alt war wie ich und unglaublich fit und ausdauernd, war die reinste Sklavenarbeit.

Am späten Nachmittag kamen wir endlich ins Lager zurück. Halb verdurstet und stinkend vor Schweiß, hinkte ich zum Fluss, riss mir alles außer meiner muffigen, feuchten Unterwäsche vom Leib und sprang hinein, laut nach Luft schnappend, als meine verbrannte Haut auf das klare, eiskalte Wasser traf.

14

Jeder Tag begann und endete mit den widerspenstigen Ziegen. Im Morgengrauen und dann wieder in der Abenddämmerung wurde die ganze Herde zusammengetrieben, die Muttertiere wurden angebunden und gemolken. Gansukh, Deri-Huu und Manike machten jeden Tag *tsagaan idee*, »weißes Essen« aus Milchprodukten. Alle Nomaden produzierten Berge von Joghurt, Sahne und Käse. Sie aßen und tranken den ganzen Sommer und Herbst über Milch, Butter und Käse in jeglicher Form und mästeten sich buchstäblich für den kommenden kargen Winter. Am beliebtesten war Stutenmilch, die schaumig, reichhaltig und cremig ist. Die Stutenmilchsaison dauert nur einen Monat, und in dieser Zeit stellen die Nomaden literweise ihren berühmten *airag* her, die vergorene Stutenmilch.

Jeden Morgen schaute ich zu, wie Deri-Huu und Manike die friedlichen Stuten molken. Sie arbeiteten oft zusammen und bildeten ein gutes Team. Wenn sie fertig waren, wurden die Stuten auf die Weide gelassen und die Milch aus den Eimern in einen riesigen, steifen Ledersack gekippt, der bis zu 60 Liter *airag* fasste. Er wurde im *ger* drinnen auf einem selbst gezimmerten Gerüst gelagert, das fast so groß wie ich war. Deri-Huu schlug diese frische Stutenmilch mit einem Holzschlegel von der Größe eines kleinen Ruders zu *airag* auf. Wenn das Milchfett sich allmählich verfestigte und an die Oberfläche trieb, schöpfte sie es mit den Händen ab und quetschte es zu Butterklumpen zusammen. »He, das kannst du für mich machen, Elizaa«, sagte sie und warf mir den Schlegel zu.

Meine Ankunft im Lager hatte Deri-Huu kein bisschen aus dem Konzept gebracht. Sobald sie mich irgendwo verloren herumstehen sah, wies sie mir eine Arbeit zu, und allmählich hatte ich das Gefühl dazuzugehören, an dem Leben im Lager teilzuhaben. Gansukh hatte jetzt keine Hemmungen mehr, mich arbeiten zu lassen, und als sie mich schließlich bat, beim Kochen oder Saubermachen oder Dungsammeln zu helfen, kehrte unsere alte Vertrautheit zurück, worüber ich sehr froh war. Vielleicht hatte sie die Bestätigung gebraucht, dass ich mich nützlich machen und nicht nur herumsitzen und den anderen beim Schuften zusehen wollte.

An einem Morgen schlug ich bei Deri-Huu den *airag* auf, bis mir fast die Arme abfielen. Unterdessen banden Manike und sie mehrere braune Stoffsäcke an die Scherengitter der Jurtenwände, brachten die frisch gemolkene Ziegenmilch zum Kochen und gossen sie in die Säcke. Als die Milch sich allmählich trennte, tropfte klare, gelbe Molke in die Eimer, die unter die Säcke gestellt wurden.

»Bis morgen wird frischer Joghurt draus, Elizaa«, erklärte mir Manike. »Jetzt komm und ruh dich aus. *Tsai oh.*«

Wir setzten uns und tranken mehrere Schalen von Deri-Huus extrem salzigem Tee, während ich mir die schmerzenden Arme rieb.

Manike musste ungefähr im selben Alter wie Deri-Huu sein. Aber im Gegensatz zu der dunklen Haut und den dunklen Haaren ihrer Schwägerin war Manikes Haut sehr blass und weich. Sie hatte eine dichte, weiße Lockenmähne, und ihre Augenfarbe changierte zwischen Haselnussbraun und Grün. Zusammen waren die beiden wie Licht und Schatten.

»Ich will morgen früh *shimin-arkhi* brennen«, sagte Deri-Huu zu mir, während sie ein Stück Butter in meinen Tee gab. »Vielleicht kannst du mir helfen. Aber du siehst immer so müde aus, Elizaa! Und wenn du dabei sein willst, musst du sehr früh aufstehen, weil wir immer vor Tagesanbruch anfangen.«

»Ich werde auf jeden Fall da sein«, versprach ich. Ich wusste, dass die Nomaden *shimin-arkhi*-Wodka aus ihrer Stutenmilch herstellen.

Und obwohl es stimmte, dass ich oft sehr müde war, weil das Lager hoch lag und die Arbeit schwer war, wollte ich mir diese Erfahrung nicht entgehen lassen. Das klang irgendwie geheimnisvoll nach Alchemie.

Deri-Huu rief mich, bevor die anderen aufwachten. In dem stillen Halbdunkel stellte sie einen tiefen Kessel auf ihren Ofen und goss literweise frisch geschäumten *airag* hinein. Dann hievten wir eine vier Fuß lange Aluminiumhülse in den Kessel und stellten sie aufrecht in die Flüssigkeit. Das war unser Kühlturm, in dem der *airag*-Dampf zu Wodka destilliert wurde. Deri-Huu präparierte einen leeren Eimer mit zwei Seilstücken, an deren Ende jeweils ein großer Stein gebunden wurde. Sie reichte mir eines der Seile. Wir hängten den Eimer in den Kühlturm und tarierten ihn mit den Steinen aus. Zum Schluss deckte Deri-Huu den Turm mit einer großen Schüssel voll kaltem Wasser ab.

»Ich werde mich darum kümmern, dass der Ofen sehr heiß bleibt und der Topf immer voll *airag* ist, Elizaa. Und du musst die Schüssel nachfüllen. Das Wasser muss kalt bleiben.«

Der wacklige Weißblechofen heizte schnell auf. Als der *airag* kochte, stieg der Dampf im Turm auf, kondensierte an der Oberfläche der kalten Schüssel und tropfte in den aufgehängten Eimer. Nach ein paar Stunden, als die anderen aufgestanden waren und die Ziegen zusammentrieben, war unser erster randvoller Eimer *shimin-arkhi* fertig.

»Trink, Elizaa.« Deri-Huu reichte mir eine Schale voll reinem Wodka. Ich nahm einen großen Schluck und fuhr zusammen. Der *shimin-arkhi* war noch ganz warm, aber er schmeckte besser als das giftige Zeug im Dorf.

Natürlich war der *airag* nach dem Brennen ungenießbar, aber er wurde trotzdem nicht weggeworfen. Nachdem wir die Ziegen gemolken hatten, goss Deri-Huu den dicken Rückstand in ein paar braune Stoffsäcke. Die schleppten wir mit vereinten Kräften hinaus und quetschten sie unter Felsblöcken in der Nähe aus, um auch noch den letzten Tropfen Flüssigkeit herauszupressen. Nach ein paar heißen, trockenen Tagen war der *airag*-Rückstand zu Weißkäsefladen eingetrocknet, die ein bisschen wie Mozzarella aussahen und säuerlich wie Quark schmeckten. Das ist *aruul*.

Wir saßen draußen in der Sonne, den Rücken an ihre Jurte gelehnt, als Deri-Huu mir zeigte, wie man diese Quarkfladen aufbrach, dann gleichmäßig auf einem ihrer selbst gemachten Holztabletts anordnete und die Tabletts unter die Dachseile der Jurte klemmte.

»In drei oder vier Tagen wird harter *aruul* daraus, in der Sonne getrocknet. Hier, sieh mal, Elizaa!« Plötzlich bleckte sie ihre großen, weißen Zähne, und sie lachte schallend, als ich erschrocken zurückfuhr. »Keine Angst, Elizaa! Verstehst du, deshalb essen wir *aruul* – er macht unsere Zähne stark, weil er so hart ist. Wenn du jeden Tag *aruul* kaust, brauchst du keine Zahnbürste.«

Wir saßen da und kauten beim Arbeiten. Die sonnengetrockneten *aruul*-Stücke wurden mit der Zeit gelbstichig und knochenhart.

Während ich den Frauen bei der Arbeit in der Jurte half, waren Sansar-Huu und die Männer draußen und reparierten den aus Draht und Holz bestehenden Sommerpferch, brandmarkten Pferde und Ziegen und schoren die Schafe.

Sie schoren zusammen über 150 Schafe, und das mit winzigen Scheren, die nicht viel größer waren als Nagelscheren. Die Schafe ließen sich noch schwerer einfangen als die Ziegen. Sie keilten aus, wehrten sich und liefen davon, und wir jagten ihnen der Reihe nach hinterher oder blieben stehen und feuerten lachend die anderen an, wenn sie ein fliehendes Mutterschaf oder einen Bock auf den Boden hinunterzukämpfen versuchten. Als das Schafscheren endlich beendet war, zogen sich Sansar-Huu, Bash, Bayan-Saikhan und seine Söhne bis zum Gürtel aus, wateten zusammen in den Fluss und tauchten die Wolle immer wieder ins Wasser, schrubbten sie mit ihren bloßen Händen, bis sie sauber war. Dann wrangen sie die Wolle aus, zogen sie straff und trennten die klumpigen Schichten, bis jede so fein wie Löwenzahnflausch war, um schließlich alles über das hohe Gras zu breiten. Als ich am nächsten Morgen in der Dämmerung hinaustrat, sah es aus, als hätte eine Armee von Spinnen die ganze Nacht ihre silbrigen Netze gewoben.

Der Teil meines Tsengel-Tagebuchs, den ich im Sommerlager schrieb, ist mit ausführlichen Beschreibungen der einzelnen Arbeiten angefüllt: wie Männer und Frauen getrennte Aufgaben erfüllten, die sich aber ergänzten, wie wir die verschiedenen Milchprodukte herstellten, das endlose Viehhüten, Melken, Holen und Tragen … Ich erlebte auch einige Abenteuer mit Gansukh und Sansar-Huu im Lauf des Sommers, aber die meiste Zeit arbeiteten wir von morgens bis abends, und meine Welt wurde noch enger als im Dorf. In diesem wilden, steinigen Tal gab es weder Zeit noch Raum für philosophische Gedanken über die Natur des nomadischen Sommerlebens, weil ich mittendrin steckte. Wie Gansukh, Deri-Huu und Manike war ich an meine Alltagspflichten gefesselt und verließ selten das Lager. Die wenigen Stunden, die ich für mich hatte, widmete ich entweder meinem Tagebuch, oder ich badete an einer abgelegenen Stelle im Fluss und döste hinterher in der Sonne. Ich kann mich nicht erinnern, dass ich jemals überlegt hätte, was ich hier suchte, ich machte einfach weiter, so wie alle anderen. Die einzige Erkenntnis, die ich gewann, war, dass das Nomadenleben im Sommer noch härter ist als zu jeder anderen Jahreszeit.

»Der Sommer in unseren Bergen ist immer voller Arbeit, Elizaa«, erklärte mir Deri-Huu mehr als einmal, »weil wir uns jetzt schon auf unseren langen Winter vorbereiten müssen.«

Von den Leuten aus Tsengel, die ich im Sommer sah, wie zum Beispiel Tuya und Gerel-Huu, hörte ich dasselbe. Sie waren in den Bergen draußen, um sich für den Winter zu rüsten, und sie hörten nie auf zu arbeiten, denn zu diesem Zweck waren sie ja hergekommen. Der flüchtige Sommer war ihre Erntezeit, ihr kurzer Moment der Fülle. Es waren keine geruhsamen Ferien.

Trotzdem gönnte sich unser *ger*-Lager ein paar freie Tage. Der erste war ein Ausflug zum örtlichen Naadam-Fest, das Mitte Juli im nächsten Tal drüben abgehalten wurde.

Nadaam ist das nationale Sportfest der Mongolei, ein Wettkampf, der für seine »drei männlichen Sportarten« – Pferderennen, Ringen und Bogenschießen – bekannt ist und jedes Jahr vom 11.–13. Juli in Ulaanbaatar stattfindet. Aber es gibt auch viele kleinere Naadam-Feste, die Mitte Juli überall auf dem Land abgehalten werden. Diese örtlichen Naadam-Feste sind meist eintägige Veranstaltungen, weil die Hirten nicht länger von ihren Herden wegbleiben können. Und aus unerfindlichen Gründen scheint das Bogenschießen bei diesen Festen ausgeschlossen zu sein.

»Sansar-Huu macht heute beim Ringen mit«, sagte Gansukh, als wir uns für das Naadam-Fest anzogen. »Und Tuya und Gerel-Huu sind auch mit dabei. Das wird ein toller Ausflug!«

Wir machten uns alle schön für diesen Anlass. Deri-Huu sah prächtig aus in ihrem burgunderroten *deel* und mit den rabenschwarzen Haaren, die sie zu einer Krone auf ihrem Hinterkopf geflochten hatte. Dann wanderten wir lärmend über einen hohen, steinigen Pass mit wildromantischen, überhängenden Felsen in das nächste Tal hinunter, wo sich bereits eine kleine Zuschauermenge auf dem offenen Platz zusammengeschart hatte. Nur Shilgee und Bayan-Saikhan waren zu Hause geblieben, um nach dem Vieh zu sehen.

Auf den ersten Blick kam mir Naadam wie ein altes, bäuerliches Sommerfest vor. Lange, weiße Tücher waren auf dem Boden ausgebreitet und mit Bergen von *buurtzug* und *aruul*, ganzen Wagenrädern von Käse und Schüsseln voll dicker, gestockter Sahne beladen. Riesige Kessel mit Milchtee wurden von einem Schwarm junger Frauen angeboten. Männer und Frauen saßen getrennt, während ihre barfüßigen Kinder aufgeregt und kreischend zwischen ihnen hin- und herrannten.

Ich verlor Gansukh in der Menge und stand eine Weile nur da, schaute mich um und lächelte. Ich sah Deri-Huu und Manike gemütlich bei einer Gruppe von älteren Frauen sitzen. Ihre hübschen Ohrringe funkelten in der Sonne, wenn sie nickten und die Köpfe schüttelten und unbekümmert miteinander lachten. Alle, einschließlich der Kinder, trugen *deel*, die mit goldenem, silbernem und scharlachrotem Garn bestickt waren, und einige Männer hatten die traditionellen spitzen mongolischen Hüte aufgesetzt. Ich hatte ein weites, schwarzweißes Sommerkleid angezogen und kam mir richtig schäbig vor.

»*Saino*!« Gansukh hatte Tuya aufgestöbert, und jetzt kamen wir alle wieder zusammen. Tuya sah blühend aus und strotzte sichtlich vor Gesundheit, aber sie lästerte fröhlich über alles und jedes.

»Ich finde es schrecklich hier! Jeden Morgen um halb sieben aufstehen, das ist einfach zu anstrengend«, sagte sie und zog eine Grimasse. »Die Yaks melken und dieses ganze Essen machen! Iihh! Ich kann es gar nicht erwarten, bis ich wieder in Tsengel bei Gerele bin. Wie war's in Ulaanbaatar?«

Während ich ihr von meiner Reise erzählte, ließ sich vor uns eine kleine Schar triefäugiger Großväter auf einem halben Dutzend Filzteppichen nieder. Diese verschrumpelten alten Herren waren die örtlichen VIPs, weil sie als Schiedsrichter bei den Ringwettkämpfen fungierten.

Ringen ist das absolute Highlight des Naadam-Festes. Für die Mongolen ist es eine wichtige Darstellungskunst, deren uralte Rituale streng bewahrt werden. Die Ringer treten in einem knappen, aufreizenden Kostüm auf, das aus einem kurzen, scharlachroten Höschen und einer Art Bolero, ebenfalls scharlachrot, mit kurzen, engen Ärmeln besteht. Sie trugen auch die traditionellen Leder-*gutal* mit den aufgebogenen Spitzen. Selbst bei einem so kleinen Naadam-Fest wie diesem hier gab es eine breite Auswahl an Ringern: kleine, große, hagere und manchmal auch dicke, großspurige, picklige Halbstarke und breitschultrige Männer um die vierzig. Den Besten wurde ein Titel verliehen, je nach Anzahl der Gegner, die sie niedergerungen hatten. Sie wurden entweder zum Naadam-Adler, Naadam-Elefanten oder Naadam-Stier ernannt. Es ist ein stark ritualisierter, spektakulärer Kampf. Jede Runde beginnt damit, dass die beiden Gegner einen »Adlertanz« vorführen, mit dem sie den Segen für ihren Wettkampf erbitten. Es war faszinierend anzusehen, wie diese starken, gestandenen Männer mit den Armen flatterten, als wären ihnen plötzlich Flügel gewachsen, und stolz in der Wiesenarena herumkreisten, während die Menge sie anfeuerte.

Mehrere Ringerpaare kämpften gleichzeitig, und wir klatschten und stöhnten theatralisch, wann immer es aussah, als würde etwas passieren, aber wenn zwei Männer einigermaßen gleich stark waren, konnten sie sehr lange im Clinch bleiben. Die Kämpfe dauerten mehrere Stunden, und die Leute schlenderten zwischendurch herum, begrüßten einander, tranken und stießen mit Strömen von *shimin-arkhi* auf das Naadam-Fest an. Gansukh, Tuya und ich gingen ebenfalls fort, kamen aber gerade noch rechtzeitig zurück, um Sansar-Huu mit Tuyas Bruder Altan-Huudag ringen zu sehen. Als Sansar-Huu seinen Gegner schließlich nach hinten drückte, bis er das Gleichgewicht verlor und hintenüber kippte, brach Tuya in Gelächter aus, und Gansukh stieß mich an und strahlte vor Stolz.

Später hielt ich nach Gerel-Huus Jurte Ausschau, das, wie ich wusste, hier in der Nähe war. Ich fand sie im Kreis ihrer ganzen

Familie: sechs Söhne, eine Tochter und ihr Mann Dorj, der etwas zu aufdringlich mit den Augen zwinkerte und seine Hände nicht bei sich lassen konnte. Er war ein richtiger Schürzenjäger. Alle aßen Schaffleisch, und ich leistete ihnen dabei Gesellschaft. Immer mehr Leute drängten herein, während wir aßen, darunter auch ein paar Lehrer von der Schule. Wir wollten gerade mit einer Runde *shimin-arkhi* anstoßen, als Gansukh zur Tür hereinrief: »Das Pferderennen fängt gleich an – kommt schnell!«

Wir quetschten uns auf die offene Ladefläche eines alten Lastwagens und rumpelten zur anderen Seite des weiten Tals hinüber, während uns ein heißer, trockener Wind ins Gesicht blies. Die Leute waren in Scharen hinübergegangen oder -geritten, und bald konnten wir eine Staubwolke sehen, die in Bodenhöhe auf uns zudriftete. Als sie näher kam, standen die Tuvaner alle auf und klatschten, johlten und brüllten.

Die Wolke entpuppte sich als eine Horde Kinder, die auf ungesattelten Pferden daherjagten und sich in den zerzausten Mähnen festkrallten. Wir riefen und winkten, die Kinder johlten, und die stampfenden Pferde mit den weit aufgerissenen Augen sahen aus, als würden sie niemals anhalten.

Ich war schon immer fasziniert gewesen von den Pferderennen in der Mongolei, obwohl ich nie wirklich dahinterkam, wer Sieger war. Es gab keine richtige Ziellinie, und immer kamen zwei oder drei schäumende Reittiere genau im gleichen Moment angaloppiert. Trotzdem wurde eine Bewertung abgegeben, und wir scharten uns alle um die Siegerpferde, die in blaue, zusammengefaltete Seidenschals, die *chadag*, gehüllt wurden, als Symbol der Achtung. *Chadag* sind meistens weiß oder blassblau, und man sieht sie auch auf heiligen Steinhaufen flattern, wo sie dazu dienen, eine Reise zu segnen, oder auch als Tempelschmuck. Die geschmückten Pferde wurden dann feierlich mit *airag* und *shimin-arkhi* eingerieben, und ihre jungen Reiter erhielten Siegerkronen, aber man schenkte ihnen nicht halb so viel Beachtung wie den Pferden.

Wir standen noch eine Weile herum, als plötzlich Deri-Huu an meiner Seite auftauchte. »*Yamar bain*, Elizaa. Wie war unser Naadam?«

»*Saikhan*!«

Während wir auf die anderen warteten, setzten wir uns zusammen auf den warmen Boden und schwärmten von Sansar-Huus Ringerkünsten. Wir waren uns einig, dass er im nächsten Jahr garantiert ein Elefant werden würde.

15

Ein paar Tage nach dem Naadam-Fest saßen wir spätabends um Deri-Huus Ofen herum. Die Schafe und Ziegen waren bereits gemolken und die Tiere für die Nacht in der Nähe der Jurten untergebracht. Wir konnten uns ausruhen. Das war immer meine liebste Tageszeit. Deri-Huu kochte die Yakmilch ab und tauchte ihre Schöpfkelle in den Kessel, kurz bevor sie zu sieden begann. Dann hob sie ihre Arme hoch in die Luft und ließ die Milch immer wieder herunterfließen, bis sie schäumte wie Bier. Schließlich wurde der Kessel vom Herd gehievt, und wir tranken, so viel wir wollten, während wir im Kerzenlicht um den zerschrammten Ofen saßen und uns schläfrig unterhielten oder vielleicht auch gar nichts sagten.

An diesem Abend hörte ich zu, wie die Männer Pläne schmiedeten. Sie wollten bald das Lager verlassen und 60 Kilometer nach Süden zu einer Ebene reiten, die als sehr fruchtbar galt und wo sie sich mit vielen anderen Hirten zusammentun würden, die alle in provisorischen Zelten kampierten und Fleisch über dem offenen Feuer brieten. Die Männer wollten dort mit der Sense große Mengen Gras mähen, um es dann auf offenen Lastwagen zu den Winterhütten zu bringen und als Heuvorrat in den Pferchen einzulagern.

Aber bevor sie zum Heuen aufbrechen konnten, gingen Sansar-Huu und Bayan-Saikhan noch auf Murmeltierjagd. Das Murmeltier ist ein großer, etwas dümmlich aussehender Steppennager, ungefähr so groß wie ein Hase, mit Bockszähnen und einem langen, buschigen Schwanz. Es wird wegen seines dichten, dunklen Fells gejagt, das im Herbst an Händler in Olgij verkauft wird, weil es sich zu eleganten Mützen und Mänteln verarbeiten lässt.

Sansar-Huu und Bayan-Saikhan ritten jetzt jeden Nachmittag mit dem Gewehr in die Berge und kamen in der Abenddämmerung mit einem Bündel toter Murmeltiere an ihren Sätteln zurück. Bash ging nicht mit ihnen, sondern blieb in der Nähe seiner Jurte, blass und schwitzend. Er war wieder einmal krank.

Nach dem Morgenmelken kniete sich Gansukh draußen vor unsere Jurte, blinzelte ins Sonnenlicht und schabte das Fleisch aus den Murmeltierfellen heraus. Die sauberen Häute wurden draußen in der Sonne zum Trocknen ausgebreitet und dann verkehrt herum an die Jurtenstangen gehängt wie große, kopflose Fledermäuse.

»Wenn ich hundert gesunde Murmeltiere schießen kann«, sagte Sansar-Huu zu mir, »bringt das unserer Familie 500 000 Tugrik ein.« Das waren umgerechnet fast 400 £ – mehr als Gansukhs jährliches Lehrergehalt.

Solange dieses Jagdfieber andauerte, köchelte meistens ein Kessel mit öligem Murmeltierfleisch auf einem der Öfen vor sich hin. Es roch zwar ganz gut, aber Murmeltiere sind leider auch die einzigen essbaren Überträger der Beulenpest, die auch heute noch im fernen Zentralasien auftritt. Jedes Jahr bricht die Krankheit irgendwo in einem abgelegenen Gebiet der Westmongolei aus, weshalb ich anfangs nur widerstrebend von dem Fleisch aß. Was sollte aus mir werden, wenn ich in Tsengel ernsthaft krank würde? Ich konnte mir keine Krankenversicherung leisten, und bei dem bloßen Gedanken an das Tsengeler Krankenhaus lief mir ein Schauder über den Rücken.

»Mach dir keine Sorgen, Elizaa«, beruhigte Deri-Huu mich, als sie mich zögern sah, während alle anderen herzhaft zulangten. »Sansar-Huu und Bayan-Saikhan kennen sich aus mit Murmeltieren. Die kranken Tiere erkennt man daran, dass sie langsam und fast blind sind, und dann schießen die Männer sie nicht. Das Fleisch ist in Ordnung. Du darfst nur nie Murmeltierfleisch essen und gleich danach Milchtee trinken. Sonst musst du dich übergeben, weil das Fleisch sehr kräftig und ölig ist.«

Ich glaubte ihr aufs Wort.

Als die Dachstangen der Jurte ringsum mit Murmeltierhäuten behängt waren, brachen alle Männer und Jungen und sogar Bash, der wieder etwas gesünder aussah, zum Grasmähen auf. Sie galoppierten im Morgengrauen davon, ohne auch nur einmal zurückzuschauen, und ließen uns vier Frauen allein im Lager zurück plus Shilgee, Opia und die zwei anderen Töchter von Deri-Huu.

Als ich mich an diesem Morgen schlaftrunken zum Frühstück zu den Frauen und Mädchen setzte, hing eine schmale, durchsichtige Neumondsichel am Frühhimmel. Deri-Huu hatte den Tee und das Essen draußen auf ihrem niedrigen Tisch gedeckt, was eine Sensation war, denn die Mongolen und Tuvaner essen und trinken immer in ihren Häusern. Außer bei einem Fest wie dem Naadam habe ich noch nie einen Mongolen im Freien essen sehen. Das gilt als vulgär.

Deri-Huu zündete Weihrauch an, der beim Frühstück um uns herumwaberte, und ich fragte Gansukh, was das zu bedeuten habe. »Warum ist heute so ein besonderer Tag? Ist das ein religiöser Anlass, eine Segnung oder so was?«

Gansukh wurde rot und kicherte. Sie beugte sich vor und sagte auf Englisch zu mir, damit die anderen es nicht verstehen konnten: »Sex, Louisa. Die Yaks brauchen Sex. Wir sitzen hier draußen, um Buddha zu bitten, dass er uns Yakbabys gibt.«

Ich schaute zu der friedlich grasenden Herde hinüber, die bereits mehrere junge Kälber hatte. »Ähm, Gansukh«, sagte ich, »meinst du nicht, dass sie einen Bullen dafür brauchen?«

Aber dafür war bereits gesorgt. Er wurde an diesem Nachmittag gebracht, das hässlichste und Furcht erregendste Tier, das ich jemals gesehen habe. Er wog über eine Tonne, hatte einen Hals so dick wie ein Lastwagenreifen, einen gewaltigen, feisten Rumpf und den Blick eines Mörders. Ich machte einen großen Bogen um ihn herum. Selbst die Kinder hatten weniger Angst als ich.

Als der Besitzer des Yakbullen sich verabschiedete und fortging, erklärte mir Deri-Huu, die ohne Zweifel die Angst in meinem Gesicht gesehen hatte, in aller Seelenruhe, wie gefährlich das Tier sei. »Geh ihm lieber aus dem Weg, Elizaa, er könnte angreifen. Ich kümmere mich um ihn.« Was mir natürlich nur recht sein konnte.

Deri-Huu hatte einen Stock, der wie ein verlängerter Hirtenstab aussah und mit dem sie den Yakbullen in Schach hielt, indem sie auf ihn einschlug, sobald er den Jurten zu nahe kam. Aber von Tag zu Tag wurde er unerträglicher. Er trampelte im Lager herum, den dicken Nacken gesenkt, störte das Melken, indem er die Yakkühe erschreckte, und terrorisierte Opia und Yalta. Und mich. Wenn ein anderer mammutgroßer Bulle ins Lager eindrang, um seine Rechte auf die Weibchen geltend zu machen, brach ein entsetzliches Gebrüll los. Die beiden Bullen kämpften um die Herrschaft über den Harem und wankten aufeinander zu wie zwei betrunkene Raufbolde, ihre Schädel krachten zusammen, und am Ende schlich der Eindringling mit eingeklemmtem Schwanz davon. Irgendwann hatten Deri-Huu und Manike genug: Yakbabys hin oder her, der Bulle musste gehen.

Die Besitzer des Yakbullen, Enkhbat und Nanselmaa, kamen angeritten, um ihn nach Hause zu treiben. Enkhbat hatte ein Gewehr dabei, Nanselmaa war mit einem Holzstock bewaffnet. Gansukh, Deri-Huu und Manike ermahnten uns, in der Jurte zu bleiben, während sie die ganze Herde im Lager zusammentrieben und versuchten, den Bullen von den Kühen zu trennen. Der Yakbulle tobte wutschnaubend im Lager herum, während Enkhbat ihm auf seinem Pferd geschickt auswich, um ihn dann erneut aufzustacheln. Ich stand mit weit offenem Mund in der Jurtentür. Dort draußen war die Hölle los. Aber die Frauen hielten die Stellung und zeigten keinerlei Furcht, und als der Bulle direkt auf unsere Jurte zustürmte, stellte Manike sich ihm in den Weg und schleuderte ihm Steine in sein dunkles Gesicht. Der Bulle warf sich schwerfällig herum und änderte die Richtung, so dass er jetzt auf die Hügel zuraste, die an unser Lager grenzten. Die Frauen kreischten und jagten ihm nach, während auch Enkhbat auf seinem Pferd die Verfolgung aufnahm.

Ich hatte plötzlich Mitleid mit dem Bullen. Seine Brust wogte, und er sog krampfhaft die heiße Luft in seine Lungen, als er unter einem erbarmungslosen Steinhagel vorüberstürmte. Aber die Frauen genossen ihren Sieg. Sie hatten den Störenfried vertrieben, und als er es wagte, noch einmal kehrtzumachen und zum Lager zurückzustürmen, steinigten sie ihn erneut mit kleinen Felsbrocken und überschütteten ihn mit Flüchen.

Enkhbat und Nanselmaa trieben ihr Tier schließlich durch das Tal nach Hause, und Deri-Huu, Manike und Gansukh kamen langsam mit roten Gesichtern und triumphierendem Grinsen ins Lager zurück. Es war für sie ein Riesenspaß gewesen. Wir feierten mit Kannen voll Tee und einer Runde *shimin-arkhi*, und die Frauen schüttelten sich vor Lachen, so dass Gansukh das Gleichgewicht verlor und fast von ihrem Schemel kippte.

16

Obwohl ich jetzt schon mehrere Wochen im Tal war, hatte ich bisher nur ein oder zwei andere Jurtensiedlungen in der Nähe besucht, weil einfach nicht genug Zeit dafür gewesen war. Aber dann wurden wir, solange die Männer noch fort waren, zu einer Hochzeit ungefähr eine halbe Meile weiter unten im Tal eingeladen.

Deri-Huu war besonders erfreut über diese Einladung. »Das sind reiche *malchin*«, erklärte sie mir, während wir uns wieder einmal zurechtmachten. »Sie halten ein großes Hochzeitsfest ab, mit Pferdefleisch und vielen Gästen.«

Ich machte mich so fein wie möglich und staunte über die neuen *deel* und Seidenschärpen, die Deri-Huu und Gansukh aus ihren ramponierten Holztruhen hervorholten und mit einem alten Bügeleisen plätteten, das auf dem Ofen heiß gemacht wurde. Ich hatte nur eine einigermaßen saubere Jeans und ein Shirt zum Anziehen, weil ich nicht damit gerechnet hatte, im Sommerlager zu großen Naadam-Festen und Hochzeitsempfängen eingeladen zu werden.

Als Deri-Huu in ihrem smaragdgrünen *deel*, den sie selber bestickt hatte, vor mir stand, blieb mir fast die Luft weg – sie sah aus wie eine Amazone. Sie warf nur einen kurzen Blick auf mein schäbiges Outfit und schüttelte sanft den Kopf. »Trag lieber das hier«, sagte sie und reichte mir einen burgunderroten *deel*, der um den hohen Kragen und die Ärmel herum mit Silber bestickt war. Er passte mir wie angegossen, und als ich fertig war, nickte sie zustimmend. »Ja, ja, *mini okhin*, das ist viel besser.«

Ich lächelte ihr dankbar zu, weil sie mich gerade »Tochter« genannt hatte.

Deri-Huu, Gansukh und ich kamen frühzeitig im Lager an. Die Leute schlenderten bereits vor der Hauptjurte herum und warteten auf den Beginn der Hochzeit. Ein Kessel mit Milchtee brodelte auf dem Sommerofen im Freien und puffte ein paar verlorene weiße Rauchkringel in die Luft. Große Fleischtöpfe blubberten auf glühenden Steinringen in der Nähe der Jurte, und ich konnte das sich nähernde Klappern von Pferdehufen hören.

Die Hochzeitsrituale der Tuvaner und Mongolen sind im Wesentlichen gleich. In beiden Kulturen wird eine Ehe traditionell vom Vater des Bräutigams, einem angesehenen älteren Mann und den Eltern der Braut ausgehandelt, obwohl die Braut und der Bräutigam ihre Wahl selbst treffen. Wenn alles geregelt ist, muss die Familie des Bräutigams dem Paar ein eigenes *ger* beschaffen, was eine beträchtliche Ausgabe von mindestens 100 £ bedeutet.

Am Hochzeitstag selber reitet der Bräutigam zum Haus seiner Schwiegereltern und führt die Braut und ihre Eltern zu seiner Familienjurte. Braut und Bräutigam ziehen brandneue *deel* und Stiefel an, und die Braut trägt immer Blau. Sobald sie vor der Jurte des Bräutigams ankommen, gilt das Paar als verheiratet. Der Austausch von Ringen spielt keine Rolle. Obwohl das Brautpaar am Tag der Hochzeit von Verwandten und engen Freunden besucht wird, findet das Fest bei den Tuvanern ein paar Tage nach der eigentlichen Hochzeit statt. Wenn die Eltern reich sind, schlachten sie ein Pferd, und wenn sie sich das nicht leisten können, mehrere Schafe.

Immer mehr Leute trafen jetzt zum Fest ein, und Deri-Huu führte Gansukh und mich in die Hauptjurte. Wir wollten uns gerade auf den Teppichen niederlassen, als die Gäste auf einmal scharenweise hereinströmten. Alles war vertreten: Babys, Kinder, Teenager, schwangere Frauen, wettergebräunte Hirten und verschrumpelte alte Männer mit Gesichtern wie vertrocknete Rosinen, die sich alle lärmend hereinquetschten, um irgendwo ein winziges Fleckchen

Bett, Teppich oder Gras zu ergattern. Die ältesten und gebrechlichsten Männer kletterten über die anderen hinweg und setzten sich an die Rückwand der Jurte gegenüber der Tür, wo üblicherweise die Ehrengäste sitzen. Ich stellte verwundert fest, dass eine junge Frau zwischen ihnen saß. Selbst die ältesten Frauen sitzen im Allgemeinen an der Seite.

Mehrere niedrige Tische waren turmhoch mit Essen beladen, und der *shimin-arkhi* machte bereits die Runde. Es ist ein heimtückisches Gebräu, wie ein feuriger Hengst, der sich als Wallach tarnt, und es dauerte nicht lange, bis einer der älteren Männer umkippte und selig vor sich hingrinste, als er unter lautem Gejohle an die frische Luft geschleppt wurde und alle fröhlich weiterfeierten. Nur Gansukh schüttelte den Kopf und schnalzte missbilligend mit der Zunge. »Er ist immer betrunken«, murrte sie. Ich nickte fröhlich. Ich hatte bereits drei Schalen *shimin-arkhi* geleert und war selber schon ein bisschen angeheitert. Immer wenn die Silberschale vom Gast an den Gastgeber zurückgegeben wird, muss sie neu gefüllt werden, bevor der Nächste trinkt. Wenn die Gastgeberin der Meinung ist, dass ein Gast nicht genug getrunken hat, kann sie sich weigern, die Schale zurückzunehmen, bis sie zur Hälfte geleert ist – eine tödliche Tradition. Die Frau, die auf unserer Seite der Jurte bediente, bestand lachend darauf, dass wir alle kräftig mithielten, und als schließlich Gerel-Huu eintraf und sich neben mich quetschte, waren die meisten von uns sinnlos betrunken. Vor allem ich.

Gerel-Huu warf nur einen Blick auf mich und lachte dröhnend. »Louisa! Du bist ja blau wie ein Veilchen!«

Gansukh, die auch nicht viel nüchterner war als ich, stieß mich plötzlich an, als einer der älteren Tuvaner sich mühsam auf die Füße aufrappelte und zu mir herüberzeigte. Ich stand ebenfalls unsicher auf, und wir wankten durch das Gedränge aufeinander zu. Er umarmte mich, schnupperte an meinem Hals (was ein echtes Zeichen der Zuneigung ist, wenn es von einem Älteren kommt) und bot mir mit einer schwungvollen Bewegung ein randvolles Glas *shimin-arkhi* an, auf dem ein dickes Käseeck thronte. Ich lächelte verlegen, denn ich hatte keine Ahnung, was ich jetzt tun sollte. Die Mongolei ist ein Land der tausend Rituale, und man kann sehr schnell ins Fettnäpfchen treten, besonders wenn alle davon ausgehen, dass man die einheimischen Sitten kennt.

»Probier den Arkhi und den Käse, dann gib ihm den Arkhi zurück und behalte den Käse«, zischte Gansukh, die mir wie immer sofort ansah, dass ich nicht weiterwusste. Ich machte, was sie gesagt hatte, und setzte mich hin, noch betrunkener als zuvor.

In der Jurte herrschte ein solches Gedränge, dass ich nicht sagen konnte, wer die Braut und der Bräutigam waren, bis Gerel-Huu mich mit ihnen bekannt machte. Tseverlee und Bat-Tsengel waren ein sehr junges Paar und wirkten völlig erschlagen von dem ganzen Trubel. Tseverlee war hochrot im Gesicht und stumm; ihr frischgebackener Ehemann runzelte grimmig die Stirn und würdigte seine Frau keines Blickes. Als das Brautpaar endlich alle Gäste begrüßt hatte, was lange dauerte, standen plötzlich alle auf und strömten zu einem Vorhang aus weißen *chadag*, die von den Dachstangen hingen. Gerel-Huu und ich wurden mit dem Strom nach vorn geschoben, und ich sah, dass die Leute Tugrik-Scheine als Geschenk für die Neuvermählten in die *chadag* einknüpften. Zum Glück hatte Gansukh mir gesagt, dass ich Geld mitnehmen sollte. Sobald wir unser Geschenk abgeliefert hatten, quetschten wir uns hinaus, um frische Luft zu schöpfen und zu pinkeln.

»Ah, es ist so heiß da drinnen, hier ist es viel besser«, seufzte Gansukh, als wir uns ins Gras fallen ließen. »Was macht dein Kopf, Louisa?« Ich versicherte ihr, dass ich schon wieder klarer sehen könne, seit wir hier draußen waren. »Du musst Fleisch essen«, sagte Gansukh grinsend. »Du musst dir den Magen füllen. Bei uns sagt man, dass Fleisch für alles gut ist! He – siehst du die Frau dort drüben?« Sie senkte ihre Stimme. »Weißt du, wer das ist?«

Ich schüttelte den Kopf. Die Frau, zu der Gansukh hinübergenickt hatte, war noch jung, obwohl sich ihr Alter schwer einschätzen ließ. Ich schaute ihr einen Augenblick nach, als sie an uns vorbei zurück zu der Menge ging, die sich an der Tür der Jurte versammelt hatte. Ihr Gang war müde und schleppend, ganz anders, als man es ihrem Aussehen nach erwartet hätte. Als sie sich umdrehte, um eine Freundin oder Bekannte zu begrüßen, sah ich, dass ihre Augen entzündet und blutunterlaufen waren, und sie trug eine dicke Brille mit eckigen Gläsern, wie um ihre Augen vor dem grellen Licht abzuschirmen. Es war die Frau, die hinten an der Rückwand der Jurte bei den ehrwürdigen alten Männern gesessen hatte.

»Wer ist das?«, fragte ich Gerel-Huu.

Gerel-Huu kräuselte die Lippen, als wüsste sie nicht so recht, wie sie es mir erklären sollte. »Sie ist Enkhtuya, unsere Schamanin«, sagte sie nach einer Weile. »Die Familie hier hat großes Glück, dass sie da ist. Es ist sehr gut, wenn man eine Schamanin bei der Hochzeit dabeihat.«

Ich wollte sie noch weiter ausfragen, aber wir mussten jetzt wieder hineingehen und essen. Die Gäste bildeten mehrere Kreise und hockten um Platten mit triefendem Pferde- und Schaffleisch herum. Einer der Männer zückte seinen Dolch und zerlegte geschickt das Fleisch und die Innereien, während wir anderen mit den Fingern aßen. Einen Augenblick lang herrschte Stille in der Jurte, aber sobald das Fleisch verspeist war, machte der *shimin-arkhi* wieder die Runde, und jetzt standen die alten Männer einer nach dem anderen auf und stürzten sich in weitschweifige Lobreden, rezitierten Gedichte oder gaben sogar eheliche Ratschläge an die Neuvermählten, die langsam so aussahen, als würden sie am liebsten die Flucht ergreifen.

Die alten Männer brabbelten endlos weiter und hätten wahrscheinlich die ganze Nacht ihre Loblieder gesungen, aber die Frauen wussten, wie man das Fest wieder in Schwung brachte, und als sie genug von den Männern und ihren zittrigen Stimmen hatten, fingen sie an zu singen. Ich grinste selig und lehnte meinen Kopf an Gerel-Huus Schulter, während sie mit den anderen Frauen sang. Ich kannte inzwischen auch ein paar von den Liedern, aber ich war immer viel zu sehr fasziniert, um mitzusingen. Ich wollte nur zuhören und in meinen schönen, wodkaseligen Träumen versinken.

Die Tuvaner besangen ihre verlorene Heimat jenseits des Altai, rühmten ihre Mütter, trauerten um ihre Liebe und priesen ihre Pferde. Es sind die schönsten und traurigsten Lieder der Welt, rau und spröde und voll wilder Leidenschaften. Sie schallten von der Hochzeitsjurte über das steinige Tal und den klaren Fluss hinaus, wo sie wahrscheinlich vom Geist des Berges aufgesogen wurden.

Wir wankten rechtzeitig nach Hause, um die Ziegen und Yaks zu melken, und ich strebte nur noch so schnell wie möglich ins Bett. Aber ausgerechnet an diesem Abend wollte Shilgee mit mir ausgehen.

»Heute Abend spielen sie das Spiel, Louisa, da will ich dabei sein. Aber Mutter will mich nicht allein gehen lassen, und sonst geht niemand hin, also musst du mit.«

Ich hatte schon von diesem »Spiel« gehört. Es ist keine mongolische Tradition, sondern ursprünglich ein tuvanischer Übergangsritus, der nur nach einer Hochzeitszeremonie praktiziert wird. Nur junge Leute spielen mit: Kinder und ältere Erwachsene sind nicht zugelassen. Die Zeremonie beginnt spätabends und dauert meist bis zur Morgendämmerung, und es kann blutig werden. Das konnte ich mir natürlich nicht entgehen lassen.

Es war schon spät, als wir aufbrachen. »Bis morgen früh, Elizaa«, sagte Deri-Huu mit strahlendem Lächeln. Gansukh, vorsichtig wie immer, warnte mich, nicht alleine nach Hause zu gehen, da die Männer alle betrunken sein würden. Shilgee sollte die ganze Nacht auf mich aufpassen. Ich fragte mich allmählich, worauf ich mich da eingelassen hatte, während Shilgee mich im Eiltempo durch das dunkle Tal zurückhetzte. Schlendern war für Shilgee ein Fremdwort.

»Los, komm! Beeil dich!«, drängte sie mich, packte mich am Arm und zog mich zu dem Hochzeitslager.

Wir quetschten uns in die Jurte – und im nächsten Moment war Shilgee auch schon verschwunden. Ich hatte mich nur einmal umgedreht, und fort war sie. Leise fluchend arbeitete ich mich nach vorne und fühlte mich plötzlich völlig fehl am Platz. Alle, die ich heute Nachmittag getroffen hatte, waren wohl nach Hause gegangen, und ich kannte keinen der jungen Männer und Frauen, die mich jetzt wortlos anstarrten. Ich geriet in Panik und fragte mich, ob ich durch mein Erscheinen eine Indiskretion begangen hatte oder sogar einen richtigen Tabubruch. Vielleicht war ich hier gar nicht willkommen, aber ich würde in dieser Dunkelheit nie allein den Weg ins Lager zurückfinden ... wo zum Teufel steckte Shilgee?

Während ich mich nach einem Platz umschaute, wo ich mich verstecken konnte, winkte mich jemand nach hinten an die Rückwand der Jurte. Es war Sarantuya, eine junge Frau, die schon ein paar Mal in unserem Lager gewesen war, weil sie in der Nähe wohnte. Ich lächelte und kauerte mich dankbar in ihre Nähe. Die Frau saß neben Enkhtuya, der Schamanin, die betrunken aussah und deren entzündete Augen blutunterlaufen im Kerzenlicht glitzerten.

Enkhtuya war herzlich und ausgelassen, verlangte, dass mir Tee und Süßigkeiten gereicht wurden, und forderte mich auf, bei ihnen beiden zu sitzen. Sie hatte hier offenbar die Fäden in der Hand. Ich nahm einen Schluck *shimin-arkhi*, entspannte mich und fragte sie über das Spiel aus. Sarantuya und Enkhtuya warfen ihre Köpfe zurück und glucksten.

In meiner Jurte, bevor die Gitterwände mit Filz umwickelt wurden

Vor meiner Haustür, mit einer oberpeinlichen Brille auf der Nase

Der kasachische Friedhof über dem Chovd-Fluss

Kasachische Jungen beim Wasserschleppen. Der Junge links ist einer von Zulmiras Brüdern.

Kasachische Moschee

Gansukh und ich zersägen einen Baumstamm im *hascha*.

Die Straße nach Ulaanbaatar

Gebetsschals und eine Steinpyramide in der Wüste Gobi

»Wart's nur ab!«, schrie Enkhtuya. »Wir sind die einzigen Leute auf der Welt, die dieses Spiel kennen. Es gehört zu uns! Es ist tuvanisch!«

Es müssen ungefähr vierzig Frauen und Männer gewesen sein, die sich in der Jurte gegenübersaßen, und bevor das Spiel beginnen konnte, wurde jedem ein Partner zugeteilt. Der Rauch von den Zigaretten der Männer hing dick in der Luft. Die Kerzen warfen unheimliche Schatten über die sonnenverbrannten Gesichter der Spieler und die leuchtenden Kopftücher der Frauen. Einer der Männer stand auf, und das Stimmengewirr verebbte, als er einen schmalen Lederstreifen auseinanderwickelte, der ungefähr zwei bis drei Zentimeter breit und einen halben Meter lang war. Der Menge murmelte und kicherte. Ich schluckte.

Dann stand Enkhtuya auf. Einen Augenblick zeigte sie einen breiten silbernen Ehering in ihrer offenen Handfläche herum, dann beugte sie sich der Reihe nach über jede der Frauen in der Jurte, als würde sie den Ring in ihre wartend aufgehaltenen Hände weitergeben. Die Frauen schlossen dann ihre Finger, und sie ging zur nächsten Frau weiter. Die Männer schauten zu, ungerührt rauchend und nickend. Dann trat eine kurze Pause ein, während sie beratschlagten, welches der Mädchen den Ring hatte. Schließlich zeigte einer der jungen Hirten siegessicher auf eine der Frauen und rief sie beim Namen. Die Frau zuckte mit den Achseln und hielt den Ring hoch. Von drei Versuchen, die Besitzerin des Rings zu erraten, trafen die Männer zweimal ins Schwarze. Wir verloren.

Enkhtuya stieß mich an. »Steh auf und hebe deinen linken Arm, du bist als Erste dran!« Mein Herz klopfte lächerlich schnell, als ich aufstand und schüchtern meinen Arm zu Tumur, meinem Partner, ausstreckte. Alle riefen: »Kremple den Ärmel hoch und heb den Arm höher!« Ich zog eine Grimasse, was die Frauen noch mehr zum Lachen brachte als die Männer. Was mache ich hier?, dachte ich, als

Tumur seine Hand hob. Ich zuckte zusammen, obwohl er den Riemen so sanft über meinen Arm schnalzen ließ, dass ich kaum etwas spürte. Alle lachten ihn aus, am meisten die Frauen. Aber ich strahlte ihn dankbar an. Ich habe eine sehr niedrige Schmerzschwelle.

Das also war das geheimnisvolle tuvanische Hochzeitsspiel. Wenn das eine Geschlecht den Aufenthalt des Rings erraten kann, darf es das andere auspeitschen. Ich krümmte mich innerlich, als die Männer fröhlich die Frauen schlugen, die eine nach der anderen im Kerzenlicht aufstanden und keine Miene verzogen. Viele warfen ihre Köpfe zurück, wenn der Riemen über ihre Arme schnalzte, und verspotteten die Männer, dass der Schlag zu schwach oder zu schlecht gezielt sei. Man konnte den Lederriemen durch die Nacht pfeifen hören.

Als die Männer dann den Ring versteckten, fanden wir ihn genauso schnell wie sie. »Schlag nur fest zu!«, wurde ich gedrängt. Wenn es nach mir gegangen wäre, hätte ich meinem freundlichen Partner nicht wirklich Schmerzen zugefügt, aber ich wollte kein Spielverderber sein und versetzte ihm einen scharfen Schlag – wie ich dachte. Aber er lachte mich nur aus, und die Frauen stöhnten. Sie waren viel brutaler als die Männer, hoben den Riemen immer höher und johlten, wenn die Männer zusammenzuckten. Als wir das nächste Mal gewannen, legte ich mich richtig ins Zeug, und Tumur biss sich auf die Lippen, was mir eine Runde Applaus von den Frauen eintrug und einen verschmitzten, rachsüchtigen Blick von meinem Partner. Ich war nahe daran, mich zu entschuldigen.

Wenn man bedenkt, wie viel Schmerz bei diesem Spiel zugefügt wurde, war die Atmosphäre erstaunlich heiter und lustig. Ich johlte und peitschte bald genauso fröhlich drauflos wie die anderen Frauen. »Na los, gib's ihm! Ja – *sain bain*!«

Als wir alle eine Pause einlegten, um Tee und *shimin-arkhi* zu trinken, zeigte Enkhtuya mir ihr Handgelenk, das voller blutiger Striemen war. »Wie sind eure Hochzeitsfeste in England, *bagsh?*«, wollte sie wissen.

»Ach, ziemlich langweilig, verglichen mit dem hier«, sagte ich.

Wir spielten weiter, und diesmal hatte ich nicht so viel Glück. Ich wurde mit einem neuen Partner zusammengebracht, dem Bräutigam Bat-Tsengel, der immer noch ein finsteres Gesicht zeigte. Bei der nächsten Runde fanden die Männer den Ring sofort – ich hatte ihn. Ich stand auf, hob meinen anderen Arm und krempelte widerstrebend meinen Ärmel hoch. Ich drehte Bat-Tsengel den Rücken zu, auf das Schlimmste gefasst – und heulte auf, als der Riemen in mein Handgelenk schnitt. Alle lachten, dass die Wände wackelten, und ich stimmte mit ein, weil mir in dieser Situation nichts anderes übrig blieb. Das also stellten sich die Tuvaner unter einer wilden Partynacht vor, eine Erfahrung, die ich um nichts in der Welt hätte missen wollen, so bizarr war das Ganze.

Als die Dämmerung über der Jurte anbrach, war ich plötzlich erschöpft. Die meisten Leute hatten inzwischen genug von dem Spiel und duckten sich unter dem Riemen weg. Enkhtuya und ihre Freundin sagten, dass sie jetzt nach Hause gehen wollten. Ich bekam endlich Shilgee zu fassen, die mich nach Teenagerart die ganze Nacht ignoriert hatte. Wir verabschiedeten uns und stolperten aus der Jurte hinaus, gerade als die Sonne aufging.

»Und, wie war unser Spiel, *bagsh?*«, fragte Enkhtuya, während wir langsam zu unseren verschiedenen Jurten zurückgingen.

Ich drehte mich zu ihr um. »Das war die seltsamste Nacht, die ich je erlebt habe«, sagte ich, »aber es war toll.«

Enkhtuya lachte leise. Sie sah müde aus, aber ich spürte, dass es die Müdigkeit eines ganzen Lebens war, eine Erschöpfung, die von tief innen kam. Es war, als trüge sie schwer an einer inneren Last, niedergedrückt von dem Kummer, der Angst, der Trauer und Sehnsucht der anderen Leute.

17

Gansukh und ich waren gerade beim unvermeidlichen Dungsammeln, als der Himmel über uns zu grollen anfing und dicke, schwarzblaue Wolken aufzogen. Die Regenzeit, die schon vor Monaten im Frühling begonnen, aber nicht mehr, als ein paar kurze Güsse gebracht hatte, setzte endlich ein. Die Luft war heiß und stickig. Deri-Huu und Manike riefen mich, weil sie Hilfe beim Einsammeln der Schafwolle brauchten, die immer noch auf dem Gras am Flussufer lag und jetzt trocken und steif war. Einiges davon wurde in Säcke gefüllt, der Rest gleichmäßig auf einer großen, geflochtenen Schilfmatte verteilt. Dann knieten wir uns um die Matte herum und schlugen die Wolle mit Stöcken weich.

Das war schwieriger, als es sich anhört. Deri-Huu gab mir zwei Stöcke und zeigte mir, wie man sie über Kreuz halten musste, damit das Holz beim Aufprall nicht splitterte. Es war eine der seltenen Gelegenheiten, wo wir alle zusammenarbeiteten, und wir sangen laut, während wir die Wolle schlugen. Wollflausch schwebte über und um uns herum in der Luft, bis wir in eine dicke, haarige Wolke eingehüllt waren. Es dauerte mehrere Stunden, bis das Lanolin weich geklopft und die Wolle flauschig genug war. Dann ruhten wir uns eine Weile in der kühlen Jurte aus und tranken Tee.

Aber Deri-Huu war bald wieder auf den Füßen. »Komm, Elizaa, ich zeige dir, wie man *esgij* aus der frischen Wolle macht, bevor es regnet.«

Esgij ist Filz, dessen Herstellung in der Mongolei den gleichen Stellenwert hat wie das Einbringen einer kostbaren Ernte, und es ist eine Arbeit, die nur Frauen machen. Filz liefert die Wände für die

Jurten, er wird zur Herstellung von Matratzen und Decken für die schmalen Betten verwendet, gefärbt und bestickt zu eleganten Teppichen verarbeitet oder zu riesigen, steifen, kniehohen Winterstiefeln für die Männer. Filzstiefel sind ideal, um durch den Schnee zu waten – die Füße werden überhaupt nicht nass.

Deri-Huu und Manike breiteten die Wolle gleichmäßig auf der dicht geflochtenen Schilfmatte aus. Dann erschien Gansukh mit zwei großen Eimern voll warmem Wasser.

»So, und jetzt pass auf.« Deri-Huu goss einen dünnen Strahl in ihre dunkle Handfläche, wobei sie die Finger auseinander gespreizt hielt. Die Tropfen fielen auf die trockene Wolle. »Wir müssen die Wolle einweichen, bevor wir sie zu Filz walken können«, sagte sie. »Wenn sie nicht feucht ist, bindet sie nicht.«

Als die ganze Wolle feucht war, rollten wir zu viert die Matte samt der Wolle langsam und fest zu einer langen, dicken Wurst zusammen, die Deri-Huu mit grauem Seil umwickelte. Danach knieten wir uns wieder in das trockene Gras und rollten die Wurst unablässig hin und her, bis unser Singen heiser wurde und selbst Deri-Huu zugeben musste, dass sie erschöpft war. Wir legten eine Pause ein, tranken Tee, und dann walkten wir weiter. Wir arbeiteten, bis Shilgee die Herde am Abend ins Lager zurücktrieb und wir die Ziegen und Yaks melken mussten. Gansukh und ich waren wie gerädert und jammerten den ganzen Abend über unsere schmerzenden Arme und Rücken.

Am nächsten Morgen rollten wir langsam die steife Matte auseinander. »Wenn die Wolle nicht richtig fest geworden ist, müssen wir sie heute Nachmittag noch einmal walken«, sagte Manike beiläufig, als sie die Schnur entfernte. Mir wurde bei dem bloßen Gedanken daran ganz übel.

Die Wolle, die aus der Matte auftauchte, war blass wie ein Neugeborenes, die Wollfasern ganz und gar verfilzt. Gansukh nickte und grinste mich an. »Alles in Ordnung«, sagte sie auf Englisch. »Das ist guter Filz. Sieh selbst.«

Zusammen hatten wir eine steife, weiße Filzwand gewalkt.

Die restliche Wolle wurde in das Futter von Winter-*deel* oder Decken eingearbeitet. Gansukh besaß eine klapprige, alte Handnähmaschine, die nachmittags immer surrte. Sie nähte auch Kleider für Opia und Yalta, Kissenbezüge und Vorhänge aus blasser, grober Baumwolle.

»Auf dem Land gibt es immer Arbeit«, sagte sie, über die Maschine gebeugt, und rieb ihre steifen Finger. Es war das Äußerste an Klagen, was ich jemals von ihr gehört hatte.

Nach tagelangem Brüten brachen die Wolken plötzlich auf. Ein eisiger Regen peitschte gegen unsere Jurten. Donnerschläge krachten, und weiße Blitze zuckten über das Tal. Ich habe wilde Stürme immer geliebt, aber die Tuvaner hatten Angst. Alle, selbst Deri-Huu, machten erschrockene Gesichter und bissen sich auf die Lippen, wenn die Elemente über ihnen wüteten. Deri-Huu hatte sogar Mitleid mit dem zitternden, am Boden kauernden alten Hund und ließ ihn herein ins Trockene, solange die Blitze zuckten. Als Gansukh und ich an diesem Abend ins Bett gingen, hörten wir ganze Rinnsale über das Gras des Jurtenbodens plätschern. Wir schöpften das Wasser bei Kerzenlicht heraus und gingen elend und schlotternd ins Bett zurück.

»Das passiert jedes Jahr«, sagte Gansukh. »Jetzt weißt du, wie schwierig es für die Hirten in unseren Bergen sein kann. Das Dorfleben ist so viel einfacher, Louisa.«

Am nächsten Morgen war der Jurtenboden nur noch eine klebrige, dicke Schlammpampe. Der Regen erreichte immer am Nachmittag seinen Höhepunkt. Sobald wir die Tropfen gegen die Jurte pladdern hörten, rannten wir alle herum, türmten den Hausrat auf die Betten und rafften die Kleider zusammen, die draußen zum

Trocknen ausgebreitet waren. In aller Eile mussten die *aruul*-Tabletts vom Dach heruntergeholt, die Segeltuchdachluke geschlossen, die getrockneten Dunghaufen mit alten Filzlappen abgedeckt werden. Unterdessen flüchteten die kleinen Ziegenkinder aus dem peitschenden Regen in unsere Jurte hinein und verkrochen sich unter den Betten, bis sie hinausgezogen oder -getreten wurden.

Mitten in einem Regensturm war mir, als ob ich Seemöwen schreien hörte, und ich lauschte ungläubig, aber das Kreischen ging weiter. Ganz klar: Dort draußen waren Möwen. Ich kannte das mongolische Wort für »Seevogel« nicht, weil ich es noch nie gebraucht hatte – die Mongolei ist so fern vom Meer wie nur möglich. Aber als ich Gansukh nach den Möwen fragte, nickte sie. Sie lag mit Opia und Yalta auf dem Bett und schmuste mit ihnen herum. Es gab nichts anderes zu tun, bis der Regen aufhörte.

»Ja«, sagte sie, »das ist sehr seltsam, Louisa, weil ich das Meer noch nie gesehen habe, aber die Vögel habe ich schon oft gehört! Ich glaube, das sind die Jungen, die nicht stark genug sind, um ohne Unterbrechung den ganzen Weg bis zu ihrem Ziel zu fliegen, und deshalb bleiben sie den Sommer über hier. Weißt du, was das für eine Art ist?«

Als der Regen endlich nachließ, ging ich in das wässrige Tal hinaus, und da waren sie, mit ihren vertrauten bleichen Schnäbeln und den öligen, weißen Federn.

Ein paar Nächte später pfiff ein heftiger Sturm durch das Tal und ließ die Jurtenwände flappen wie ein hämmerndes Herz. Mitten in diesem Chaos bekam die kleine Opia einen Schreianfall. Sie war normalerweise ein fröhliches und übermütiges Kind, aber irgendetwas hatte sie plötzlich erschreckt, und sie weckte das ganze Lager mit ihrem Geschrei. Deri-Huu kam schnell zu unserer Jurte herüber. Sie zündete mehrere Kerzen an und sprenkelte Weihrauch auf einen schwelenden Dungring, den sie unter und über und um das verängstigte kleine Mädchen herumführte, bis es, eingehüllt in die Weihrauchwolke, mit ihrem Schreien aufhörte. Dann goss Deri-Huu heißes Kerzenwachs in eine Schüssel mit kaltem Wasser, um den Grund für Opias Angst herauszufinden. Als sie den Kopf schüttelte, schwang ihr Zopf sacht hin und her. »Es war ein Dämonentraum«, sagte sie.

Am nächsten Morgen erhielten wir schlechte Nachrichten. Ein Hirte kam in aller Frühe und erzählte uns beim Teetrinken in Deri-Huus Jurte, dass Gereles Vater gestorben war. Er war fortgeschwemmt worden, als er mit seinem Pferd durch den überfluteten Chovd-Fluss reiten wollte. Seine Leiche war sieben Kilometer weiter flussabwärts von Nomaden herausgezogen worden. Wir wussten beide, dass Tuyas Hochzeit jetzt aufgeschoben werden musste.

Gansukh und ich arbeiteten den ganzen Morgen und ritten am frühen Nachmittag zu Tuyas Jurte. Wir brauchten kaum eine Stunde, bis wir das Tal erreichten, wo wir im vorigen Monat am Naadam-Fest teilgenommen hatten. Tuya saß neben ihrer Jurte auf einem flachen Stein am Flussufer.

»Gereles Bruder ist vor drei Jahren auch im Fluss gestorben«, erzählte sie mir später. »Er ist aus der Disco in Tsengel gekommen und hat sich mit einem anderen Typen geprügelt. Dabei ist er in den Chovd gefallen und ertrunken.« Der Blitz hatte zweimal eingeschlagen.

Tuya wusste, dass sie Gerele jetzt auf keinen Fall am Ende des Sommers heiraten konnte. Sie schüttelte resigniert den Kopf. »Ich weiß nicht, was wir tun sollen – Gerele und seine Mutter müssen das entscheiden. Er muss auf jeden Fall zu Hause bleiben – er ist der Älteste, weißt du. Er kann nicht fortgehen, er hat noch vier jüngere Brüder und Schwestern.«

»Hast du deinen Eltern von Gerele erzählt?«, fragte ich sie. Tuya hatte immer lachend behauptet, dass ihre Liebesaffäre mit Gerele streng geheim sei, und sie hatte sogar angedeutet, dass sie zusammen durchbrennen wollten.

Sie schüttelte wieder den Kopf. »Nein, sie wissen immer noch nichts. Aber jetzt ist sowieso alles anders. Jetzt, wo sein Vater tot ist.«

18

Die Männer kehrten endlich vom Grasmähen zurück. Ihre Haut war dunkler und sie waren schlanker geworden. Es war jetzt Mitte August, und unser gemeinsamer Sommer ging seinem Ende zu. In wenigen Tagen würde ich mit Gansukh und Sansar-Huu ins Dorf zurückkehren und in einen neuen *hascha* zu Abbai und seiner kasachischen Familie ziehen. In Ulaanbaatar hatte ich zwei Jahre unter Chalcha-Mongolen gelebt und im Frühling und Sommer bei den Tsengeler Mongolen und Tuvanern. Es war an der Zeit, auch eine kasachische Familie kennen zu lernen.

Gansukh und Sansar-Huu wussten seit Monaten von diesem Umzug, wir hatten alles besprochen und sogar darüber gescherzt, dass ich weiterhin zu ihrer Familie gehören würde, auch wenn ich nicht mehr dort wohnte. Aber plötzlich trat etwas zwischen uns, ein unbehagliches Gefühl, weil ich fortgehen würde. Gansukh und ich redeten nicht darüber, aber in der letzten Woche im Sommerlager hing es irgendwie in der Luft.

In dieser Woche, unseren letzten Tagen im Altai, hörte der Regen so plötzlich auf, wie er begonnen hatte. In den nächsten neun oder zehn Monaten würde es keine Regengüsse mehr geben. Wir wurden jetzt zwar alle trocken, aber über Nacht kühlte die Temperatur ab, und die Talböschung war mit einer dünnen Schneeschicht überpudert. Die Hirten packten ihre Sachen und bereiteten sich darauf vor, für den Herbst in geschütztere Zeltlager zu ziehen. Diese Wetteränderung war ihr Kompass.

Ich ging ein letztes Mal mit Shilgee zum Hüten, und wir sahen eine Kamelkarawane durch das Tal auf uns zutraben. Wir konnten

Tische und Stühle erkennen, die auf den Rücken eines der Tiere gebunden waren, und rote Jurtenstangen auf einem anderen, als sie langsam, zeitlos nach Westen zogen.

»Wir gehen auch in diese Richtung«, sagte Shilgee. »Wir sind im Herbst immer am Ufer des Weißen Flusses. Sansar-Huu holt unsere drei Kamele, und wenn du fort bist, ziehen wir mit der Jurte und dem ganzen Vieh dorthin.«

Ich wäre gern mitgegangen, allein schon wegen der romantischen Vorstellung, mit dem Kamel umzuziehen. Das Dorfleben erschien mir plötzlich vergleichsweise zahm.

An einem unserer letzten gemeinsamen Abende half ich Deri-Huu, die Yaks von ihrem Weideplatz ins Lager zurückzutreiben. Ich fragte sie, wie der Winter in den Bergen sei.

Meine Frage brachte sie zum Lachen. »Ah, Elizaa! Ich weiß, das war sehr schwierig für dich – du bist immer müde, und du hast diesen Sommer hart gearbeitet. Aber für mich ist diese Arbeit inzwischen leicht. Ich habe sie mein Leben lang gemacht, immer in den Bergen mit meinen Tieren. Du weißt jetzt, dass der Sommer unsere arbeitsreichste Zeit ist; im Winter wird es ein bisschen leichter. Bash, Bayan-Saikhan und mein Sohn Sansar-Huu haben das Heu eingelagert, und unsere Hütten werden warm sein. Aber der Schnee ist tief im Winter, und an manchen Tagen kann Shilgee die Schafe nicht weiden, und dann geben selbst unsere Yaks nur wenig Milch.«

Deri-Huu rief die Yaks mit einem schrillen, durchdringenden Pfeifen nach Hause. Die Tiere hoben den Kopf und trotteten ins Lager zurück. Wir schlenderten hinter ihnen her und füllten einen Sack mit trockenem Dung, den wir unterwegs aufsammelten.

»Es tut mir Leid, dass ich fortgehen muss«, sagte ich.

Deri-Huu lächelte. »Aber du kannst kommen und uns am Weißen Fluss besuchen, Elizaa. Du musst jetzt nicht *bayartai* sagen.«

Es war unser letzter Tag. Ich saß auf meinem Lieblingsfelsen in der Nähe der Jurte, als Sansar-Huu mit einem zappelnden Schaf herübergeschlendert kam. Er hängte es an seinen dünnen Beinen auf und schnitt ihm mit einer raschen Bewegung die Kehle durch. Scharlachrotes Blut spritzte in den Eimer unter seiner Kehle, und das Schaf blutete in weniger als einer Minute aus. Hinterher spülten die Frauen die inneren Organe, die Lunge, die Därme und die Blase aus und zerteilten den Kadaver. Sie leerten und kochten den stinkenden Magen, winkten mich aber fort, als ich fragte, ob ich helfen könne. Meine Hilfe war für diese Arbeit weder nötig noch erwünscht. Es gibt ein paar Dinge, die nur in der Familie gemacht werden. Gansukh hatte auch die Schafsblase gereinigt, die sie zum Trocknen an die Dachstangen der Jurte hängte. Sie sah wie ein großer, durchsichtiger Ballon aus und würde bald mit Butter oder Sahne gefüllt werden – ein praktischer, reißfester Behälter. Der Rest des Schafs, einschließlich des Kopfes, wurde stundenlang in Salzwasser gekocht. Es roch gut, obwohl ich nicht besonders wild auf die Innereien und den Kopf war, denn das hatte ich schon zu oft gegessen. Es gilt als große Ehre, wenn für einen Gast ein Schaf oder eine Ziege geschlachtet wird, und da die Mongolen an ein sehr karges Leben gewöhnt sind, wird nichts verschwendet, sondern alles bis auf den letzten Rest aufgegessen.

Als wir uns zum Essen hinsetzten, schnitt Deri-Huu ein kleines Stück von den blutverklumpten Innereien ab, eine Scheibe Fleisch, ein Stück vom Herzen und ein kleines Stück Knochen, und warf alles in die Flammen. »Das ist für den Geist, der im Feuer wohnt«, sagte sie, als ich sie fragend anschaute. »Und jetzt, wo der Geist sein Essen bekommen hat, können wir auch essen. Wir machen das immer, bevor wir etwas essen, sogar wenn es Murmeltierfleisch ist. Und wir müssen das Feuer sauber halten, Elizaa. Man darf nur sauberes Papier im Ofen verbrennen – und keine Zwiebelschalen.«

Blutverschmierte Lappen werden diskret im Freien draußen vergraben, zusammen mit Zwiebelschalen, die in den Augen beißen, wenn sie verbrannt werden, und folglich den Feuergott beleidigen könnten.

Unser letztes gemeinsames Abendessen war also zugleich ein Ritual. Die Männer saßen am Tisch in Gansukhs Jurte und aßen als Erste. Wir hockten mit den Kindern auf dem Boden oder lehnten an den Betten. Verglichen mit unseren früheren zwanglosen Zusammenkünften um Deri-Huus Ofen, herrschte bei dieser Mahlzeit eine seltsam steife Atmosphäre, und alle aßen schweigend und schnell. Etwas später rief Manike mich zusammen mit Gansukh und Deri-Huu in ihr Zelt, und wir aßen wieder. Nachdem wir uns mit Fleischsuppe vollgefüllt hatten, folgten die *shimin-arkhi*-Runden, und wir stießen auf unseren gemeinsamen Sommer an. Bayan-Saikhan ging nach draußen, und wir tranken weiter.

Manike bot mir ein letztes Stück Fleisch an. »Das ist vom Brustbein, der Teil des Schafs, der traditionell als das beste Stück für Frauen gilt – hier, versuch mal.« Ihre Augen glitzerten ein bisschen vom Alkohol.

»Und was ist das beste Stück für Männer?«, fragte ich.

Die Frauen brüllten vor Lachen. Deri-Huus Busen wogte, als sie die Schale mit *shimin-arkhi* absetzte und sich die Augen wischte. »*Aiye*, Elizaa! Der Schwanz natürlich!«

Am nächsten Morgen standen wir wie üblich im Morgengrauen auf. Es war ein kühler, wolkenloser Tag. Der verbeulte Lastwagen, der uns nach Tsengel zurückbringen sollte, kam früher als erwartet, so dass wir noch mitten in der aufwändigen Arbeit steckten, die Jurte abzubauen.

Als Erstes werden die äußere Zeltleinwand und dann die Filzwände abgewickelt, so dass nur das stabile Holzgerüst übrig bleibt.

Dann müssen die Stangen, die das Gerippe abstützen, herausgezogen werden, bis nur noch ein paar wenige stehen und die Dachkrone abgenommen werden kann. In der Zwischenzeit werden die Betten zerlegt und die Kleider und Haushaltsutensilien in Holztruhen, Säcke und zerschlissene Koffer gestopft. Alles in allem brauchten wir zwei Stunden, um das Haus abzubauen. Es war ein komisches Gefühl, als von unserer Jurte nur noch eine Delle in der Wiese und ein kleines Häufchen Asche übrig war, wo vorher der Ofen gestanden hatte.

Wir waren jetzt fast aufbruchbereit, aber vorher mussten wir natürlich noch Tee trinken. In der Mongolei trinkt man vor jeder Abreise Tee und kommt deshalb immer viel später fort als geplant. Erst am frühen Nachmittag kletterten wir endlich in den Lastwagen. Um die Aussicht zu genießen, saß ich oben mit Sansar-Huu, Yalta und einem in einen Sack gebundenen Schaf. Obwohl wir wochenlang zusammengelebt hatten, war unser Abschied unaufgeregt, fast beiläufig, und außerdem versicherten wir uns gegenseitig, dass wir uns im Herbst am Weißen Fluss wiedersehen würden. Trotzdem schlang ich spontan meine Arme um Deri-Huus Hals und dankte ihr für alles. Sie hatte den Sommer zu etwas ganz Besonderem für mich gemacht. Sie drückte mir einen riesigen Sack *aruul* und Käse in die Hand. Wir winkten alle, als der Motor angeworfen wurde, die Zündung ansprang und der Lastwagen schwerfällig aus dem Lager hinausrumpelte, um seine langsame Fahrt nach Osten aufzunehmen.

Nach sieben Stunden Fahrt und einer Reifenpanne erreichten wir Abbais großen *hascha*, und ich sprang auf die staubige, stille Straße hinunter. Tsengel sah verlassen aus. Gansukh kletterte aus dem Führerhaus, und einen Augenblick herrschte eine knisternde Spannung zwischen uns. Wir schauten beide weg.

»Bleib heute Nacht noch bei uns, Louisa«, drängte sie mich. »Geh doch morgen zu Abbai. Vielleicht sind sie ja gar nicht da.«

Aber ich wusste, dass sie da waren – und wenn ich etwas über die Kasachen erfahren wollte, musste ich zu dieser neuen Familie ziehen. Ich schüttelte den Kopf. »Nein, ist schon gut. Sie warten sicher auf mich.«

Wir umarmten uns, und ich dankte ihr. Ich hatte plötzlich Angst, dass ich sie nicht mehr sehen würde, nachdem ich jetzt bei einer kasachischen Familie wohnte.

»Wenn Abbai nicht da ist – dann komm zum Haus meines Vaters!«, rief sie mir nach. »Dort übernachten wir heute.« Es hatte keinen Zweck, meine Taschen in der ganzen Lastwagenladung zu suchen, und so zog ich mit nichts als den Kleidern, die ich am Leib trug, in Abbais Hof ein. Den Rest würde ich später holen.

Leben und Tod

19

Der Sommer war fast vorüber. Das Wetter war immer noch heiß, aber das Tsengeltal trocknete aus, die Weiden wurden braun, während der Herbst seine Flammen warf und »die kurze goldene Zeit« ankündigte, wie die Mongolen sie liebevoll nennen. Nach der familiären Atmosphäre im Sommerlager empfand ich die Rückkehr ins Dorf wie eine Bruchlandung und war ganz verloren in meinem neuen Zuhause. In Sansar-Huus Familie war ich behandelt worden, als ob ich dazugehörte, aber jetzt fühlte ich mich wieder wie eine Ausgestoßene. Ich wohnte in einem neuen *hascha*, bei einer Familie, die ich kaum kannte und deren Sprache ich fast gar nicht verstand. Abbai, seine Frau Guul-Jan und ihre fünf Kinder gaben sich große Mühe, mich freundlich aufzunehmen, aber anfangs behandelten sie mich wie einen hochgestellten Besuch. Alle redeten in höflichem, gewähltem Mongolisch mit mir, das genaue Gegenteil von dem lockeren, freundlichen Geplänkel, in das ich mit Gansukh und Sansar-Huu verfallen war. Ich fühlte mich fremd in dieser neuen, steifen Umgebung und war plötzlich sehr einsam. Dies war eine völlig andere Sprache, die mich ständig daran erinnerte, wer ich in Wahrheit war – die Außenseiterin, der zeitweilige Gast, die Englischlehrerin, die im Winter wieder abreisen würde. Und ich wusste nicht einmal, ob ich im nächsten Halbjahr in der Schule arbeiten würde: Menke, der Schulleiter, war nirgends zu sehen.

Ich hatte mich in den letzten sechs Monaten in das Dorfleben von Tsengel eingefügt, mir meine Nische inner- und außerhalb des Klassenzimmers geschaffen. Jetzt musste ich erleben, wie meine Anstrengungen sich mit einem Schlag in nichts auflösten. Mein schlechtes Kasachisch ließ mich vollends im Stich, wenn ich meinerseits den Versuch machte, freundlich, gesellig und dankbar zu sein. Bei Gansukh und Sansar-Huu hatte von Anfang an eine stillschweigende Übereinkunft geherrscht, dass ich für mich selber sorgen würde und dass sie mir nur helfen würden, wenn ich sie brauchte. Wir hatten als Gleichberechtigte zusammengelebt. Deri-Huu hatte mich im Sommerlager herzlich aufgenommen, aber zugleich von mir erwartet, dass ich mithelfen würde, was mir nur recht war. Jetzt kochte Guul-Jan alle meine Mahlzeiten, ohne dass ich ihr zur Hand gehen durfte, und ihre Töchter machten das Haus um mich herum sauber, schleppten das ganze Holz und Wasser und molken ihre kleine Kuhherde. Dieser geschäftige *hascha* mitten in dem Dorf, in dem ich mich bereits zu Hause fühlte, war für mich wie ein fremder Ort. Ich vermisste Gansukh, Sansar-Huu und Tuya, die alle wenig Lust zeigten, mich bei Abbai zu besuchen, und ich kapselte mich von meinen Gastgebern ab, den Kopf über mein Tagebuch und meine Notizen gebeugt, wenn ich in dem chaotischen Wohn-Esszimmer saß und schrieb.

Das Zimmer, das Abbai mir versprochen hatte, war noch nicht fertig. Als ich danach fragte, zeigte er mir ruhig einen baufälligen Verschlag neben seiner Garage am anderen Ende des Hofs. Der Raum war schmutzig und leer, die Glasscheiben in den Fensterrahmen waren zersplittert, sofern sie nicht ganz fehlten. Ich war mehr oder weniger sprachlos, als ich davorstand. Es sah nicht sehr wohnlich aus.

»Bald, bald. Wir richten es bald her«, versicherte Abbai mir. Er war entzückt, dass ich in seinem Haus wohnte, und hatte mich bereits dafür engagiert, seinen Kindern Englischunterricht zu geben, während er seine überarbeitete, gehetzte Frau ständig mit einem Schwall von Anweisungen überschüttete, wie sie mir das Leben leichter machen solle.

Guul-Jan gehorchte ihrem Mann im Allgemeinen ohne Widerworte. Wie alle kasachischen Frauen im Dorf trug sie ein Kopftuch. Ihr Haar fiel ihr in einem dicken Zopf wie ein Hanfstrick bis zur Taille herunter, und ihre Nägel waren bis auf die Haut abgeschnitten. Sie war die Chefhebamme in der Klinik und meistens zu müde, um auch nur mit mir zu sprechen. Ihre beiden Töchter Amina und Azina halfen ihr den ganzen Tag über beim Putzen, Holzhacken, Abstauben und Schleppen. Die drei Jungen machten nichts, soweit ich sehen konnte.

Abbais Bruder Addai, der die Post unter sich hatte, lebte mit seiner Frau Szandrash und ihren drei Kindern ebenfalls in dem *hascha*. Ihr Haus stand direkt gegenüber von Abbais Haus. Addai war groß und wortkarg, seine Frau dagegen gesprächig und fröhlich. Ich fand Szandrash schön, obwohl ihre Haut durch das raue Klima und ihre schlechte Gesundheit vorzeitig gealtert war. Sie war nur sechs Jahre älter als ich, aber als ich sie zum ersten Mal sah, schätzte ich sie auf ungefähr fünfzig. Szandrashs ältestes Kind war ihre Tochter Nuur-Guul. Außerdem hatte sie einen schüchternen halbwüchsigen Sohn namens Macanbet und ein braves einjähriges Baby, das Umit hieß. Szandrashs und Addais Haus war dunkel und spartanisch, sehr karg möbliert, aber sie besaßen einen unvorstellbaren Luxus – ein zerkratztes, rotes Telefon, das einzige Telefon im ganzen Dorf außer dem unzuverlässigen Apparat im Postamt. Am Abend wartete meistens eine Schlange von Leuten vor ihrem Haus, die von statischem Knistern begleitete Telefongespräche mit Olgij oder unseren Nachbarprovinzen führten. Als ich das erste Mal das Telefon klingeln hörte, blieb ich mitten im Hof mit offenem Mund und gerunzelter Stirn stehen, und es dauerte einige Zeit, bis ich dahinterkam, was in aller Welt das für ein Schrillen war.

Abbai und Addai hatten beide den ganzen Sommer gearbeitet, und so waren ihre Familien im Dorf geblieben. Sie hatten zwei kasachische Jurten im hinteren Teil des langen *hascha* aufgebaut – große, fürstliche Kuppeln, in denen jeweils zehn Leute schlafen konnten. Tagsüber lebten die beiden Familien in ihren Holzhütten, nachts zogen sie sich in ihre eigene Jurte zurück, wo die Luft kühl war, weil es keinen Ofen darin gab. In Abbais Jurte tappte ich barfuß über kühle Holzbretter. Ein halbes Dutzend Bettstellen waren im Halbkreis an den Wänden aufgestellt. Das Bettzeug war aufwändig: gestärkte, bestickte Kissenhüllen, auf glatten weißen Laken aufgestapelt und mit schweren Decken drapiert. Die Wände waren mit glänzenden Behängen geschmückt. Es war ein makelloser, luxuriöser Raum, schummrig und kühl wie ein Schrein.

Nachts schlief ich in dieser Jurte bei Abbais Familie. Obwohl ich daran gewöhnt war, in einem Familienzelt zu übernachten, sehnte ich mich allmählich nach einem eigenen Winkel, wo ich schreiben oder einfach allein sein und nachdenken konnte. Wenn ich den *hascha* überquerte, schaute ich wehmütig zu meinem baufälligen Zimmer hinüber. In der Gasse draußen tauchten inzwischen die ersten Familien auf, die aus den Sommerlagern zurückkehrten. Aber die meisten Straßen waren immer noch verlassen, die Hütten zugenagelt und still. Es war gespenstisch, wenn man an diesen verschlossenen Fenstern vorbeiging und kaum jemandem begegnete, außer hin und wieder einer Meute räudiger Hunde.

Szandrashs Bruder, der nur ein paar Höfe entfernt lebte, hatte einen psychotischen Mischlingshund namens Actuz, der gefürchtet und gehasst war. Er terrorisierte den ganzen Tag seine Nachbarschaft, und nachts heulte er wie ein Wolf. Actuz tauchte manchmal in unserem Hof auf, wo er ungehindert herumstreunte, anstatt angekettet zu werden wie viele andere Hunde. Es war seine größte Freude, nichts ahnende Besucher anzubellen. Dann bleckte er seine fauligen, gelben Zähne und brachte selbst den stärksten Mann dazu, schleunigst in Deckung zu gehen. Ich gab Actuz heimlich meine

Essensreste, weil es so aussah, als ob ihn niemand fütterte, und er liebte mich blind dafür. Bald war er ständig im Hof und bettelte, und ich erntete großen Respekt bei den Nachbarn und Gästen, wenn ich das schäbige Seil um seinen Hals packte und ihn daran hinderte, sie zu zerfleischen.

»Ist das Ihrer?«, fragten sie dann, während sie sich vorsichtig durch den Hof wagten.

»O ja«, sagte ich und hielt ihn mit aller Kraft an seinem struppigen Genick fest, während er sie anknurrte.

Tuya hasste Actuz und warf mit Steinen nach ihm, wenn sie zu Besuch kam. Ich aber wollte ihn einfach an meiner Seite haben. Wenn ich in mein eigenes Zimmer auf der anderen Hofseite umzog, würde Actuz mir sämtliche Betrunkenen im Dorf vom Leib halten.

»Der Mann weiter unten an der Straße, Menee, hat einen Wolf in seinem *hascha* statt einem Hund«, erzählte mir Guul-Jans älteste Tochter Amina eines Nachmittags beiläufig.

»Einen Wolf?«, fragte ich und starrte sie entsetzt an. Ich hatte schon ein paar Mal gehört, dass es Leute in Tsengel gab, die Wölfe hielten, aber ich hatte noch nie einen gesehen.

Amina war erst fünfzehn, hatte aber schon feine Linien auf der Stirn. Sie war aufmüpfig, so wie Shilgee. Das gefiel mir. »Ja, einen Wolf. Menee hat ihn zu sich genommen, als er noch ganz klein war. Sie wollen ihn ein paar Monate behalten und dann vor dem Ende des Winters töten. Möchten Sie ihn sehen?«

Wir gingen zusammen die Straße hinunter. Menee war einer der wohlhabenderen Männer in Tsengel, und sein *hascha* war lang und breit und von einem massiven Holzzaun umgeben. Als wir das Tor aufstießen und hineingingen, war niemand da, nur ein geparkter Jeep war zu sehen, ein riesiger Stapel Holz in einer Ecke und vor dem Stapel der Wolf, der an einen in den Boden gerammten Pflock gekettet war.

Amina wollte nicht näher herangehen. Sie schüttelte den Kopf, wich ängstlich zurück und stellte sich an den Zaun. Ich ging langsam zu dem Wolf hinüber. Auf den ersten Blick sah er wie ein junger Schäferhund aus, mit ganz flauschigem Fell, leuchtenden Augen und wachsam aufgestellten Ohren. Aber als ich näher kam, verrieten ihn seine riesigen Pfoten, die zu einem viel größeren Tier gehörten und eine Staubwolke aufwirbelten, als er um den Pflock herumkreiste und an seiner kurzen Kette zerrte. Eine raubtierhafte Energie ging von ihm aus wie Funken, die aus einer Steckdose sprühen. Er war ein wildes Geschöpf, gefesselt und ruhelos. Der Wolf würde bis tief in den Winter im *hascha* gehalten werden, wenn sein Fell am dicksten und wärmsten war. Dann würde man ihm die Kehle durchschneiden und sein Fell an einen Pelzhändler in Olgij verkaufen. Aber er tat mir nicht Leid. Ich war inzwischen daran gewöhnt, wie Tiere hier behandelt wurden, ohne Sentimentalität, aber auch ohne Grausamkeit. Du wirst in diesem Winter irgendjemand schön warm halten, dachte ich, als er mich anschaute, ohne etwas von seinem Schicksal zu ahnen.

Jeden Morgen verließen Abbai und seine Söhne den *hascha*, um in einem Tal mit hohem Gras ein paar Kilometer südlich vom Dorf Heu zu machen. Ich hatte nichts weiter zu tun, weil kaum jemand da war, den ich besuchen konnte. Aber wenn ich Abbai bat, mich zum Grasmähen mitzunehmen, schüttelte er entschieden seinen kleinen schwarzen Kopf.

»Nein, nein! Das ist sehr schwierig für Sie, *bagsh* – sehr schmutzig, zu viele Insekten!« Er schwenkte seine Hände vor sich herum, als müsse er ganze Heerscharen von Fliegen verscheuchen.

»Das ist schon in Ordnung, Abbai!«, versicherte ich ihm. »Ich war gerade einen Monat lang in den Bergen. Schmutz macht mir nichts aus.«

Aber er wollte nichts davon hören. Es war der Beginn eines stummen, zähen Kampfes zwischen Abbai und mir, der bis zu dem Tag andauerte, an dem ich das Dorf verließ. Wie ein überbesorgter Vater wehrte er alles ab, was er als Gefahr für mein zerbrechliches körperliches oder seelisches Wohlbefinden ansah. Als Abbai und seine Söhne fort waren, ging ich zum Postamt und fand schnell eine Mitfahrgelegenheit auf einem Lastwagen, der zu den Feldern hinausfuhr.

Das Tal, das in die Schatten der umliegenden Bergen gehüllt war, wimmelte vor Männern und Frauen, die das hüfthohe grüne und gelbe Gras mit langen, gebogenen Sensen in einem perfekten halbkreisförmigen Schwung um sich herum abmähten. Hierher waren sie also alle verschwunden. Das Gras wurde in dicken Mahden zum Trocknen liegen gelassen und dann mit der Heugabel aufgelockert und auf Lastwagen oder Karren geladen. Manche Leute hatten ihre Kamele mitgebracht und beluden sie mit riesigen, stacheligen Heubündeln. Die Schnitter arbeiteten hier tagelang zusammen, fast ohne zu rasten – einige kampierten in Zelten, die sie aus Segeltuchbahnen und Ästen gebaut hatten. Das Land gehörte der Distriktregierung und wurde von Abbai und seinen Gehilfen in Parzellen verpachtet. Es war der einzige private Landbesitz, von dem ich je in Tsengel gehört hatte. Die Viehzüchter kannten und respektierten die Weidegebiete der anderen, aber dieser Teil hier war sogar mit Zäunen abgesteckt. Unter den Arbeitern entdeckte ich Kultii, den DJ des Tsengeler Klubs. Sie mähte mit stoischer Gleichmut das Gras um sich herum bis auf die Stoppeln ab.

»*Sain bainu*! Wie war es auf dem Land? Du lebst gern bei den Hirten, wie? Dann probier doch auch mal das hier!« Grinsend reichte sie mir ihr Sense.

Ich packte den gebogenen Griff mit beiden Händen, schwang die scharfe Klinge vor mir herum und stöhnte, als das Gras abriss. Die abgerupften Grasbüschel, die stehen blieben, sahen wie ein misslungener Haarschnitt aus. Kultii hielt sich die Hand vor den Mund, und die Leute, die neben ihr arbeiteten, schüttelten sich vor Lachen, so dass sie mit dem Mähen aufhören mussten. Ich lachte mit. Solche Zwischenfälle (wie das erste Mal, als ich Deri-Huus Ziegen molk) zeigten mir, wie viel ich noch über das mongolische Landleben lernen musste.

»Es tut mir Leid«, sagte ich entschuldigend zu Kultii. »Ich hab das noch nie gemacht.«

»Das sehe ich!«, antwortete sie grinsend und schüttelte den Kopf über mein Gemetzel. »Aber mach dir nichts draus! Hör nicht auf sie. Los, komm – *tsai oh*!«

20

Jeden Tag kehrten weitere Familien ins Dorf zurück, um ihre Häuser für den Winter herzurichten. Ich sah den Lastwagen von Dorj und Gerel-Huu nach Tsengel hereinrumpeln und ging sie besuchen. Dorj und die Jungen waren draußen beschäftigt, aber Gerele war im Haus, wo er bei Gerel-Huu saß und trank. Sein Haar war länger und dichter, als ich es in Erinnerung hatte, und seine Haut sonnenverbrannt. Zum ersten Mal fiel mir auf, wie attraktiv Tuyas Lover war. Es dauerte einen Augenblick, bis ich merkte, dass er betrunken war. Sein Kumpel, ein rothaariger Tuvaner, den ich noch nie gesehen hatte, holte eine im Laden gekaufte Flasche *arkhi* hervor, und wir stießen alle damit an. Verglichen mit dem selber gebrannten *shimin-arkhi,* schmeckte das Zeug sauer und metallisch. Gereles starres Lächeln und seine glitzernden Augen waren mir unheimlich – und plötzlich wurde mir klar, dass ich ihn noch nie nüchtern gesehen hatte.

»Mein Vater ist am 13. August gestorben, am 13. August!« Gerele beugte sich zu mir vor und fuchtelte mir mit seiner Zigarette vor dem Gesicht herum. »Vier Brüder und Schwestern habe ich, vier, um die ich mich kümmern muss. Sehr schwierig, das verstehst du nicht, sehr, sehr schwierig, weil ich jetzt allein das Oberhaupt der Familie bin. Hast du meinen Bruder gekannt? Meinen toten Bruder? Er ist auch vor drei Jahren im Chovd ertrunken, und jetzt finde ich keine Arbeit und ...« Ich hörte nicht mehr hin. Die halb volle *arkhi*-Schale schwappte über, als Gerele sie an Gerel-Huu zurückreichte. Seine Stimme wurde lauter. »Ich will dieses Jahr nach Ulaanbaatar ziehen! Meine Hochzeit, ach! Das wird warten müssen.« Er lallte bereits.

Als er eine neue Zigarette an der schwelenden Kippe seiner vorigen anzündete, stand ich wortlos vom Tisch auf. Ich platzte fast vor Wut und ballte buchstäblich die Fäuste. Gerele hatte mir Leid getan, weil er seinen Bruder und dann seinen jungen Vater verloren hatte, aber als ich ihn jetzt so jämmerlich und betrunken vor mir sah, war das alles wie weggewischt. Ich hätte ihn am liebsten an den Schultern gepackt und in sein aufgedunsenes Gesicht geschrien: »Und was ist mit deiner Familie, Gerele? Was ist mit Tuya? Was sollen sie machen, wenn du dich die ganze Zeit betrinkst? Wie willst du ihnen dann helfen? So kannst du niemals arbeiten!«

Aber ich durfte nichts sagen. Der Alkoholismus der mongolischen Männer wird von den meisten Leuten als unvermeidliches Übel akzeptiert, und die Mongolen sind nachsichtig mit ihren Trinkern. Sie klopfen ihnen lächelnd auf die Schulter und warten, bis sie umfallen oder nach Hause gehen. Niemand stauchte Gerele zusammen oder verlangte von ihm, dass er mit dem Trinken aufhörte und die Verantwortung für seine Familie übernahm, und wie kam ich dazu, mich einzumischen? Vermutlich war nicht einmal Tuya bereit, diesen Kampf durchzufechten.

Das Absurde war, dass Gerele als talentierter Möbelmaler einer der wenigen einheimischen Männer war, die leicht Arbeit finden konnten, und das machte mich wütend. Seine buddhistischen Bilder und verschnörkelten Malereien waren auf vielen Tischen und Teetruhen im Dorf zu sehen. Aber er arbeitete jetzt nicht mehr, weil er ständig betrunken war, und so kam kein Geld für seine verwitwete Mutter und seine schulpflichtigen Geschwister herein. Ich konnte mir dieses Elend nicht mit ansehen. Mit einem gezwungenen Lächeln und einem Schulterzucken in Gerel-Huus Richtung ging ich hinaus und überließ die beiden Männer ihrer Flasche.

Als ich zurück in den *hascha* kam, richteten Abbai, Guul-Jan und die Kinder gerade mein Zimmer her. Nuur-Guul tünchte die schmierigen Außenwände mit der üblichen Kalk- und Wassermischung, und sofort half ich Guul-Jan, das Zimmer sauber zu machen. Wir schleppten Möbel hinein und klopften Teppiche am *hascha*-Zaun, bis wir fast im Staub erstickten. Abbai trieb irgendwo ein halbes Dutzend zerbrochener Glasscheiben auf und klebte sie zusammen, und dann zog ich ein. Der Raum lag abseits von den anderen beiden Häusern, in der Nähe des Hoftors, und zum ersten Mal seit zwei Monaten schlief ich allein ein und wachte morgens allein auf. Ich genoss meine Einsamkeit in vollen Zügen.

Der Vorhang, den Guul-Jan und ich vor mein Fenster gehängt hatten, war ein knallroter Stoff vom Schwarzmarkt in Olgij, der mit einer kitschigen Tropenszene bedruckt war – Palmen, Yachten und hier und da ein durchgeknallter Papagei, der auf das dünne Gewebe gekleckst war. Der Vorhang glühte morgens, wenn die Sonne durch die rissigen Fensterscheiben schien, und tauchte mein Zimmer beim Erwachen in ein fahles, gespenstisches Pink. Ich hatte einen Ofen, einen großen, massiven Schreibtisch aus der Schule und eine Blechwanne, die überall leckte, wenn ich badete oder meine Kleider wusch. Aber das alles war nichts gegen die Toilette, ein wackliges, abschüssiges Plumpsklo, dessen Bodenbretter jedes Mal durchsackten, wenn ich darauf trat. Aus unerfindlichen Gründen war es ein paar Meter außerhalb des *hascha* aufgestellt worden. Wenn ich mich zum Pinkeln hinhockte, dachte ich mit Schaudern an die Ritzen zwischen den Brettern und die vielen Leute und die Tiere, die draußen vorbeigingen. Ich hatte immer das Gefühl, mitten auf der Straße zu sitzen – und so war es ja auch. Das Klohäuschen war auch ein beliebter Treffpunkt für die *hascha*-Kühe, die sich in seinem schmalen Schattenbereich aufhielten. Hin und wieder presste eine der Kühe ihre feuchten Nüstern an die Tür und muhte so laut, dass ich mit der Hose an den Knöcheln vor Schreck zurückfuhr und fast in das Loch hineinfiel.

Wenn ich meine täglichen Wassereimer vom Fluss heraufschleppte, kam ich an dem benachbarten *hascha* vorüber, einem armseligen, kleinen Hof mit einer niedrigen, unfertigen Lehmziegelmauer, der eine der winzigsten Hütten im Dorf beherbergte. Hier lebten Aimak und ihr Mann Merim-Kahn mit ihren sechs Kindern. Zwei von den Jungen schielten stark, ein anderer hinkte, und Merim-Kahn, dessen Kleider abgenutzt und zerrissen waren, lag die meiste Zeit auf einem der kleinen Betten, ausgemergelt und gebeugt, unfähig, seine langen, verschränkten Beine in dem engen Raum auszustrecken. Es war eine kränkliche Familie, außer der unglaublich robusten Aimak, die lauthals durch ihre fauligen Zähne brüllte, wann immer ich mit meinen leeren oder überschwappenden Eimern vorbeiwankte. »He, *bagsh! Oi! Tsai oh, tsai oh!*«

Und dann hockte ich zusammengekauert in ihrem Haus, das kleiner als mein Zimmer war, während Aimak ihre Familie lautstark herumkommandierte, ihren Mann und ihre Kinder ausschalt und nonstop im schnellsten Mongolisch, das ich je gehört hatte, auf mich einredete. »Du da! Was zum Teufel machst du da? Los, geh raus! Raus! Und du, du bist genauso schlimm. Siehst du nicht, dass die *bagsh* hier ist? Du hier – geh und hol noch Milch für den Tee, aber schnell, und sag deiner Schwester, dass sie reinkommen und ein paar *buurtzug* machen soll. Meine Kinder sind alle schrecklich, und sehen Sie sich meinen Mann an, der liegt hier nur rum und hat keine Arbeit.«

Ich verstand nicht immer, was Aimak sagte, und sie redete (und brüllte) zu viel, aber sie hatte Mumm und Humor, und wir lachten viel zusammen. Ich mochte sie sehr.

Eine Zeitlang floss mein Leben im *hascha* ungestört dahin, und ich verfiel wieder in meinen alten Rhythmus, holte Wasser, kochte, putzte. Das Wasserschleppen war mir zuwider, weil mir der Rücken wehtat und die Eimer überschwappten, wenn ich nicht aufpasste, was oft der Fall war, aber ich hackte mit Begeisterung Holz: den Holzscheit mit der Klinge einkerben, dann entlang der Maserung spalten und den würzigen Harzgeruch einatmen. Meine Arme waren jetzt stark und muskulös, und ich konnte im Handumdrehen ein gutes Feuer anfachen. Einen Teil des Tages war ich mit diesen Arbeiten beschäftigt, dann schrieb ich und ging spazieren, plauderte mit den beiden Familien des *hascha* und mit Aimak und ihrer Familie nebenan, unterrichtete die älteren Kinder in Englisch und grüßte die Leute, die scharenweise im Hof ein- und ausgingen. Abends, wenn es dunkel wurde, las oder schrieb ich bei Kerzenlicht, und schon wieder war ein Tag unversehens vorübergegangen.

Ich war todmüde, obwohl ich nicht viel mehr getan hatte, als für meine täglichen Bedürfnisse zu sorgen, aber insgeheim war ich stolz auf meinen Holzstapel, den Topf mit Essen und den vollen Wassereimer und darauf, dass ich gelernt hatte, mich im Dorf zurechtzufinden, obwohl die »kurze goldene Zeit«, verglichen mit dem Frühling und dem Sommer, ziemlich einsam für mich war. Ich begrüßte jeden Tag eine Menge Leute, aber ich lechzte nach echter Gesellschaft, besonders am Abend. Meine tuvanischen Freunde blieben im Großen und Ganzen fort, und sogar die Disco in dem wunderbaren, schäbigen Tsengeler Klub hatte offenbar dichtgemacht.

Ich hielt mich viel in und um den *hascha* auf und stellte bald fest, dass es mehr Ähnlichkeiten als Unterschiede zwischen den Mongolen, Kasachen und Tuvanern gab. Sie waren alle traditionell nomadische Viehzüchter, von einer konservativen Kultur geprägt. Wenn ich mit einer Gruppe von Frauen in Szandrashs oder Guul-Jans Haus saß und ein Mann hereinkam, sprangen die Frauen schnell von ihren Schemeln auf und stoben auseinander wie eine aufgescheuchte Hühnerschar, und alle außer der Hausfrau verließen den Raum.

Die Männer halfen nie zu Hause, sie gaben ihren Frauen und Töchtern lediglich Befehle, und wie bei den Mongolen und Tuvanern wurden die Männer beim Essen als Erste bedient, was aber nie zu einem großen Problem für mich wurde, ganz im Gegenteil. Ich hatte mich bereits angepasst und bot auch bei mir zu Hause den männlichen Gästen die erste Schale Essen oder Trinken an. Ein- oder zweimal hatte ich mit dem Gedanken gespielt, die Männer zu provozieren, indem ich die Frauen zuerst bediente, aber damit würde ich nur meine Gäste in Verlegenheit bringen, die männlichen wie die weiblichen, und ich wollte nicht riskieren, dass sie sich bei mir nicht mehr wohlfühlten und mich womöglich nicht mehr besuchten. Es würde nichts bewirken, außer dass die Leute mich für arrogant oder verrückt halten würden, und letzten Endes ging es mich auch nichts an, egal, wie ich dazu stand. Ich war nicht hier, um die Leute zu bekehren.

Stattdessen fragte ich Guul-Jan, ob ich ihr helfen dürfte, am Abend in der Gasse vor dem Hof die Kühe zu melken. Guul-Jan, Szandrash und ihre Töchter molken ihre Kühe auf der Straße, und ich wollte dabei sein. Guul-Jan nickte widerstrebend, und wir hockten oder balancierten auf wackligen Schemeln, molken warme Milch in die Eimer und ließen die Kälber zwischendurch bei ihren Müttern saugen, um den Milchfluss in den geschwollenen Zitzen anzuregen. Wenn ich das Kalb dann wieder fortgezerrt und an einen Pflock angebunden hatte, wo es lautstark protestierte, rutschten meine Hände von den triefenden Zitzen ab und meine Finger stanken hinterher nach saurer Milch und warmem Heu. Ich molk jeden Abend dieselbe lammfromme Kuh und schmiegte meinen Kopf an ihre breite, warme Flanke, während die Schatten um uns herum tiefer wurden und die Dorfbewohner, die auf ihrem Heimweg vorbeischlenderten, von der anderen Straßenseite zu uns herüberriefen. Jeden Tag waren jetzt mehr Leute unterwegs. Nur eine junge Frau ging immer grußlos vorbei, den Kopf bedeckt und irgendwie in sich gekehrt und abweisend.

»Wer war das?«, rief ich Guul-Jan zu, als die Frau in der Dämmerung verschwand.

»Das ist Lashun, *bagsh*«, antwortete sie leise.

Die junge Witwe war auf dem Heimweg. Ich kauerte in dem dichter werdenden Schatten und fragte mich, wie sie und ihre kleine Tochter ohne Kalim zurechtkamen.

Nach ein paar Wochen waren Abbai und seine Söhne fertig mit dem Mähen. Sie kamen auf einem hoch mit Heu beladenen Lastwagen nach Hause gerumpelt, und die Jungen grinsten und winkten triumphierend von oben herunter. Wir breiteten das Heu um die Jurten herum und im hinteren Teil des Hofs zum Trocknen aus, wo es im Wind tanzte wie ein eingeschlossenes Meer.

Der Herbst ist meist nur ein kurzes Intermezzo in der Mongolei: das schnelle, glühende Vorspiel vor dem Winter; ein Feuer vor der langen, dunklen Kälte. Aber dieses Jahr war es anders. Dieses Jahr, so erzählten mir die Dorfbewohner, seien die Jahreszeiten auf den Kopf gestellt. »Der Frühling war zu lang, und der Sommer ist zu spät gekommen. Und jetzt dieser Herbst – erst heiß, dann kalt, dann wieder heiß. Das ist nicht richtig. Es ist ein sehr schwieriges Jahr, *bagsh*.«

Der Herbst war erst sehr heiß, dann kühlte er ab, um voller Trotz von neuem aufzuflammen. Das Tal verdorrte, und die Farben verblassten zu Gelb, Braun und Ocker. An den wärmeren Nachmittagen badete ich im eisigen Chovd, suchte mir versteckte kleine Buchten zwischen den spärlichen Bäumen oder watete zu einem der winzigen Inselchen hinaus, wo ich mich nackt ausziehen konnte. Ich planschte stundenlang im Wasser und legte mich hinterher auf die warmen Felsen, bis mein Haar und meine Haut trocken waren.

Wenn ich am Fluss herumstreunte, fühlte ich mich nie allein. Dort war ich mir selber genug. Aber Amina und Nuur-Guul waren neugierig und wollten wissen, wo ich mich nachmittags herumtrieb, und als ich es ihnen sagte, wollten sie mitkommen. Also schlenderten wir zusammen zum Fluss, und während wir uns abschrubbten und uns die Haare wuschen, brachten sie mir neue kasachische Wörter bei.

»Ich bin heute sehr glücklich«, sagte Amina an einem unserer Flussnachmittage, »weil meine Mutter bald nach Hause kommt.«

Ich runzelte verwundert die Stirn. »Aber ... Guul-Jan ist doch zu Hause«, sagte ich.

»Nein, nicht Guul-Jan. Meine richtige Mutter!«, erwiderte Amina auf Kasachisch. »Sie kommt heute von den Bergen herunter.«

Ich war mir nicht sicher, ob ich sie richtig verstanden hatte, und fragte später Guul-Jan nach Aminas Gebirgsmutter. Guul-Jan, die gerade ein Hemd von Abbai auswrang, lächelte und hielt in ihrer Arbeit inne. »Ach, sie meint Abbais Mutter Apam. Bei den Kasachen ist es üblich, das erste Kind den Eltern des Ehemanns zu schenken. Und deshalb ist Apam Aminas Mutter.«

»Aber ... Amina lebt doch bei Ihnen und bei Abbai«, bohrte ich nach, um das Ganze richtig zu verstehen. »Sie ist doch Ihre Tochter, oder nicht?«

»Mmm, ja. Aber wenn Apam den Winter über zu uns kommt, wohnt Amina bei ihr im Zimmer. Weil wir ihr Amina gegeben haben, ist sie jetzt ihre Tochter. Das machen wir so.«

»Wie viele Kinder hat Apam jetzt?«

»Vierzehn.«

»Vierzehn! Und sind das auch alles Geschwister von Amina?«

»Ja. Macht man das in England nicht so?«, fragte Guul-Jan.

Das war ziemlich verwirrend, und ich fragte Amina unter vier Augen, ob ihr Onkel Addai auch gleichzeitig ihr Bruder sei.

»Ja, das stimmt«, sagte sie ruhig.

Obwohl ich wusste, dass ich möglicherweise ins Fettnäpfchen treten würde, konnte ich mir die Frage nicht verkneifen, ob Abbai dann auch ihr Bruder sei, obwohl er schon ihr Vater war.

Amina schüttelte den Kopf, entsetzt über diese Vorstellung. »Nein, natürlich nicht! Wie kann er mein Bruder sein – er ist doch mein Vater!«

Ich lächelte sie an und schüttelte nur den Kopf, völlig verblüfft über ihre Antwort.

21

»Und? Wie ist das Leben bei den Kasachen?«, fragte Gansukh mich anzüglich, als ich sie das nächste Mal besuchte.

Wir lebten weniger als zehn Minuten Fußweg auseinander, und wir trafen uns immer noch oft. Aber Gansukh war in sich gekehrt und hatte offenbar ein Problem damit, dass ich bei Abbai und seiner Familie wohnte.

»Warum kommst du nicht zu uns zurück, Louisa?«, fragte sie mich. »Sansar-Huu ist wieder in die Berge gegangen, und ich bin allein mit Opia und Yalta. Wir haben massenhaft Platz.«

»Weil ich die Kasachen besser kennen lernen will«, sagte ich schwach, denn es wäre viel einfacher für mich gewesen, wieder zu Gansukh zu ziehen. Aber ich wusste auch, dass ich Abbai und seine Familie, die so großzügig und gastfreundlich zu mir waren, tödlich kränken würde, wenn ich auszog. Und schließlich war ich für den Herbst und Winter bei Abbai und seiner Familie eingezogen, weil ich mehr über das Leben der Kasachen in Tsengel herausfinden wollte, und das hier war die einzige Möglichkeit dazu.

Gansukh sah es nicht gern, dass ich mit den Kasachen im Dorf Kontakt hatte, das war ihr deutlich anzumerken. Immer wieder stieß ich auf diese Feindseligkeit, diese Angst vor der Macht ihrer muslimischen Kultur. Wahrscheinlich war das der Grund, warum die meisten Kasachen hier am Rand der Mongolei lebten und sich nie weiter nach Osten gewagt hatten, warum sie so rigoros unter sich blieben. Meine Freundschaft mit Gansukh litt darunter, dass ich mich langsam in das Leben der Kasachen einfügte. Sie stellte mir spitze Fragen, was ich »dort drüben bei denen« machte, und zum ersten Mal, seit wir uns kannten, hatten wir uns nicht viel zu sagen. Ich ging dann verlegen lächelnd fort und kehrte allein nach Hause zurück.

Das Dorf war immer noch ruhig, als die Schule wieder anfing. Viele Familien waren noch nicht aus den Bergen zurückgekehrt. Als die ersten Schüler in der Schule eintrudelten, ordnete Menke an, dass Gansukh in Olgij eine Englischprüfung ablegen sollte.

Gansukh war hoch erfreut und sehr aufgeregt. »Ich muss diese Prüfung bestehen«, sagte sie ernst zu mir. »Menke hat meine Tuvanisch-Stunden gekürzt, weil er sagt, dass die Schüler jetzt Mongolisch und Englisch lernen müssen. Deshalb brauche ich die Lehrbefähigung dafür.«

Ich gab ihr schnell noch ein paar Unterrichtsstunden, bevor sie abreiste. Meine eigenen Schüler hatten jetzt keinen Englischlehrer und ich keine Arbeit, aber Menke hatte mich nicht gefragt, ob ich weiter unterrichten wollte, und ich hatte keine Lust, ihn anzusprechen nach der Abfuhr, die er mir das letzte Mal erteilt hatte. Abbai hatte meine Arbeit mit keinem Wort erwähnt. Ihm war es offenbar genug, dass ich in seinem *hascha* lebte, seine Kinder eine Stunde am Tag unterrichtete und Tagebuch schrieb.

»Ja, bald, bald«, sagte er, als ich ihn nach dem anderen Unterrichtsprojekt fragte, das wir ins Auge gefasst hatten. »Bald kommen alle Schüler in die Schule zurück, und dann können Sie wieder unterrichten.«

Ich hatte meine freie Zeit nach dem arbeitsreichen Sommer genossen, aber jetzt, da das neue Halbjahr begonnen hatte, sehnte ich mich danach, wieder in die Schule zu gehen und in das lärmende, fröhliche Chaos des Klassenzimmers einzutauchen.

Erst jetzt wurde mir bewusst, wie sehr mir die Arbeit in der Schule geholfen hatte, am Dorfleben teilzunehmen.

Im Frühjahr war ich voll damit ausgelastet gewesen, mich hier einzuleben und für mich selber zu sorgen. Aber jetzt war ich ruhelos und unterfordert, wenn die beiden *hascha*-Familien ihrer Arbeit nachgingen und nur Szandrash und ich und die kleineren Kinder zu Hause blieben. Wir redeten und tranken Tee miteinander, und ich ging weiterhin spazieren und schrieb Tagebuch, aber ich merkte, wie ich immer lustloser wurde. Jeder Mensch braucht seine Nische und seine Aufgabe in einer Gemeinschaft, und der Englischunterricht war meine Nische gewesen. Ich wollte nicht als Beobachterin in Tsengel leben, sondern in das Alltagsleben mit einbezogen werden. Jetzt hatte ich zum ersten Mal das Gefühl, von außen hereinzuschauen, ohne eine Aufgabe zu haben.

Nicht, dass ich mir große Illusionen machte, was den Wert des Englischunterrichts in Tsengel anging. Die Dorfbewohner redeten bereits in drei Sprachen miteinander (vier, wenn man Russisch mitrechnet), und ich wusste nur zu gut, dass die meisten Leute nie nach Ulaanbaatar reisen, geschweige denn an einer Universität studieren würden, wo Englisch von Vorteil sein würde. Vielleicht war es in den größeren Städten ganz nützlich, aber hier auf dem Land verbesserte es in keiner Weise die Lebensqualität. Die einzige Rechtfertigung war, dass ein paar Schüler ihre Englischkenntnisse vielleicht an der Universität anwenden konnten und dass Gansukh die Arbeit wirklich brauchte.

Die Schule war immer noch halb leer, als die erste und dann die zweite Woche des Schulhalbjahrs zu Ende ging. Schließlich nahmen die Lehrer die Sache selbst in die Hand und rumpelten auf der offenen Ladefläche eines Lastwagens zum Fluss hinunter. Es machte ihnen nichts aus, durch die ganze Schlucht zu fahren und die Schulschwänzer einzusammeln, bis der Lastwagen voll war. Das war jedes Jahr so, wurde mir gesagt.

»Mongolen!«, sagte Abbai kopfschüttelnd und schnalzte verächtlich mit der Zunge. »Die Mongolen wissen nicht, was Zeit ist, Louisa. Das ist ein Fremdwort für sie!«

»Von meinen Schülern sind die meisten noch nicht zurückgekommen«, klagte auch Tuya, die das Ganze allerdings etwas lockerer nahm und mit einem Grinsen und einem Schulterzucken herunterspielte. »Es ist jedes Jahr dasselbe, verstehst du. Sie bleiben auf dem Land, bis wir hinausfahren und sie holen.«

Die Lehrer kamen bald mit einem Lastwagen voll dick eingemummter Kinder zurück, die ihre Bettrollen und Kleiderbündel an sich drückten. Zwei schüchterne, kleine Mädchen und ein kleiner Junge zogen in unserem *hascha* ein und wohnten bei Addai und Szandrash. Viele Familien nahmen die Kinder ihrer Verwandten während des Schuljahrs auf, weil in den überfüllten Räumen des Wohnheims nie genug Platz für die vielen Schüler aus den Bergen war.

Auch Abbai fuhr die Schlucht hinunter, um die Eltern zu verwarnen und die schwänzenden Kinder einzusammeln, und Tuya fragte mich, ob ich mit ihr in die Hairkhan-Berge südlich des Dorfes fahren wolle, um ein paar Jungen zu suchen, die in ihrer Klasse fehlten.

»Die Mädchen kommen meistens rechtzeitig«, sagte sie. »Aber die Jungen werden von den Eltern zum Viehhüten zurückgehalten, und manchmal fehlt fast die Hälfte von ihnen in der Schule. Aber sie brauchen auch eine Schulbildung – auch ein Hirte muss lesen und schreiben können.«

Tuya ergatterte eine Mitfahrgelegenheit bei einem einheimischen Fahrer namens Simotei, der kettenrauchend durch die Steppe raste und seine eleganten, nikotinfleckigen weißen Chauffeur-Handschuhe zur Schau stellte. Simotei besaß ein kleines Transistorradio, aus dem, von statischem Rauschen begleitet, in voller Lautstärke kasachische Musik dröhnte, während der Jeep durch das kahl geschorene Tal knatterte.

»Wie lange wohnen Sie schon hier?«, brüllte Simotei über den grässlichen Lärm hinweg.

»Sieben Monate!«, schrie ich zurück.

»Warum bleiben Sie nicht hier und heiraten einen Kasachen – ich kann einen netten Hirten für Sie auftreiben!«

Tuya kicherte und stachelte Simotei an, einen passenden Mann für mich zu suchen. Ich war jetzt seit über einem halben Jahr im Dorf, und die einheimischen Familien boten mir immer öfter ihre Söhne oder Verwandten als Ehemänner an. Immer wieder wurde der Versuch gemacht – manchmal augenzwinkernd, aber manchmal auch in vollem Ernst –, mich mit einem der Dorfmänner zu verkuppeln. Die Angebote schmeichelten mir natürlich, aber sie waren alles andere als verlockend. Fast alle Männer in meinem Alter waren bereits verheiratet, und wenn nicht, gab es meistens einen guten Grund dafür. Im Übrigen wurde eine Ehe hier auf dem Land als Zweckgemeinschaft angesehen und nicht als romantische Liebesbeziehung. Tuyas leidenschaftliche Liebe zu dem nichtsnutzigen Gerele war eine seltene Ausnahme von dieser Regel, und die Leute zerrissen sich die Mäuler darüber.

Wir knatterten aus Tsengel hinaus und in ein Tal, das jenseits der Hairkhan-Bergkette südlich des Dorfes liegt. Eine Ansammlung von Jurten war über die wogenden, jetzt fahl und farblosen Weiden verstreut, ein breiter, dunkler Bach strebte dem Chovd entgegen, und zackige, weiße Gipfel funkelten unter einem wolkenlosen Himmel. Es war eine friedliche Szenerie. In solchen Momenten kam mir das Nomadenleben noch immer hochromantisch vor, trotz allem, was ich über Leben und Tod in diesen Bergen erfahren hatte.

Bevor Tuya und ich zu den Eltern der fehlenden Schüler gingen, besuchten wir eine Familie, die mit Tuya verwandt war.

»Das ist die Familie, die im Frühling ihren Sohn verloren hat.« Tuya sprach den Namen von Gerel-Huus Neffen, der vor ein paar

Monaten erfroren und auch mit ihr entfernt verwandt gewesen war, nicht aus. Die Mongolen nennen ihre Toten selten beim Namen. »Sie sind immer noch sehr traurig, weißt du. Das kann schwierig werden, aber ich muss sie besuchen, solange ich hier bin.«

Schon auf der Schwelle der Jurte schlug uns der unbewältigte Schmerz entgegen wie ein stummer Schrei. Der Mann und die Frau, die drinnen saßen, rührten sich kaum von ihrem Schemel weg. Sie waren buchstäblich gelähmt vor Kummer. Ich sagte leise: »*sain bainu*«, aber sie antworteten nicht. Der Mann, Ganbaatar, saß still und aufrecht auf seinem Schemel und hatte die Arme über dem Bauch verschränkt. Als seine Frau Bolorma mir eine Schale Tee reichte, zitterten ihre Hände, und der Tee schwappte beinahe über.

Es ist eine bequeme Vorstellung, dass Menschen in armen Entwicklungsländern gleichgültiger gegenüber dem Tod sind als wir, dass sie weniger leiden, wenn jemand stirbt, und unsere Kultur gewissermaßen das Vorrecht auf seelische Schmerzen hat. Aber ich habe nie einen solchen Kummer erlebt wie hier, in der Jurte von Ganbaatar und Bolorma. Das Ehepaar hatte seinen einzigen Sohn und Erben verloren. Er war hier aufgewachsen, und als er geheiratet hatte, war er nur ein paar Meter weit weg in eine eigene Jurte gezogen, in der seine junge Frau mit einem schreienden Kind kauerte. Auch sie sagte nichts, als wir sie besuchten. Das Foto von ihrem toten Mann hing gerahmt und mit *chadag* geschmückt an der Rückwand des Zeltes. Aber diese junge Frau würde mit der Zeit vielleicht darüber hinwegkommen. Sie konnte auf eine Zukunft mit einem neuen Mann und vielleicht weiteren Kindern hoffen. In dem verhärmten Gesicht ihrer Schwiegermutter hingegen lag nichts als Hoffnungslosigkeit.

Als Tuya mir zunickte, überließen wir Bolorma ihren Vorbereitungen für das Mittagessen, das sie unbedingt für uns kochen wollte, und gingen schweigend zu einem baufälligen, rechteckigen

Gemäuer, das mitten im Tal stand, als wäre es vom Himmel heruntergeschleudert worden. Das war einmal ein schönes Gehöft mit einem halben Dutzend Hütten gewesen, eingefasst von einer massiven Lehmziegelmauer. Aber die Ziegel waren längst zerbröckelt und der Boden mit Steinen, Erdbrocken und getrocknetem Viehdung übersät. Ein halb verhungerter Hund knurrte uns an, als wir näher kamen.

»O ja, hier leben Leute«, sagte Tuya und brach endlich das Schweigen, weil sie meine Gedanken erriet. Sie bückte sich, um einen Stein nach dem Hund zu werfen. »Ungefähr fünf Familien, schätze ich. Alles Frauen, verstehst du. Alle ohne Männer. Geschieden oder verwitwet. Sie leben hier mit ihren Kindern, meinen Schülern, die in die Schule gehen müssen. Schau dir das mal an.«

Sie trat in eine Hütte in der Ecke. Die zersplitterte Tür stand auf, und sie winkte mich über die verfallene Schwelle. Eine Frau stand am Ofen und schaute zu uns herüber, rührte sich aber nicht. Sie kann höchstens Ende zwanzig gewesen sein, aber alles an ihr war hohl und ausgemergelt. Ihr Gesicht hatte einen hungrigen Ausdruck, und sie wandte die Augen ab. Als Tuya an ihr vorbeiging, um sich zu setzen, wich die Frau ängstlich zurück. Ihre Stiefel waren so abgetragen, dass sie praktisch auf dem Leder über dem abgetretenen Absatz lief. Sie stolperte, als sie durchs Zimmer ging. Der Boden bestand aus nacktem, unebenem Stein, und das einzige kleine Fenster war halb mit einer flatternden Plastikplane bedeckt.

»Sie müssen ihn in die Schule bringen. Ich gebe ihm einen Notizblock und einen Kugelschreiber, aber er muss jeden Tag kommen.«

Wir tranken salzigen braunen Tee, und erst jetzt entdeckte ich den Sohn der Frau, der auf dem zweiten Bett kauerte und ein Kätzchen streichelte. Als er aufstand, um seine Lehrerin zu begrüßen, sah ich, dass er groß und entsetzlich mager war. Seine Mutter nickte Tuya zu. Ja, er würde in die Schule kommen, wenn sie ihm das Buch und den Stift gab, denn seine Mutter konnte ihm nichts kaufen. Ja, er würde nächste Woche kommen.

Wir blieben nicht lange. Als wir ins Freie traten, hinaus in die Wärme, war ich froh, dass der Herbst sich noch nicht verabschiedet hatte.

»Es gibt viele tuvanische Frauen wie sie«, sagte Tuya, während wir zur nächsten Hütte hinübergingen. »Ihr Mann ist gestorben, und sie haben ein paar Tiere, aber keine andere Familie und überhaupt kein Geld. Deshalb leben sie hier zusammen mit den anderen Frauen. Aber wenn ihr Sohn nicht in die Schule geht, wird er genauso ein elendes Leben führen wie seine Mutter. Komm, wenn wir hier fertig sind, gehen wir zum Mittagessen.«

Ich folgte ihr widerstrebend in die nächste Häuserruine. Ich hatte genug von dem ganzen Elend. Tuya gab praktische Ratschläge und bot Hilfe und Unterstützung an. Aber ich saß nur dabei und starrte auf das Unglück dieser Menschen, deren Leben durch ungünstige Umstände so hoffnungslos geworden war.

22

Nach dem Besuch in den Hairkhan-Bergen war ich in mich gekehrt und in düsterer Stimmung. Ich traf mich weiterhin mit meinen Freunden, wenn auch meistens in ihren Häusern, aber die Tage kamen mir endlos vor, und meine Lebensgeister waren auf dem Tiefpunkt. Eines Morgens riss Gansukh meine Tür auf, hochrot im Gesicht, und schleuderte mir ihren Triumph entgegen: »Ich habe die Prüfung bestanden! Gerade ist der Anruf aus Olgij gekommen! Menke *bagsh* sagt, dass ich zwölf Stunden in der Woche die zweite und dritte Klasse unterrichten darf! Kannst du mir dabei helfen?«

Sie holte ihr zerfleddertes Englisch-Lehrbuch hervor, ein kurioses Werk namens »*Blue Sky*«. In den nächsten drei Monaten studierten wir zusammen mühsam den Text, Satz für Satz, bis wir beide den wirren Inhalt einigermaßen verstanden hatten. Ich unterrichtete Gansukh mehrmals in der Woche, und *Blue Sky* war für uns nur noch »das komische Buch«. Ich musste die Übungen oft zwei- oder dreimal lesen, bevor ich sie so weit verstanden hatte, dass ich sie Gansukh erklären konnte.

Eines Tages saß ich nach unserer *Blue-Sky*-Stunde in Gansukhs Haus, brütend und geistesabwesend, während sie mit Tuya und ein paar anderen einheimischen Frauen auf Tuvanisch redete und lachte. Ich hatte in den Bergen ein bisschen Tuvanisch gelernt, machte aber keine Anstrengung, an ihrem Gespräch teilzunehmen. Stattdessen stotterte ich eine Entschuldigung, stürzte hinaus und flüchtete zum Flussufer, von Tränen überströmt, die ich nicht mehr zurückhalten konnte. Die Einsamkeit und Verlorenheit, die mich plötzlich überfallen hatten, schnürten mir die Kehle zu, bis ich vor

Schluchzen fast erstickte. Ich war jetzt seit Wochen unglücklich und hatte die ganze Zeit gehofft, dass die Leere und Lethargie, in die ich verfallen war, wieder vergehen würden. Aber es war nicht so, und ich erschrak selbst über meinen Ausbruch. Mein Selbstvertrauen fiel in sich zusammen wie ein Kartenhaus, und ich fühlte mich so allein wie noch nie in meinem Leben.

Tagelang redete ich kaum ein Wort Mongolisch, weil ich nicht wusste, was ich sagen sollte. Ich saß nur stumm da, bei Gansukh, Tuya oder Abbai und seiner Familie, und fragte mich schmollend, warum niemand es für nötig hielt, mir den Witz zu erklären, wenn sie sich über eine Geschichte oder Anekdote halb tot lachten. Manche Leute, die mich kannten und wussten, dass ich gut Mongolisch sprach, redeten noch immer in der dritten Person von mir, so als wäre ich gar nicht da, obwohl ich bei ihnen im Zimmer in Abbais Haus saß. Was macht sie? Woher kommt sie? Ist sie verheiratet? Plötzlich war mir dann alles zu viel. Eine Welle von Panik stieg in mir auf, und ich stürzte wieder hinaus, bebend vor Wut und Selbstmitleid.

Ich hielt mich möglichst fern vom *hascha*, streunte am verdorrten Flussufer entlang, starrte finster auf die Berge und hätte am liebsten alles hingeschmissen. Ich wollte endlich wieder an einem Tisch sitzen und Englisch sprechen, anstatt mich immer nur in einer fremden Sprache zu verständigen; ich wollte, dass mich jemand tröstete und mir sagte, dass ich keine Angst haben müsse, weil es momentan etwas schwierig war, und dass alles wieder gut werden würde. Und eines Tages würde ich vielleicht sogar darüber lachen können, wenn ich auf meine gegenwärtige Misere zurückblickte. Aber im Augenblick hatte ich nicht die Kraft, mich am eigenen Schopf zu packen und aus dem Sumpf zu ziehen, so elend war mir zumute.

Dass Tsengel so klein und abgelegen war, hatte mir bisher nichts ausgemacht, ganz im Gegenteil. Ich fand es tröstlich, dass ich so viele von den Dorfbewohnern kannte und mich in ihren Häusern willkommen fühlte. Aber in diesen langen, schweren Tagen verkehrte sich alles ins Gegenteil, und plötzlich hatte ich das Gefühl, dass ich hier ersticken müsse, so eng und bedrückend erschien mir das Dorf jetzt. Das Paradoxe war, dass ich mich einsam fühlte, aber keine anderen Leute um mich herum ertragen konnte. Einsamkeit in einem überfüllten Raum ist bekanntlich am schwersten zu ertragen.

Ich biss mir auf die Unterlippe, bis es blutete, und kehrte in mein Zimmer und zu meinen wenigen ungelesenen Büchern zurück. Dort warf ich mich aufs Bett und schloss trotzig die Tür ab. Ich fragte mich, warum ich noch hier war; es machte mir keinen Spaß mehr. Was wollte ich mir eigentlich beweisen, indem ich mit aller Gewalt dieses Jahr durchstand? Es war eine sinnlose Übung, die niemandem nützte, und mir am allerwenigsten. Ich gehörte nicht in das Dorf. Ich hatte keinen Job und nichts mehr zu tun. Ich fühlte mich plötzlich nicht nur fremd hier, sondern wie ein unerwünschter Eindringling.

Während ich in meinem Zimmer herumlungerte, mit finsterem Gesicht und in Selbstmitleid badend, füllte sich die Schule endlich wieder mit Schülern, und Altangerel, ein Schüler, der vor kurzem seine Abschlussprüfung gemacht hatte, packte seine Sachen, um an die Universität zu gehen.

Tuya tauchte in meiner Tür auf, ohne sich um meine schlechte Laune zu kümmern. »Los, komm mit«, sagte sie, »wir gehen zu Altangerels Abschiedsparty.«

»Aber er reist doch heute ab, oder nicht?«

»Er ist vor einer Stunde gefahren. Die Party darf erst anfangen, wenn er fort ist.«

Ich lachte trocken. »Warum?«

»Weil wir feiern, um seine Reise zu segnen. Damit er heil und unversehrt ankommt. Na komm schon, du siehst aus, als ob du eine gute Party gebrauchen könntest.«

Ich protestierte heftig, aber Tuya ließ mir keine Ruhe, bis ich mit ihr ging.

Altangerel war der Bruder einer Frau, die in einer kleinen Jurte neben Gerel-Huu lebte. Die meisten Leute zogen die Holzhäuser vor, aber ein paar Familien lebten das ganze Jahr über im *ger*. Altangerel war gerade von Tsengel nach Chovd gereist, das ungefähr 15 Stunden entfernt war. Alle redeten davon, wie teuer die Studiengebühren waren – 160000 Tugrik (ungefähr 120 £) pro Jahr. Seine Eltern und Verwandten hatten ohne Murren ihre Ersparnisse geopfert, hatten Vieh, Pelze und ihre überschüssigen Milchprodukte von der Sommerweide verkauft.

Als wir zur Jurte kamen, drängten sich dort schon mindestens ein Dutzend Leute. Ich liebte diese Partys, die immer mit dem unvermeidlichen Tee und Hammelfleisch begannen, aber schnell zum harten Stoff übergingen. Während Altangerels Eltern trauerten, dass ihr Sohn das Haus verlassen hatte, hoben die Gäste einer nach dem anderen ihr Glas und stießen auf seine brillanten intellektuellen Fähigkeiten an, und ständig drängten neue Leute herein, um Wodka zu trinken und zu singen. Ein verspäteter letzter Sommerregen trommelte ein kurzes, ominöses Crescendo auf das Jurtendach und erschreckte uns alle. Die Regenzeit hätte eigentlich vorüber sein müssen. Zwei der Männer traten hinaus, um nach dem Himmel zu sehen, und schüttelten beim Hereinkommen ihre triefenden Köpfe, was alle zum Lachen brachte. Dieses Jahr war alles auf den Kopf gestellt. Ich setzte mich auf meinem Schemel zurück und lächelte endlich, atmete den Geruch nach Fleisch, Zigarettenrauch und feuchter Erde ein.

Aber plötzlich fingen alle an zu schluchzen. Altangerels Eltern hatten ohnehin schon fast die ganze Zeit geweint, von Schulterklopfen und tröstenden Worten begleitet. Dann war die Reihe an dem charismatischen Gerel *bagsh*, der dicke Tränen weinte und auf seinen Vater anstieß, der in diesem Jahr gestorben war. Die Küchenmannschaft oder »Dreier-Gang«, wie ich sie insgeheim nannte, war vollzählig vertreten, und als Erstes fing Shinids Mund an zu beben, und sie weinte um einen schwer kranken Verwandten. Dann legte Bagit den Kopf in die Hände und trauerte um einen nahen Verwandten, der vor ein paar Jahren gestorben war. Ihre dicke Tochter saß schniefend und mit verdächtig zitternder Unterlippe neben ihr, und schließlich heulte Gerel-Huu an meiner Schulter um ihre längst verstorbenen Eltern.

Tuya plapperte fröhlich weiter, als hätte sie diesen wilden Ausbruch von kollektivem Leid überhaupt nicht bemerkt. Ein paar Leute sangen laute Lieder, andere weinten still vor sich hin, allein oder zu zweit. Der *arkhi* machte immer noch die Runde. Ich blickte mich um und wusste nicht, was ich tun sollte. Ich konnte doch nicht mitweinen, oder? Zumal mir plötzlich überhaupt nicht mehr nach Weinen zumute war. Mitten in all diesem Kummer konnte ich seit Tagen zum ersten Mal wieder lächeln. Ich hielt mir vor, dass ich in Wahrheit gar keinen Grund zum Klagen hatte. Meine Mutter und meine Zwillingsschwester waren kerngesund, und mein Vater hatte uns schon vor so langer Zeit verlassen, dass es sich nicht lohnte, noch um ihn zu weinen. Diese Erkenntnis, die mir genau im richtigen Moment gekommen war, ließ das Pendel umschlagen, und ich stimmte lauthals in den Gesang mit ein.

Einmal wollte ich mich vor dem Anstoßen drücken, nicht aus Angst vor meinen Gefühlen, sondern wegen der Kopfschmerzen am nächsten Morgen. Aber Tuya wollte nichts davon hören. »Das ist mein Wodka, und du musst ihn probieren«, sagte sie und schaute mich an, betrunken und trotzig, ohne eine einzige Träne im Auge.

Ich gab mich geschlagen. Also gut, dann würde ich eben spätnachts nach Hause wanken und am nächsten Morgen mit Kopfschmerzen aufwachen, die mich den ganzen nächsten Tag verfolgen würden. Ich zuckte mit den Schultern und hob die Tasse. Die Mongolen sind tief gekränkt, wenn man sich weigert, mit ihnen anzustoßen. Die wodkaselige Gastfreundlichkeit hat hier schon so manchen Ausländer zu Fall gebracht.

Immer noch trinkend, weinend und singend verließen wir schließlich die Jurte und rasten in einem Jeep aus dem Dorf hinaus. Der Fahrer kniff angestrengt die Augen zusammen, als er um ein Kamel herumschlingerte, das gerade über die Straße geführt wurde. Der Kamelbesitzer sprang im letzten Moment aus dem Weg und drohte uns mit der Faust, während wir alle ausgelassen johlten. Als wir an unserem Ziel eintrafen, war ich so betrunken, dass ich aus unerfindlichen Gründen mehrere Ziegen melkte und eine meiner ehemaligen Schülerinnen anstrahlte, die vorsichtig zu mir sagte: »Ist schon gut, *bagsh* – ich kann das für Sie machen«. Dann nahm sie meine Hand und führte mich in die Jurte. Drinnen sangen und prosteten sich die Tuvaner mit einer überschäumenden Leidenschaft zu, genauso extrem in der Freude, wie sie es im Schmerz gewesen waren. Tuya und ich tranken noch eine Weile weiter, dann legten wir uns zusammen auf eines der Betten. Die Jurte schwankte und drehte sich, als ich meine Augen schloss. Nach ein paar Minuten, oder jedenfalls kam es mir so vor, rüttelte mich jemand wach, der mit einen Glas vor meinem Gesicht herumwedelte und brüllte, dass wir jetzt gehen müssten. »*Yavi*! Los, gehen wir!« Oh Gott.

Es war sichtlich spät, als wir hinausstolperten. Der Himmel war tiefschwarz, und Schwärme von Sternen schimmerten in einer nüchterneren Galaxie. Diesmal bremste der Jeep mit voller Wucht vor einer Hütte in Tsengel, und wir purzelten alle hinein. Eine Frau, die mir irgendwie bekannt vorkam, holte einen frischen Eimer *simin-arkhi* hervor, den alle fröhlich in sich hineinschütteten. Mir war allmählich speiübel, und ich spürte, dass ich dringend nach Hause musste. Meine Batterien waren leer, und Tuya war plötzlich auch verschwunden.

Die anderen sangen unerschütterlich weiter, als ich Gerel *bagsh* anflehte, mich nach Hause zu bringen, denn mir war klar, dass ich niemals allein zu Abbais *hascha* finden, sondern höchstens in den unbeleuchteten Straßen herumirren würde, bis ich umkippte. Wir wollten den Fahrer aufrütteln, aber er war nicht mehr ansprechbar. Am Ende stolperte ich mit Gerel zu meinem *hascha* zurück. Ich betete, dass Abbai und seine Familie schon schliefen und Actuz nicht sein übliches rachsüchtiges Geheul anstimmte, und ich gelobte hoch und heilig, dass ich mich nie mehr im Dorf betrinken würde. Bitte, bitte!

An meinem Tor, das zum Glück verlassen war, küsste Gerel mich auf den Hals und lallte, dass wir uns doch »besser kennen lernen« sollten. Ich wand mich aus seinen Armen und stolperte in mein Zimmer, weil ich wusste, dass ich ihn beim Wort nehmen würde, wenn ich auch nur eine Sekunde länger blieb.

Am nächsten Morgen kotzte ich mir die Seele aus dem Leib. Menke berief mich an die Schule – und Tsengel wurde unter Quarantäne gestellt.

23

Ich putzte mir gerade die Zähne und durchwühlte mein Zimmer nach Kopfschmerztabletten, als Abbai hereinkam und mir von meinem neuen Job erzählte. »Menke *bagsh* will Sie heute in der Schule sehen. Er will, dass Sie Gansukh beim Unterrichten helfen.«

Ich nickte dumpf, und mein eingeschrumpftes Gehirn knallte an die Schädelwände. Mir war so schlecht, dass mir alles egal war, selbst dass ich wieder Arbeit an der Schule bekommen sollte.

Abbai blieb noch eine Weile stirnrunzelnd stehen. »Ich habe heute Morgen im Radio gehört, dass unsere Provinz bis Montag unter Quarantäne steht. In Olgij sind zwei Lehrerinnen an *tarvag takal* (Beulenpest) erkrankt. Sie sind aus dem Dorf Buyant und haben Murmeltierfleisch gegessen, und jetzt haben sie die Pest. Deshalb sind sie im Krankenhaus von Olgij, und die Leute müssen alle in ihrem Dorf bleiben, weil es sehr gefährlich ist.«

»Aber hier ist niemand krank, oder?«

»Nein, nein, aber man kann sich sehr leicht anstecken. Deshalb sind überall vor Olgij und an der Grenze zu den Provinzen Chovd, Uws und Gobi-Altai Soldaten postiert, die die Leute daran hindern sollen, herein- oder hinauszufahren.«

Wenn mir jemand vor meiner Reise nach Tsengel gesagt hätte, dass ich eines Tages in einem Dorf wohnen würde, das wegen der Beulenpest vorübergehend unter Quarantäne stehen würde, hätte ich ihm wahrscheinlich ins Gesicht gelacht, obwohl ich, lange bevor ich nach Tsengel gekommen war, von vereinzelten Fällen in der Mongolei gehört hatte. Aber mit der Beulenpest ist es wie mit allen Katastrophen – jeder denkt, dass es ihn selber nie treffen wird. Deri-

Huu hatte mir versichert, es sei völlig ungefährlich, als wir tagelang das fette, würzige Murmeltierfleisch in uns hineingestopft hatten, und ich hatte ihr geglaubt. Jetzt war ich beunruhigt, wenn auch nicht in Panik. Es gab Zeiten in meinem Jahr in Tsengel, wo das Leben eine beinahe surreale Qualität annahm, und das hier war jetzt zweifellos so eine Zeit. Ich war ziemlich durcheinander und wusste nicht, wie ich auf diese vage Bedrohung reagieren sollte. Es gab nichts, was ich oder die anderen Leute im Dorf dagegen tun konnten, außer keine Murmeltiere mehr zu essen. Ich konnte das Dorf nicht verlassen und wollte es jetzt auch gar nicht mehr. Wo sollte ich hingehen? Tsengel, so wurde mir in diesem Moment bewusst, war momentan mein Zuhause.

Irgendwo in meinen Taschen hatte ich ein paar ominöse Tabletten, so groß wie Pferdepillen und in ein durchsichtiges Plastiktütchen mit der Aufschrift »Pest« eingeschweißt. Ein amerikanischer Peace-Corps-Lehrer, der nach Hause zurückkehrte, hatte sie mir gegeben, als ich damals meine Sachen für die Berge packte.

»Nur für alle Fälle«, hatte er beiläufig gesagt. »Damit gewinnst du zusätzlich 24 Stunden Zeit, um das nächste Krankenhaus zu erreichen und dir ein Gegenmittel geben zu lassen – in Ulaanbaatar.«

Als ich meinen jämmerlich verkaterten Körper endlich in die Schule geschleppt hatte, ging ich in Menkes Büro, um mit ihm zu reden.

»Louisa *bagsh*«, sagte er stirnrunzelnd, als ich mich schwerfällig hinsetzte, »unsere Lehrer und ich sind alle sehr froh, dass Sie mit Gansukh *bagsh* arbeiten wollen. Die Schulleiter in Olgij sind auch sehr froh und danken Ihnen. Sie wissen, dass Gansukh *bagsh* Ihre Hilfe braucht. Aber wir können Sie nicht bezahlen, weil wir kein Geld haben. Wir geben Ihnen Holz und Kohlen als Gehalt.«

Abbais *hascha* war mit Holz vollgestapelt, und ich wusste, dass es in der Schule keine Kohlen gab, weil der Lastwagen kaputtgegangen war, weswegen es in den letzten drei Wochen kein Brennmaterial im Dorf gegeben hatte. Ich hatte nur noch sehr wenig Geld außer meinem Rückflugticket nach Ulaanbaatar, und als ich Menke fragte, ob ich die Hälfte des normalen Lehrergehalts von 20 £ bekommen könne, schüttelte er entschieden den Kopf. »Wir haben kein Geld für Sie.«

Ich fragte Tuya und Gansukh, was ich ihrer Meinung nach tun sollte.

»Sag ihm, er soll abhauen!«, schimpfte Tuya. »Er verdient so viel Geld, dass seine Frau den großen Laden im Dorf führen kann, und sie geht nach China, um Mehl und Schuhe zu kaufen!«

»Sie sollten dir etwas bezahlen«, sagte Gansukh, »weil ich als Englischlehrerin arbeiten kann, wenn du fort bist. Ich muss unbedingt dieses komische Buch durcharbeiten, bevor du gehst.«

Aber die Sache war im Grunde sehr einfach. Entweder ich weigerte mich, ohne Gehalt zu arbeiten, und blieb zu Hause im Hof, oder ich akzeptierte es, dass ich mitten im Schuljahr fortging, was sehr unprofessionell war, oder ich unterrichtete in der Zwischenzeit an der Schule, weil es mir einen Vorwand gab, im Dorf zu bleiben. Für mich war es wichtiger, Louisa *bagsh* zu sein, als Geld zu verdienen. Also stellte ich mit Menke zusammen einen Stundenplan auf und kehrte in die Schule zurück.

Dort redete niemand über die Quarantäne, obwohl sie nach drei Tagen ausgeweitet wurde, weil eine der Lehrerinnen aus Buyant gestorben war. Buyant war 100 Kilometer von Tsengel entfernt, also waren wir immer noch nicht in großer Gefahr. Es herrschte keinerlei Panik im Dorf, und nach ein paar Tagen war ich beruhigt, ja sogar gleichgültig gegenüber der Quarantäne. Meine Angst fand keine Nahrung in dieser ruhigen Umgebung, wo die Leute hin und wieder von der Pest redeten, aber viel öfter von anderen Dingen, während unser Leben in Quarantäne weiterging wie bisher.

Aber eine Woche später trafen schlechte Nachrichten ein, die einigen Aufruhr in Tsengel auslösten. Das Postamt war am darauf folgenden Mittwoch brechend voll, und die Leute ließen die Zeitungen herumgehen und diskutierten über einen neuen Ausbruch der Beulenpest oder schüttelten in stummer Betroffenheit die Köpfe.

»Hier, seht mal, es stimmt«, hörte ich die Leute sagen, wobei sie mit dem Finger auf die Titelseiten klopften, »alle Flüge von Ulaanbaatar wurden abgesagt, und es ist auch wahr, was gestern Abend im Radio kam, über die fünf kleinen Kinder aus Chovd, die ins Krankenhaus gekommen sind. Jetzt ist Chovd auch geschlossen.«

Resignation lag in ihren Stimmen, Mitleid mit den Kindern und Sorge um ihre Verwandten. Aber selbst jetzt blieb die Angst in Tsengel ohne jede Hysterie und wurde selten artikuliert. Die Dorfbewohner nahmen Leben und Tod mit derselben stoischen Gleichmut hin.

Trotz der Gefahr, mit der Beulenpest infiziert zu werden, aßen fast alle Leute in Tsengel Murmeltierfleisch im Sommer und Herbst, und daran würde sich auch in diesem Jahr nichts ändern. Murmeltiere werden nur in diesen beiden Jahreszeiten gejagt, wenn sie schön fett und ihre Felle glänzend sind, und normalerweise ist es ungefährlich, sie zu essen. Die meisten Leute waren offenbar bereit, das Risiko in Kauf zu nehmen.

Solange unsere Quarantäne aufrechterhalten wurde, blieben die Jeeps in den *hascha* stehen, und die Leute tünchten und reparierten weiter ihre Häuser für den Winter. Ein paar Tage später wurde die Quarantäne für die ganze Bayan-Olgij-Provinz sang- und klanglos aufgehoben, und man hörte nichts mehr von der zweiten Lehrerin aus Buyant. Vielleicht hatte sie überlebt. Aus Ulaanbaatar waren Ärzte mit wirksamen Medikamenten eingetroffen. Aber die Grenzen zur Chovd-Provinz wurden vom Militär einen Monat lang geschlossen gehalten. Weil die fünf kleinen Kinder alle gestorben waren.

24

»Louisa, komm nach dem Unterricht hierher«, rief Gerel-Huu durch ein halb offenes, beschlagenes Fenster, als ich auf dem Weg in meine Klasse an der Schulküche vorbeiging. »Wir haben Gemüse zum Mittagessen!«

Sobald die Straßen zwischen Tsengel und Olgij wieder offen waren, wurde Gemüse hertransportiert. Einmal im Jahr tauchten für mehrere Wochen Säcke voller Kartoffeln, Rüben, Kohl und Zwiebeln im Dorf auf. Billiges Frischgemüse aus China. Wir waren auf diese saisonalen Importe angewiesen, weil die Bayan-Olgij-Provinz für den Anbau der meisten Gemüsesorten zu trocken ist. Aber wenn das chinesische Gemüse verkauft wurde, aßen die Leute über einen Monat lang zu jeder Mahlzeit Kartoffeln. In Abbais *hascha* teilten wir uns den Segen und aßen Eintöpfe mit *nogotta hol*, was wörtlich »Grünfutter« bedeutet. Wir schwärmten tagelang davon, wie köstlich das frische Gemüse schmeckte.

Aimak und ihre Familie hatten auch Gemüse, und als ich sie das nächste Mal besuchte, aßen wir Schaffleisch mit Kartoffeln. »Von seinem Bruder«, sagte Aimak und nickte zu Merim-Khan hinüber, der schlaff auf seinem Schemel hing wie eine lange, verwelkte Pflanze. »Er ist sehr gut zu uns. Wir haben sehr wenig Geld, wissen Sie, und er gibt uns immer alles Mögliche. Wer hätte gedacht, dass er so einen wichtigen Bruder hat? Er spricht vier Sprachen, wissen Sie. Ja, wirklich. Sehr gut – und er will Sie kennen lernen. ›Ah, die Englischlehrerin‹, hat er gesagt. ›Ja, die will ich gern kennen lernen.‹« Unsere Gespräche liefen oft in dieser Weise ab, und es brauchte einige Übersetzungshilfen.

»Sein Bruder ist der Imam Sanak Sailik.«

»Lebt er hier in der Nähe?«

»Ja ... gleich um die Ecke. Das große Haus am Fluss. Dort lebt er mit seinen zwei Frauen und zehn Kindern. Er will Sie sehen und sein Englisch üben. Er spricht sehr gut Englisch ...«

Als Aimak endlich innehielt, um Atem zu schöpfen, vereinbarte ich mit ihr, dass ich am nächsten Nachmittag zum Imam gehen und ihm einen Besuch abstatten würde. Ich war fasziniert und ein bisschen aufgeregt, als ich ihre Hütte verließ.

»Ja, ja«, stimmte Abbai begeistert zu, als ich ihm sagte, dass ich Sanak Sailik besuchen wolle. »Das ist sehr wichtig. Er ist ein guter Mann, der Imam – nicht wie diese Frau in den Bergen, die eine *hortlaa* ist, eine Lügnerin.«

»Wer?«

»Diese junge Frau ... Enkhtuya.« Er beugte sich über seine Teeschale. »Die alten Schamanen waren echte Heiler, wissen Sie. Die haben etwas von ihrer Arbeit verstanden. Aber seit Choybalsan, als alle diese Praktiken verboten und die Tempel und unsere kasachischen Moscheen zerstört wurden, gibt es keine Schamanen mehr. Enkhtuya ist keine richtige Schamanin. Die sind alle gestorben.«

Ich hörte mir Abbais Worte mit unbehaglichen Gefühlen an, denn ich wusste, dass es sinnlos war, mit den Tuvanern in Tsengel über das Thema zu sprechen. Ich würde nur die bestehenden Ressentiments im Dorf schüren, und das wollte ich nicht. Stattdessen dachte ich an den Imam und fragte mich, ob er wirklich Englisch sprach, wie Aimak so stolz behauptet hatte. Das würde das Gespräch mit ihm viel leichter machen. Sanak Sailik lebte ein paar Minuten von Abbais *hascha* entfernt in einem weitläufigen, viereckigen Gehöft am Ufer des Chovd. Er besaß ein großes, solides Haus, das mit leuchtender Terrakottafarbe getüncht war, das farbenprächtigste Haus im ganzen Dorf. Alle anderen Gebäude waren entweder ungestrichen oder weiß getüncht. Es war kaum zu glauben, dass ich den Imam noch nicht gesehen hatte, obwohl ich seit acht Monaten im Dorf war und täglich an seinem *hascha* vorbeiging, um Wasser zu holen. Jetzt brachte Aimak mich zu seiner Tür und schnatterte, als hinge ihr Leben davon ab.

»Oh, er ist so glücklich, dass er Sie kennen lernen darf, denn so kann er sein Englisch üben. Ich habe ihm alles über Sie und Ihre Familie erzählt, und er spricht sechs Sprachen, müssen Sie wissen, und er reist die ganze Zeit!« Aimak neigte stark zur Übertreibung. Erst war von vier Sprachen die Rede gewesen. Jetzt waren es schon sechs, und bis ich ihn tatsächlich zu sehen bekam, waren es wahrscheinlich acht.

Ich kämpfte mit einem Anflug von Skepsis, als wir den Staub von unseren Stiefeln klopften und über die hölzerne Schwelle traten. Abbais Tirade gegen Enkhtuya hatte meine Begeisterung für dieses Treffen etwas gedämpft. Im Inneren des Hauses saß ein großer, stattlicher Mann bequem auf einem hohen Schemel neben einer Frau, die über den Ofen gebeugt stand und kochte. Im ersten Moment, bevor Aimak uns bekannt machte, hielt ich ihn für einen Verwandten oder Gast und fragte mich, wo Sanak Sailik war. Das konnte nicht der Imam sein. Mit diesem Wort assoziierte ich blasse, kränkliche Gestalten, die von Mangel an frischer Luft gezeichnet waren, dazu düstere, schwarze Gewänder, wallende Bärte und frommes Schweigen. Nicht das hier: ein strahlender, wohlgenährter, gut aussehender Mann mit rosigen Wangen, der eine Hose und einen unförmigen Pullover trug und sofort meine Hand ergriff und mich bat, neben ihm am Ofen Platz zu nehmen.

Er hatte zwar den unvermeidlichen Bart, aber es waren keine dünnen, grauen Zotteln, die über einen hageren, asketischen Körper hingen. Sanak Sailiks Bart war dicht und struppig, schwarz mit ein paar weißen Strähnen, und er endete am Schlüsselbein. Seine

Finger waren dick und warm, als er einen Augenblick meine Hand hielt.

»Ah, die englische *bagsh*«, sagte er strahlend. »*Tsai oh*! Und dann reden wir.«

Nach dem Tee führte er mich in einen Nebenraum mit dicken Webteppichen an den Wänden und schönen Holzmöbeln, und schloss die Tür hinter uns.

»Ich kann kein Englisch, aber Sie sprechen Mongolisch, soviel ich gehört habe. Ich werde also langsam sprechen, und Sie hören mir gut zu!« Irgendwie klang es mehr nach einer Einladung als nach einem Befehl.

Wir saßen einander an einem breiten, leeren Schreibtisch gegenüber. Ich wollte über den Lebenslauf des Imam sprechen, seine Berufung im Dorf – und seine faszinierenden Familienverhältnisse. Aber der Imam wusste genau, was er wollte.

»Ich werde Ihnen meine Geschichte erzählen. Aber zuerst müssen Sie sich das hier anhören.« Er fuchtelte mir mit seinen sauber gewaschenen Fingern vor dem Gesicht herum. »Das ist wichtig. Der Islam. Kennen Sie das Wort? Islam – die Unterwerfung unter den Willen Gottes. Unser kasachischer Islam kommt ursprünglich aus Persien, von einem Eroberer, der der Abbaside genannt wird und im sechsten Jahrhundert über unser Land hinwegfegte. Ja. Aber unsere muslimische Religion wurde auch von Arabien, Pakistan, der Türkei und Kazan beeinflusst. Kennen Sie Kazan? Das Land der Tataren. Tatarstan. Kazan ist jetzt die Hauptstadt, und an diesem Ort, östlich von Moskau, ich weiß nicht, wie weit, haben die Muslime ihre Religion noch vor den Christen gegründet. Aber ... es ist nicht wichtig, wer als Erster da war. Wichtig ist nur, dass die Kasachen den Islam kennen. Ich spreche Arabisch und kenne den Koran sehr gut. Ich habe den Koran von Tatarstan, der Türkei und Persien gelesen. Ich habe meine Religion 25 Jahre studiert, und jetzt kenne ich sie gut. Wir haben dieses Buch – Kitab-Al-Jafr –, unsere geheimen Lehren. Es enthält Verse aus dem Koran und andere sehr wichtige Gedanken, die wir verstehen müssen. Wir nennen es das ›Buch der verborgenen Dinge‹. Ich kenne dieses Buch. Ich habe es in der Türkei studiert.«

Er verriet mir jedoch nichts über den Inhalt, sondern stand plötzlich auf und verschwand in einem Hinterzimmer, das durch einen scharlachroten Perlenvorhang abgeschirmt war. Ich hatte noch nie so ein großes Haus in Tsengel gesehen. Als der Imam wieder auftauchte, hielt er einen ganzen Stapel religiöser Werke im Arm: handgeschriebene Schriftrollen in Arabisch, kleine, ledergebundene Bücher und Gebetsbücher sowie eine kleine schwarze Plastikkamera, die er mir in die Hand drückte.

»Hier, sehen Sie sich das an. Diese Bilder. Das ist alles Mekka. Sehen Sie den Felsen? Die Kaaba – der Felsen in der Mitte neben der Großen Moschee. Das ist der wichtigste Ort, im Zentrum der Stadt. Sehen Sie das Tuch, mit dem er bedeckt ist? Das ist die Kiswah. Jedes Jahr, wenn der Hadsch, die Pilgerfahrt, zu Ende ist, wird diese Kiswah abgenommen und zerschnitten.« Er ahmte das Zerreißen des Stoffs nach. »Zerschnitten und an die Pilger verteilt, Stück für Stück. Jeder Muslim muss einmal in seinem Leben nach Mekka pilgern. Ich war einmal dort. Fünf Meilen vor dem Tor habe ich meine Schuhe ausgezogen und nur Kleider ohne ... wie soll ich es nennen ... Kleider ohne Stiche getragen ... nicht genäht. Hier, sehen Sie.«

Die Kamera enthielt zehn Fotos von Mekka, die ein Meer von Gläubigen um die Kaaba herum zeigten: Männer in wallenden, weißen Gewändern, die sich alle gemeinsam zum Gebet niederwarfen wie eine anrollende Brandung, die Frauen unter ihren Tschadors und wehendem Schwarz verborgen. Ich ließ die Serie mehrmals durchlaufen. Die Fotos waren klar und scharf. Das letzte zeigte eine Fontäne, die aus einer Wand hervorschoss.

»Was ist das?«

Der Imam warf einen Blick auf das Foto: »Ah, das ist Juupa. Unser heiligstes Wasser. Hier.« Er holte wie auf ein Stichwort eine Flasche hervor, tränkte ein Taschentuch mit dem Inhalt und benetzte mir großzügig Gesicht und Schultern. Obwohl er so dicht über mir stand, hatten seine Bewegungen nichts Zudringliches oder Zweideutiges. Ich konnte verstehen, warum er zwei Frauen hatte.

Gerade als ich das Gespräch auf seine beiden Ehen lenken wollte, wechselte der Imam das Thema. »Ich bin von hier, wissen Sie. Aus diesem Dorf. Was ist Ihr Beruf? Ah, Journalistin. Ich habe eine Ausbildung als Funktechniker in Olgij gemacht und über zehn Jahre dort gelebt und gearbeitet. Aber meine Eltern waren sehr fromm, und sie haben meinen Wunsch unterstützt, fortzugehen und zu studieren und dann als Imam hier zu leben. Ich habe in der Türkei studiert, wo viele Kasachen hingehen – deshalb spreche ich diese Sprache und Russisch, Mongolisch und Arabisch. Waren Sie schon in der Moschee? Sie ist ganz neu, wissen Sie.«

Seine Stimme war ruhig, als er mir in äußerster Knappheit die Jahrzehnte der religiösen Unruhen schilderte. »Erst 1991 konnten wir unsere Moschee hier bauen. Vorher waren die politischen Verhältnisse in der Mongolei lange Zeit sehr anders, und wir hatten keine Moschee und keinen Ort, wo wir gemeinsam beten konnten. Vor dieser Demokratie war es sehr schwierig mit unserer Religion.«

Der Imam rief ins andere Zimmer zu seiner Frau hinüber, ob das Mittagessen fertig sei. Er wollte offensichtlich nicht über die religiöse Unterdrückung reden, im Gegensatz zu mir. Aber ich wechselte das Thema und fragte ihn stattdessen nach seiner Familie.

»Sie ist meine erste Frau«, sagte er ruhig. »Ich habe zwei Frauen und zehn Kinder, wie Sie vielleicht wissen. Meine erste Frau und ich waren zehn Jahre zusammen, bevor ich meine zweite Frau nahm. Ich habe mit ihr gesprochen, und sie war mit dieser neuen Heirat einverstanden. Sie weiß, dass ihr Leben dadurch leichter wird. Meine zweite Frau lebt jetzt im Altai mit unserem Vieh. Mit den Tieren kann ich Geld verdienen, um zu reisen und weiterzustudieren. Ich könnte vier Frauen nehmen, wenn ich wollte. Das ist unsere Tradition. Aber es ist gut, wenn die eine aus der Stadt kommt und die andere aus den Bergen. Als Ausgleich ...« Er ahmte eine Waagschale mit seinen großen Händen nach. »Ja, zum Ausgleich, *bagsh*. Meine Kinder wissen nicht, wer ihre Mutter ist. Weil es nicht wichtig ist. Wir sind eine Familie.«

Ich fragte mich, was die Frauen und Kinder des Imam von dieser idyllischen Sichtweise hielten. Im Gegensatz zu allem anderen, was der Imam mir bisher gesagt hatte, klang es ein bisschen hohl. Wir gingen ins Nebenzimmer zum gemeinsamen Mittagessen und verspeisten zartes rotes Fleisch, das ein bisschen wie Schinken aussah und auch so schmeckte. Ein paar Besucher kamen und setzten sich zu uns und den vier Kindern, die sich gerade im Haus befanden. Der Imam hieß alle herzlich willkommen, beantwortete und stellte während des Essens Fragen und lachte dröhnend an seinem Platz am Kopfende des Tisches.

»Haben Sie das verstanden, *bagsh*?«, fragte er, immer noch strahlend. Ich schüttelte den Kopf. »Dieser Mann ...«, der Imam deutete auf einen der Besucher, die alle an seinen Lippen hingen und jedes seiner Worte aufsaugten, »... dieser Mann hat gefragt, wo Ihr Zuhause sei. Ich habe ihm gesagt, dass Sie vom *tenger* kommen – vom Himmel!«

Ich lachte und wurde rot wie ein kleines Mädchen. Ich war froh, dass ich endlich diesen außergewöhnlichen Mann kennen gelernt hatte, der so ganz anders war, als ich ihn mir vorgestellt hatte. Seine Frau saß mir gegenüber, ein abgearbeitetes, altersloses Geschöpf. Sie sprach leise und bewegte sich nur wenig: »Wir haben viele Kinder zusammen, er und ich«, erzählte sie mir. »Wir hatten einmal sogar Drillinge, aber zwei von ihnen sind gestorben.« Ihr Leben war ein ständiger Kampf, der Spuren in ihrem vorzeitig gealterten Gesicht hinterlassen hatte. Der Imam war höflich zu seiner Frau, aber sie musste offensichtlich schwer arbeiten und schleppte sich müde hinaus, um frisches Wasser vom Chovd zu holen.

Nach dem Essen blieb ich noch eine Weile sitzen, denn ich fühlte mich sehr wohl in der Gesellschaft des Imam, seiner Familie und seiner Freunde. Als ich endlich aufstand, fasste Sanak Sailik noch einmal meine Hand. »Danke, Louisa. Ich bin sehr glücklich, dass Sie gekommen sind, *bagsh*.« Er drückte mir eine blassblaue Gebetskette in die Hand. »Für Sie«, sagte er. »Aus unserem Mekka.«

Die Kette hängt seither in jedem Zimmer, in dem ich wohne.

25

130 Kilometer nordwestlich von Tsengel liegt eine Grenze mit Russland und China, der einzige Punkt in der Westmongolei, wo drei Nationen zusammenzutreffen. Eine zackige Bergkette und ein breiter, ganzjähriger Gletscher wachen über diese unpassierbare Grenze. Die fünf höchsten Gipfel dieser Bergfestung werden Tavan Bogd – die fünf Könige – genannt. Das Gebirge gehört zur Mongolei, aber das Tavan-Bogd-Massiv muss sich der mongolische Staat mit Russland und China teilen. Die Bergsteigergruppen, die sich hin und wieder dort hinaufwagen, setzen also ihren Fuß in drei Staaten auf einmal. Die Geografie der Mongolei ist einfach: ein Hochplateau mit niedrigen Bergketten. Nairamdal, »Freundschaft«, der höchste Gipfel des Landes, ist weniger als 5000 Meter hoch, liegt aber inmitten einer atemberaubenden Wildnis, wo nachts noch Schneeleoparden umherstreifen und die Nomaden Feuer vor ihren Jurten entfachen, um marodierende Wölfe abzuhalten.

Im Sommer ist das Tavan-Bogd-Massiv mit Wildblumen übersät, und die Weide ist saftig und feucht, getränkt von dem geschmolzenen Gebirgsschnee. Die Nomaden und ihre großen Herden profitieren drei oder vier Monate lang von diesem Reichtum, aber der Herbst ist kurz und der Winter lang und hart. Die Weiden gefrieren, das Vieh kann nicht nach Futter graben, und die Schneewehen sind so tief, dass ein Yak darin versinken kann. Wenn also die »kurze goldene Zeit« vom Winter verdrängt wird, verlassen die Nomaden den Thron der Könige und suchen Zuflucht in ihren Hütten, die ein oder zwei Tagesritte entfernt an hohe, blanke Felsen gebaut sind. Mit dem Beginn des Frühlings kehren sie zurück.

Der Tavan-Bogd-Distrikt hat eine eigene Verwaltung, die von einem Mann namens Erdenebaatar repräsentiert wird, einem klugen Tuvaner, der zu viel trinkt. Sein Bruder ist Gerel, der mongolische Lehrer, mit dem ich kürzlich zu viel getrunken hatte. Gerel und ich hatten einmal bei einer nüchterneren Begegnung über unseren Sommer in den Bergen gesprochen. Gerel hatte sich am Fuß des Tuvan-Bogd-Massivs aufgehalten.

»Ah, *saikhan!*«, erzählte er, als wir zusammen von der Schule nach Hause gingen. »Sie waren alle da, meine Mutter, meine Brüder und Schwestern. Meine Familie hat dort immer ihre Herden geweidet, und alle im Tavan-Bogd-Distrikt haben viel Vieh, weil die Weiden so gut sind. Dieses Jahr hatten wir einen schrecklichen Frühling, aber einen guten Sommer, und jetzt kommt der Winter zu spät, so dass sie immer noch dort sind, am Fuß des Bergs. Aber sie werden bald fortgehen. Hier, sehen Sie mal.«

Er deutete auf die größten Berge, die um unser Tal herum aufragten und die nordwestlich von Tsengel begannen und sich bis über die chinesisch-russische Grenze erstreckten. Die Gipfel und Kämme waren jetzt mit frischem Schnee bedeckt.

»Hier. Dieser erste Schnee ist vor ein paar Tagen gefallen. Jetzt werden sie alle in die Hütten ziehen, bevor der Winter anfängt, und dann wird niemand bis zum nächsten Frühjahr seine Herden am Tavan Bogd weiden. Meine Familie ist noch als letzte dort. Mein Bruder Erdenebaatar reitet hinaus, um ihnen beim Umziehen zu helfen.«

Es war Ende September. Der Herbst kühlte endlich ab. Wir machten jetzt Feuer am Abend, um uns zu wärmen. Wahrscheinlich war es zu spät, um noch in die Berge zu gehen, und ich dachte schaudernd daran, dass Deri-Huu und Bash ihre Winter im Altai verbrachten, auf der Strecke zum Tavan Bogd. Ich hatte Sehnsucht nach ihnen. Abbai und Addai hatten ihre kasachischen Jurten abgebaut, und die beiden Familien wohnten jetzt wieder in ihren Häusern. Zum Baden im Fluss war es inzwischen zu kalt, und ich musste mich wieder mit der Blechwanne begnügen, in der ich mich und meine Kleider schrubbte. Hinterher hängte ich die dampfende Wolle und Baumwolle auf dem gemeinsamen Kleidertrockner des *hascha* auf, einem alten Tor, das gegen einen Kuhstall gelehnt war. Als eines Morgens beim Aufhängen meiner frisch gewaschenen Pullover mein nasses Haar zu Eiszapfen erstarrte und dann meine Wäsche gefror, wobei sie Arme und Beine ergeben von sich streckte, da wusste ich, dass der Winter endlich vor der Tür stand.

Ich hatte nicht mehr weiter an das Tavan-Bogd-Massiv gedacht und mich damit abgefunden, dass ich die Bergkette nicht zu sehen bekommen würde, als Abbai mich unvermutet darauf ansprach. Ich gab ihm gerade Privatunterricht in Englisch – Abbai wollte immer noch unbedingt Englisch lernen. Er war meistens fort, auf Sitzungen oder Reisen nach Olgij, aber manchmal tauchte er spätabends plötzlich in meiner Tür auf, präsentierte mir Listen mit zusammenhanglosen Wörtern aus einem uralten Kasachisch-Englisch-Pamphlet, und während ich sie langsam in Englisch aussprach, kritzelte er sie in kasachischer Lautschrift nieder. Ich zweifelte nie daran, dass Abbai ein kluger Mann war. Aber die Wörter gingen buchstäblich nicht in seinen Kopf hinein. Abbai und ich redeten nie Englisch miteinander, weil er es einfach nicht konnte. Wir kämpften uns mühsam durch diese seltenen spontanen Stunden, aber bei seiner Arbeitslast und meinem Unterrichtspensum fanden wir zum Glück fast nie die Zeit dafür.

Ungeduld. Glück. Verwirrt. Faulheit. Abbai kritzelte eifrig mit, während ich die Wörter langsam aussprach. Er nickte ernst und wiederholte sie mühsam.

»*Zaa*, gut. Danke.« Er klappte sein dünnes Notizheft zu und drehte seinen Füller zwischen Daumen und Zeigefinger. »Es wird jetzt bald sehr kalt. Der Winter kommt. Wenn Sie in die Berge wollen, dann müssen Sie jetzt aufbrechen. Später wird es zu kalt und zu gefährlich für Sie. Wohin wollen Sie gehen?«

Ich war völlig überrumpelt. Abbai hatte seit unserem Neujahrsausflug an dem Tag nach meiner Ankunft in Tsengel nie wieder von einer Fahrt aufs Land gesprochen, sondern mich immer darin bestärkt, im Dorf zu bleiben. Das war also vermutlich meine einzige Gelegenheit, in die Berge zu reisen, bevor der Winter kam.

»Tavan Bogd?«, sagte ich hoffnungsvoll.

Abbai runzelte gequält die Stirn. »Sehr weit und jetzt auch sehr kalt. Zu schwierig.«

»Ich würde aber gern hinfahren und mich selber davon überzeugen«, beharrte ich. »Gerel *bagshs* Bruder Erdenebaatar geht bald nach Tavan Bogd. Wir könnten bei seiner Familie wohnen.«

»Sie müssen stundenlang reiten bis Tavan Bogd – und dort gibt es nichts als diesen Berg. Was ist mit Tsergal?«

»Bitte, Abbai, ich bezahle auch das Benzin«, bettelte ich, obwohl ich wusste, dass ich kaum noch Geld übrig hatte und dass die Jeeps seit Wochen neben der Zapfsäule standen, weil wieder einmal das ganze Benzin ausgegangen war.

Abbai nickte düster. »*Zaa*. Am Samstagmorgen. Für eine Nacht. Nur um den Berg zu sehen.«

Ich dankte ihm herzlich und ging schlafen, von prickelnder Vorfreude erfasst.

Wir brachen am Samstagnachmittag auf. Abbai hatte den ganzen Vormittag unter seinem klapprigen Jeep gelegen, und ich bemühte mich, nicht um ihn herumzustehen und zu drängeln. Ich war jetzt acht Monate in Tsengel und hätte gegen das endlose Warten zu Beginn einer Reise immun sein müssen, gegen die unvermeidliche Verzögerung von mehreren Stunden, aber es machte mich immer noch verrückt.

Gansukh, ihre zwei Kinder und Erdenebaatar kamen mit uns. Gansukh wollte bei Sansar-Huu und der Familie bleiben, und Erdenebaatar würde Abbai und mich zum Tavan-Bogd-Massiv begleiten. Ich hatte ein kleines Bündel mit meinen wärmsten Kleidern gepackt, da Abbai mir seit Tagen einhämmerte, wie kalt es an der Grenze sein würde. Niemand sonst nahm etwas mit auf die Reise, außer einer Hand voll Süßigkeiten für die Verwandten. Mongolen reisen mit leichtem Gepäck.

Abbai rollte seelenruhig an der kleinen, hoffnungsvollen Schar neben der Benzinpumpe vorbei, fuhr zum Haus der Tankwartin und begleitete sie zu ihrer Arbeit an der Tankstelle. Es gab genug Benzin, aber nur für die Leute, die Geld und Beziehungen hatten. Nachdem Abbai den Tank gefüllt hatte, überließen wir es der Tankwartin, die anderen Leute zu beschwichtigen, die an der Zapfsäule warteten, und durchquerten den Chovd an der seichtesten Stelle.

Es waren über 60 Kilometer zu der Jurte von Deri-Huu und Bash. Das Tageslicht schwand, während wir dahinholperten und der dröhnende Jeep Kamelherden aus dem Weg scheuchte. Erdenebaatar, der in rasendem Tempo auf Abbai einredete, hielt plötzlich inne und stieß mich an. »Dort oben, sehen Sie? Im Felsen. Dort leben die Hirten im Winter. Ihre Hütten sind ganz hoch dort oben. Hier sind viele Hirten, weil die Weiden gut sind.«

Es gab keine Seen, und die Hütten waren weit entfernt von dem Fluss, an dem wir entlangfuhren. »Aber woher bekommen sie ihr Wasser?«, fragte ich Erdenebaatar. Ich konnte mir kaum vorstellen, wie sie überhaupt die Talwände hinaufkamen.

Erdenebaatar starrte mich stirnrunzelnd an. Er war ein ungewöhnlich blasser und hellhäutiger Tuvaner mit fast durchsichtigen blauen Augen. »Schnee«, sagte er langsam, als wäre es ihm unbegreiflich, wie ein Mensch so unwissend sein konnte. »Sie brauchen keine Flüsse und Seen. Sie schmelzen Schnee.«

Bei Sonnenuntergang hielten wir in einer kleinen Siedlung namens Zagas Nuur – »Fischsee«. Deri-Huus Jurte stand in der Nähe von einem halben Dutzend anderer, alle nahe am Ufer des Sees gebaut. Das Tal um uns hatte sich verengt, und die Wände glänzten wie Sandstein und ockerfarbener Ton. Kamele, die sich als Silhouetten abzeichneten, tranken von dem dunklen Wasser.

»Elizaa!« Deri-Huu stand auf und nahm mich in ihre starken, dicken Arme, und ich war selig über das Wiedersehen mit ihr. Die Jurte war brechend voll mit den Familien von Deri-Huu und Manike, plus ein Dutzend Leute, die ich entweder von Tsengel oder vom Sommerlager kannte. Am Tag zuvor war eine Hochzeit gefeiert worden. Wir quetschten uns auf einen Platz und sagten *sain bainu* zu allen, während der Tee ausgeschenkt wurde.

Das sind einige der kostbarsten Erinnerungen, die ich von Tsengel mit nach Hause gebracht habe: in einer schummerigen, lärmenden Jurte irgendwo in den Bergen zu hocken, in eine Schale Tee zu blasen und geborgen im Kreis meiner einheimischen Freunde für kurze Zeit zu vergessen, dass ich aus einer anderen Welt kam.

»He, warum bist du noch hier, Louisa *bagsh*?«, fragte mich eine junge Frau, die ich im Sommer kennen gelernt hatte. »Gefällt es dir nicht in deinem eigenen Land?«

Ich warf meinen Kopf zurück und lachte. Ich hatte mein Selbstvertrauen und meinen Humor zurückgewonnen, seit ich wieder an der Schule unterrichtete, und jetzt konnte ich mir eingestehen, dass das eine gute Frage war. »Oh, doch. Ich liebe mein Land. Ich werde im Winter nach Hause gehen. Ich will nur noch bis Ende des Jahres bleiben, bis der Fluss wieder zufriert. Dann gehe ich nach Hause.«

Die Frau nickte, dann schüttelte sie den Kopf. »Ich verstehe trotzdem nicht, warum du hier allein bleiben willst«, sagte sie.

Ja, warum eigentlich? Wozu mache ich das alles?, fragte ich mich, während wir zusammengepfercht in der gemütlichen Jurte hockten.

Warum dieses Bedürfnis, mich so weit wie nur möglich von meinem Land und meiner Kultur zu entfernen? Und warum musste ich unbedingt alleine reisen? War es irgendwie ungültig, wenn ich einen Freund oder eine Freundin mitnahm? Ich konnte diese Fragen nicht so ohne weiteres beantworten und gab der jungen Frau keine Erklärung, sondern begnügte mich mit einem Lächeln und einem Schulterzucken. Aber als sie zu ihren Freunden zurückgekehrt war, hockte ich minutenlang tief in Gedanken versunken da und grübelte über ihre Worte nach.

Zugegeben, das Leben allein in Tsengel war hart. Es war auch abenteuerlich, faszinierend und einzigartig, aber hart. Trotzdem war ich ehrlich davon überzeugt, dass ich das Dorfleben nur dann wirklich kennen lernen konnte, wenn ich allein und auf mich selbst gestellt war. Ein anderer Ausländer bei mir im Dorf hätte die Dinge »verwässert«, es zu leicht für mich gemacht, wenn man so will. Vielleicht musste ich hart gegen mich sein, um eine »echte, unverfälschte Erfahrung« mit nach Hause zu bringen – etwas, das mir im Nachhinein ziemlich anmaßend erscheint angesichts der Tatsache, wie hart das Leben für alle Dorfbewohner in Tsengel tatsächlich war. Ich konnte schließlich jederzeit gehen und in mein leichtes Leben zurückkehren, aber für alle anderen hier würde das Leben so weitergehen. Und das Leben war hart.

Am späten Abend sagten Erdenebaatar, Abbai und ich Lebwohl und kletterten wieder in den Jeep. Tavan Bogd lag noch vier Stunden weiter westlich. Es war die Straße zur Hölle.

Der Jeep schlingerte herum wie ein Betrunkener und bockte wie ein Pferd, während der Weg sich weiter in die Berge hineinwand und die Scheinwerfer hin und wieder ein verirrtes Yak oder Pferd, das erschrocken schnaubte und davonglitt, aus dem Dunkel herausrissen. In den glitzernden Augen spiegelte sich der Vollmond über uns, der die unbewohnte Landschaft in ein blasses, durchsichtiges Licht tauchte. Es war, als sähe man die Welt unter Wasser. Die mit Schnee beladenen Altai-Gipfel stiegen wuchtig vor uns auf, und die Täler verengten sich zu zackigen Labyrinthen.

Erdenebaatar kannte den Pfad wie seine Westentasche, wusste genau, wo er sich verlor und wann er wieder auftauchte, wo man langsam fahren, wo man verborgenen Felsen oder Wasser ausweichen musste. Plötzlich ließ er Abbai mitten auf einem kleinen, glatten Plateau anhalten. »Kommen Sie!«

Wir stiegen aus dem Jeep und gingen schlotternd auf zwei Gestalten zu, die vor uns standen, als warteten sie ruhig auf Gäste. Wir knieten uns vor ihnen hin, und Erdenebaatar zündete ein Streichholz nach dem anderen an. Jedes Mal flammte ein weiteres Detail auf: die Umrisse eines in den Felsen gemeißelten Mannes und einer Frau, jede der Gestalten vier Fuß hoch, mit verwitterten, aber unzerstörten Zügen und mit Kritzeleien und ungelenken Schriftzeichen, die in ihre löchrigen, verhüllten unteren Gliedmaßen eingeritzt waren.

»Sehen Sie diese Linien? Einundzwanzig Leute sind unter diesem Denkmal begraben«, erklärte er mit der Begeisterung eines großen Archäologen, der über eine sensationelle Ausgrabung berichtet.

»Und wer sind diese Leute?«

Erdenebaatar lächelte mich an. Mir war aufgefallen, dass er nicht oft lächelte und dass er schwankend und in *arkhi*-Dunst gehüllt aus Deri-Huus Jurte herausgekommen war. »Das sind die Steine von den Türken, die vor uns hier gelebt haben.« Er schwenkte die Arme herum. »Hier, das war ihr Land, lange bevor wir hier waren. Ungefähr tausend Jahre bevor wir gekommen sind. Die türkischen Uiguren. Unter diesen Steinen haben sie ihre Toten begraben. Es gibt hier noch viel mehr Steine, wo ihre Familien beieinander liegen. Sie werden sie sehen, wenn Sie genauer hinschauen.«

Diese trostlosen Ahnengräber waren vernachlässigt und kaum besucht worden, seit die Mongolen im 13. Jahrhundert hier ihr Reich errichtet hatten unter der brutalen, effizienten Herrschaft von Temudschin dem Unerschütterlichen – dem späteren Dschingis Khan. Jetzt lebten die Uiguren über der Grenze in der chinesischen Provinz Xinjiang, hatten aber zwei bleibende Erinnerungen an ihre Geschichte in der Mongolei hinterlassen: die klassische, vertikale mongolische Schrift, die von Dschingis Khan übernommen wurde und noch heute von mongolischen Gelehrten und Künstlern verwendet wird, und die *huun cholloe*, die Steinmenschen.

Ich dachte an die schauerliche Geschichte, wie Dschingis Khans Leichnam, als er 1227 in China starb, in einem riesigen Trauerzug in die Mongolei eskortiert wurde und seine Horden jeden einzelnen Menschen abschlachteten, dem sie unterwegs begegneten. Auf diese blutige, barbarische Weise rächten sie den Tod ihres Anführers. Aber die Toten hier, wie immer sie auch gestorben sein mochten, wurden von alters her als die eigentlichen Wächter des Landes betrachtet. Die Mongolen hatten die Uiguren erobert, aber nicht ihre Gräber entweiht. Eine große Achtung vor ihnen stieg plötzlich in mir auf. Der Wind zerrte an uns, als wir zum Jeep zurückkehrten. Ich fragte mich, wie weit wir noch fahren mussten.

Erdenebaatars Schwester Narantuya und ihr Mann Enkhsaikhan schliefen noch, als wir im Morgengrauen eintrafen. Ihre kleine Jurte, die in einer Mulde an einem Granithang aufgebaut war, sah aus, als wäre sie die letzte Behausung am Ende der Welt. Eine riesige, stumme Yak-, Ziegen- und Schafherde starrte uns reglos entgegen, als wir durch das Tor stolperten. Unsere Gastgeber standen sofort auf, begrüßten und bewirteten uns, bevor wir in Decken und Filzschichten eingemummt in den Schlaf sanken.

Am nächsten Morgen stand ich schlotternd vor der Jurte und jubelte laut hinaus beim Anblick der riesigen Gebirgskette aus dunklem Fels und verharschtem, blendendem Schnee. Der kobaltblaue Himmel war tief und glänzend wie ein Meer. Ich war beinahe froh, dass die Reise so strapaziös gewesen war. Dieses Panorama passte nicht zu einer bequemen Route.

Nara molk schon ihre Yaks. Sie lächelte über meinen Ausbruch und deutete auf den letzten Gipfel an unserem Horizont. »Der letzte Berg dort ist der erste der Tavan-Bogd-Kette. Dort werden Sie hinreiten.«

Nara und ihr Mann waren noch jung und hatten ein kleines Baby. Sie wollten in ein paar Tagen in ihr Winterhaus ziehen, zusammen mit den Viehzüchtern von den vier anderen Jurten, die ebenfalls an den nahen Fels gebaut waren.

»Alle anderen sind schon fort, jetzt sind nur noch die fünf Jurten hier«, sagte Nara, »und wir sind alle von derselben Familie. Wenn es das nächste Mal schneit, gehen wir zusammen zu unseren Hütten zurück. In ein paar Tagen.«

Tavan Bogd liegt ziemlich hoch. Wir waren jetzt ungefähr 3000 Meter über dem Meeresspiegel. Mein Kopf fühlte sich leicht an, als ob ich getrunken hätte. Bei Erdenebaatar, der nun aus der Jurte auftauchte, war es offensichtlich, dass er es getan hatte. Mit glitzernden Augen half er Abbai, unsere Pferde zu satteln. Er war ein faszinierender Mann. In Tsengel geboren und aufgewachsen, hatte er mehrere Jahre in Moskau gelebt und Wirtschaftswissenschaften studiert, um dann 15 Jahre als Direktor einer großen Fleischfabrik in Ulaanbaatar zu arbeiten, bevor er in die Berge und an diesen abgelegenen Verwaltungsposten zurückkehrte. Abbai war sein Chef.

Eingewickelt in einen gesteppten Winter-*deel,* schwang ich mich in den Sattel; die Männer hatten darauf bestanden, dass ich dieses Kleidungsstück über meinen ganzen Thermoschichten, Hose, Pulli, Jacke, anzog. Ich hatte halbherzig protestiert – es war warm an diesem Morgen, und wir ritten ohne Handschuhe. Aber die Männer hatten Recht. Als unsere Pferde in die Berge hinaufstiegen, kühlte die Luft ab, obwohl die Sonne herunterbrannte. Erdenebaatar wurde allmählich wieder nüchtern, da es keine Jurten gab, die man unterwegs auf eine Runde *shimin-arkhi* besuchen konnte, und er ritt auf seinem weißen Pferd voraus. Ich blieb ein Stück hinter ihm und Abbai zurück, weil ich mich ständig im Sattel umdrehte, um auf die nackten, weißen Klippen zu starren, die um uns herum aufragten.

Wir sahen nur einen einzigen Menschen auf unserem Ritt – Enkhsaikhan, der seine Schafe und Ziegen auf den beschneiten Hängen unter uns weidete.

Es war ein langer Ritt. Wir stiegen hoch in die Berge hinauf und arbeiteten uns dann wieder auf den Boden eines vereisten Tales hinunter, wo eine Herde stämmiger Pferde auf uns zuströmte. Sie waren wild und schön. Erdenebaatar und Abbai riefen Befehle in einer Sprache, die die Herde verstand, und führten mich von ihr weg um einen kleinen gefrorenen See herum, eine Prüfung für unsere eigenen Pferde, die auf dem Schnee und Eis ins Schlittern gerieten. Meine Waden verkrampften sich, und meine Wangen wurden taub, aber als Erdenebaatar seinen Arm herumschwenkte, um mir den Weg zu zeigen, galoppierte ich ohne Zögern voraus, begeistert und aufgeregt. Unsere Pferde sprangen über vereiste Nebenflüsse und wateten mit dampfenden, geweiteten Nüstern durch die Schneeverwehungen. Die Gipfel vor uns wurden riesig und traten überscharf hervor.

Erdenebaatar und Abbai änderten die Richtung, und ich folgte ihnen einen gewaltigen, steilen Kamm hinauf. Die Pferde waren mit vereistem Schweiß bedeckt. Plötzlich standen wir direkt vor den Fünf Königen, die gigantisch, zerklüftet und weiß über uns aufragten. Viele tausend Tonnen Schnee waren zu prächtigen, bizarren Skulpturen und monumentalen Bauwerken zusammengepresst worden und schmiegten sich in die Mulden und Spalten des Bergmassivs. Eine Schneeflockenwolke stieg von einem der Gipfel in den tiefen, fast schwarzen Himmel hinauf, wie Weihrauch bei einem Opferritual. Wir blieben alle stumm.

Das war einer der langen, seltenen Momente, von denen man weiß, dass sie einen weit über die Schönheit des Augenblicks hinaus beflügeln und über schwierige Zeiten hinweghelfen werden. Es stimmt, dachte ich, als wir dort standen, das ist es, hier und jetzt, die Berge und das Schweigen. Das ist es, was ich sehen und worüber ich schreiben wollte. Das ist alles, was zählt in diesem Moment, nichts anderes. Dass ich hier bin. Ich bin froh, dass ich dageblieben bin. Dafür hat sich alles gelohnt.

Abbai strahlte. »Jetzt haben Sie das Beste von der Mongolei gesehen«, sagte er triumphierend. »Wo ist Ihre Kamera?«

Wir knipsten uns fröhlich in sämtlichen Kombinationen, die mit drei Personen möglich sind. Ich muss immer noch lächeln, wenn ich die Fotos von unseren vermummten Gestalten vor den Fünf Königen betrachte. Noch nie hatte ich Abbai so entspannt erlebt. Das Gewehr über die Schulter geschlungen, falls wir irgendwo Wölfe erspähen sollten, und in seinem unförmigen, schwarzen kasachischen *deel* und steifen Pelzhut sah er aus wie ein Filmheld aus einem russischen Schmachtfetzen.

Wir blieben nicht lange dort oben. Es war einfach zu windig. Erdenebaatar führte die drei Pferde den blanken Abhang hinunter. Wir stolperten hinter ihm her, und eine Stunde später standen wir zusammen neben einem Gletscher, der in den Fuß der Bergkette eingebettet war wie eine riesige Austernperle. Wir wendeten unsere Pferde nach Süden, und die Männer sangen hingebungsvoll, als wir zum Lager zurückritten. Ich strahlte nur.

Abbai und ich wollten am späten Nachmittag aufbrechen, aber Erdenebaatar ließ uns nicht gehen. »Nein! Ihr müsst heute Nacht hierbleiben und meine ganze Familie besuchen. Sie werden für euch kochen, und morgen gehen wir zusammen in das Haus meiner Mutter.«

Abbai ließ sich überreden. »*Zaa*, vielleicht ist es besser so«, sagte er zu mir. »Dann kann ich morgen wenigstens den Weg sehen.«

In dieser Nacht hatte ich das Gefühl, einem geisteskranken Geiselnehmer in die Hände gefallen zu sein, der uns in den vier anderen Jurten herumschleppte, seine Verwandten anbellte, lautstark nach *shimin-arkhi* verlangte und uns zwang, mit ihm zu trinken. Niemand konnte mit ihm mithalten.

»Louisa, bitte trinken Sie ein bisschen mehr«, murmelte Abbai, als ich widerstrebend meine Schale zum Anstoßen hob. »Gleich fällt er um und schläft ein.«

Erdenebaatars Alkoholismus wurde von seiner Familie und seinem Boss geduldig und stoisch toleriert. Niemand ermahnte ihn oder wies ihn zurecht, wenn er tobte, schrie, sich halb tot trank und schließlich auf dem Boden wegsackte. Die Mongolen behaupten, dass sie das Trinken von den Russen gelernt haben, was vielleicht auch stimmt. Aber woher auch immer ihre Leidenschaft für den Alkohol kommen mag, die Mongolei ist jedenfalls voller Männer, die bei jeder Gelegenheit trinken – um zu feiern, zu trauern oder mit Freunden zusammen zu sein. Der Wodka ist billig, und auf dem Land gibt es nur wenig andere Vergnügen oder Ablenkungen.

In dieser Hinsicht war Tsengel eine Ausnahme. Die Kasachen tranken selten (höchstens manchmal *shimin-arkhi*, unter dem Vorwand, dass es kein richtiger Alkohol sei), und die meisten Tuvaner, außer Gerele, waren die meiste Zeit ziemlich nüchtern. Nach meiner Reise zur Tavan-Bogd-Kette erfuhr ich, dass Erdenebaatar ein ortsbekannter Trinker war. Ich fand das sehr traurig – der Wächter von diesem Stück Himmel zu sein und dennoch in der eigenen Alkoholhölle unterzugehen.

Am Morgen sagte ich Narantuya und Enkhsaikhan Lebewohl, während Abbai und ein jämmerlich verkaterter Erdenebaatar den Motor des Jeeps zum Leben erweckten. Erdenebaatar krümmte sich auf dem Rücksitz, als wir zur Wintersiedlung holperten und hüpften, wo uns wieder einer seiner vielen Brüder und seine verschrumpelte, alte Mutter begrüßten. Ihr Name war Tseverlee. Ihre Schultern und ihr Rücken waren so verkrümmt, dass ihre Silhouette fast dem Buchstaben C glich. Als wir endlich aufbrachen, war Erdenebaatar schon wieder betrunken. Wir ließen ihn bei seiner nüchternen, nachsichtigen Familie.

Der Heimweg war viel leichter bei Tageslicht. Wir folgten der Flussschleife zurück zu Deri-Huus Jurte und kamen später an einem großen, reich geschmückten kasachischen Friedhof vorbei, der noch weitläufiger war als der in unserem Dorf. Abbai bremste. Ich schaute ihn an, weil ich nicht wusste, warum er so plötzlich angehalten hatte, und dann starrte ich sprachlos aus dem Fenster.

Eine riesige Kasachenfamilie, vom Kleinkind bis zu den Urgroßeltern, stand am Rand des Friedhofs und grub sich ihr eigenes Gemeinschaftsgrab, während mehrere Frauen nebenan auf einem engen Ring von glimmenden Steinen das Mittagessen kochten. Alle scherzten und lachten fröhlich, als die Frauen neben ihren Gräbern die Essenschalen füllten, und alle aßen mit großem Appetit. Es war ein einzigartiges Erlebnis, diese fast fröhliche Vorbereitung für das eigene Begräbnis zu sehen, dieses gelassene Hinnehmen des Todes. Die ganze Familie hatte sich zu einem Ausflug getroffen, um gemeinsam ein prächtiges Adobegrab zu bauen, in dem sie irgendwann alle liegen würden. Während ich zu ihnen hinüberschaute, hatte ich das Gefühl, endlich einen Begriff davon zu bekommen, wie die Menschen in den Bergen mit dem Tod lebten, wie sie mit seiner Macht, seiner ständigen, spürbaren Gegenwart umgingen: Sie blickten ihm ins Gesicht.

Abbai knallte die Autotür zu und ging zu der Familie hinüber, rief ihnen Grüße zu. Ich sah durchs Fenster zu, wie er niederkniete und eine Schale Tee und Essen entgegennahm. Dann schaute ich weg. Ich wäre auch gern dabei gewesen, aber mein Selbstvertrauen ließ mich im Stich. Ich dachte daran, wie ich vor zwei Tagen in Deri-Huus Hütte gesessen und unbefangen gescherzt und gelacht hatte, und jetzt starrte ich durch die Fensterscheibe, eine Außenseiterin, die von ihrer plötzlichen Schüchternheit überwältigt wurde. Ich fühlte mich nach wie vor unsicher unter Kasachen. Ich kannte diese Menschen immer noch nicht gut. Es war, als stünde ich draußen vor einer Party, an der ich nur zu gern teilnehmen würde, zu der ich aber nicht eingeladen war.

»Louisa! *It jey, it jey!*« – Essen Sie Fleisch!

Alle riefen mich herüber, winkten mit den Händen und lächelten. Ich strahlte über das ganze Gesicht, als ich zu der Familie ging, mich zu ihnen in den Staub kniete, mitten unter den Lebenden und den Toten, und eine Schale mit dampfender Fleischsuppe entgegennahm. Wir tauschten Grüße und Neuigkeiten in langsamem Kasachisch aus, während ich meine Suppe schlürfte und Abbai von unserer Reise zu den Fünf Königen erzählte. Ich fing den Blick von einem der Anwesenden auf, lachte laut mit ihm hinaus und konnte mich plötzlich nicht erinnern, jemals glücklicher gewesen zu sein.

In der »reichen Wiege«

26

»Warte, Louisa!« Gansukh trat aus ihrem Tor, als ich auf dem Weg zur Schule daran vorbeiging. Ich drehte mich lächelnd um, aber als sie näher kam, sah ich, dass ihr Gesicht angespannt, blass und finster war. Wir gingen einen Augenblick schweigend nebeneinander her. »Hast du das von Zorig gehört?«, fragte sie. »Hat Abbai es dir erzählt?«

»Ja, wir haben gestern Abend etwas im Radio gehört. Es war ein Unfall, oder?«

»*Yanaa*!« Gansukh hielt mich mit der Hand zurück, und wir blieben beide abrupt stehen und drehten uns zueinander um. »Nein! Er wurde umgebracht. Warum hat Abbai dir das nicht erzählt? Sie haben stundenlang auf ihn gewartet, bis er vom *Ikh Chural* (Parlament) zurückgekommen ist. In seinem eigenen Haus! Die Männer haben seine Frau nach etwas gefragt, sie hat die Haustür aufgemacht, und dann haben sie sie gepackt und an einen Stuhl gefesselt und ihr den Mund zugebunden. Dann haben sie gewartet, und als Minister Zorig nach Hause gekommen ist, haben sie ihn mit einer Axt erschlagen, und sie musste alles mit ansehen.

Sie waren erst ein Jahr verheiratet. Jetzt sind in Ulaanbaatar alle auf der Straße. Die Leute sind zornig und haben Angst, große Angst. Weil er eine unserer ›Schwalben der Freiheit‹ war, verstehst du? Ja, er war einer der Anführer der Demokraten, die 1989 zum *Ikh Chural* gegangen sind und den Kommunisten gesagt haben: ›Wir wollen die Demokratie, hier und jetzt‹. Und als damals die riesige Menge tagelang auf dem Sukhbaatar-Platz geblieben ist und die Leute sagten, sie würden erst gehen, wenn die Kommunisten das

Land verlassen haben, ist Zorig mit ihnen auf dem Platz geblieben, bis die Kommunisten gesagt haben: ›*Zaa*, wir werden gehen, das *Ikh Chural* gehört jetzt den Demokraten.‹ Als die Demokraten dann die Wahlen gewonnen haben, haben sie Zorig zum Minister ernannt, und sein Name war sogar auf der Liste für die Wahl zum Premierminister. Warum töten sie den Mann, der unser Premierminister werden sollte?

Im Radio haben sie gesagt, dass jetzt ganz viele Leute auf dem Sukhbaatar-Platz sind und gegen das *Ikh Chural* demonstrieren. Was ist nur los mit der Mongolei? Das ist doch nicht Russland mit seiner Mafia. Wir verstehen nicht, wer so etwas Schreckliches macht. Wir haben immer geglaubt, dass unsere Politiker ungehindert ihre Arbeit machen können. Verstehst du, so etwas ist seit Choybalsan nicht mehr passiert. Nie. Selbst in der demokratischen Revolution ist niemand umgekommen, niemand ins Gefängnis gewandert. Das hier ist ein freies Land. Hier, schau dir das an: In der Zeitung kommt nichts anderes mehr, nur Fotos und Geschichten von Zorig. Und alle hier reden nur über ihn, und wir haben keinen Strom und können nicht einmal die Beerdigung im Fernsehen anschauen.

Es wird nie mehr so sein wie früher, Louisa, und ich sage dir, du solltest dir auch Sorgen machen. Weil wir nicht wissen, wer das war oder wie viele Leute darin verwickelt sind. Vielleicht bricht deshalb sogar ein Bürgerkrieg aus. Im Ernst. Sansar-Huu sagt, wer immer das getan hat, wer immer diese Männer sind, sie werden jetzt große Angst haben, weil sie nicht damit gerechnet hatten, dass unser Volk so heftig reagiert. Er sagt, jetzt wird erst einmal nichts mehr passieren, niemand wird mehr getötet werden, weil unser Volk so wütend ist, sogar hier im Dorf sind sie wütend. Er sagt, jetzt wird alles in Ordnung sein. Aber ich weiß nicht. Ich weiß einfach nicht.«

In Tsengel gab es in den nächsten paar Wochen kaum ein anderes Gesprächsthema als Zorig. Das ganze Dorf war entsetzt über diesen Mord, der, wie die Regierung behauptete, von einer radikalen kommunistischen Splittergruppe begangen worden war. Niemand war verhaftet worden.

Am nächsten Mittwoch war die Post brechend voll. Auch wir quetschten uns hinein, starrten auf die verschmierten Zeitungsfotos von der Beerdigung und staunten über den Menschenstrom, der die Enkh-Taivan in Ulaanbaatar gesäumt hatte, als der Leichenwagen langsam zum Friedhof gerollt war. Ein Grabstein, auf dem Sanjaasurengiyn Zorig als »Vater der mongolischen Demokratie« verewigt wurde, war bereits angefertigt und auf einem Podest über seinem Grab aufgestellt worden.

Die Dorfbewohner ließen die Zeitungen langsam von Hand zu Hand gehen, schüttelten die Köpfe und sagten wenig. Wir waren so fern von Ulaanbaatar, dass die ganze Tragödie etwas Surreales hatte, aber die Überschrift eines Artikels, den ich Monate später in der *Far Eastern Economic Review* las, »Tod der Unschuld«, traf den Nagel auf den Kopf. Die mongolische Psyche hatte einen Knacks erhalten, als Zorig gestorben war. Sein gewaltsamer Tod jagte Schockwellen durch das ganze Land, und ich spürte die Angst und den Kummer in Tsengel. Ich glaube, zum Teil hing die kollektive Trauer der Dorfbewohner mit dem Gefühl zusammen, dass ihre Nation in gewisser Weise nie mehr dieselbe sein würde ... eine unverletzliche Grenze war überschritten worden.

Tuya und ich saßen eines Abends am Ufer des Chovd und zogen unsere Jacken enger um uns. Es war unmöglich, sich nicht von der düsteren Atmosphäre anstecken zu lassen, die nach der Ermordung des Ministers noch immer über dem Dorf hing, und wir redeten mit leiser Stimme und kicherten unterdrückt, während wir ein, zwei Wochen vorher wahrscheinlich noch laut herausgelacht hätten.

Meine Freundin war an diesem Abend in wehmütiger Stimmung und schwärmte von ihren fünf Jahren an der Universität der tuvanischen Hauptstadt Khyzl. Sie war zur selben Zeit dort gewesen wie Gansukh und Sansar-Huu.

»Ah, es war fantastisch. Wir hatten so viel Spaß. Es gab immer eine Party oder andere Treffpunkte, wo man abends hingehen konnte, nicht so wie hier ...«

Tuya und Gansukh hatten mir beide stolz ihre glamourösen Fotos gezeigt, auf denen sie im Lederrock und mit Sonnenbrille im Zentrum von Khyzl posieren – kostbare Erinnerungen an ihr einstiges Stadtleben. Jetzt zitterte Tuya ein bisschen in der kalten Flussdämmerung, als sie sich an die gepflasterten Straßen, die gut sortierten Läden und eleganten Restaurants von Khyzl erinnerte.

Schließlich sagte sie mit tiefer Überzeugung: »Ich möchte dorthin zurückgehen, sobald Gerele und ich verheiratet sind. Aber ich weiß nicht, vielleicht müssen wir noch warten.«

Ich fragte schon lange nicht mehr, wann die Hochzeit stattfinden würde, weil Tuya es selber nicht wusste und die Heiratsfrage ihr schon genug zu schaffen machte. »Ich bin die einzige tuvanische Frau im Dorf, die mit fünfundzwanzig noch nicht verheiratet ist«, vertraute sie mir an und tat so, als ob es ihr nichts ausmachte.

Tuya behauptete, dass ihre Eltern immer noch nichts von ihrer Affäre mit Gerele wussten, aber ich hatte inzwischen begriffen, dass dies nur eine stillschweigende Übereinkunft war. Gerele musste eine angemessene Trauerzeit für seinen Vater abwarten, bevor er heiraten konnte, und obwohl Tuya ihre Verlobung noch nicht offiziell verkündet hatte, war es kaum glaubhaft, dass ihre Eltern nicht wussten, was vorging. In Wahrheit wollten alle nur Zeit gewinnen und auf den richtigen Moment warten.

Als Tuya genug über ihr Leben in Khyzl erzählt hatte, entstand eine Pause in unserem Gespräch, und wir saßen eine Weile schweigend da und schauten zur anderen Seite des Flusses hinüber, wo der Mann vom Postamt mit dem wunderbaren Namen Buyan Tok-Tok seine Hütte gebaut hatte. Es war eine geniale Konstruktion, dieses Haus, das er auf einem schmalen Ufer vor einem riesigen, überhängenden Felsen errichtet hatte. Es sah uneinnehmbar aus, und ich fragte mich, wie in aller Welt Buyan es schaffte, jeden Morgen den schnell fließenden Chovd zu überqueren. Im Winter war es natürlich leicht, aber im Moment war kein Boot zu sehen, und die einzige Brücke war über 30 Kilometer stromaufwärts. Ich sinnierte träge über Buyan Tok-Toks Transportmittel nach und was sein bizarrer Name wohl bedeutete, als Tuya mich aus meinen Gedanken riss.

»Louisa, London *yamar bain*? Wie ist London?«

In all den Monaten, in denen ich Tuya kannte, hatte sie mich nie danach gefragt, und ich musste einen Augenblick über die Frage nachdenken, bevor ich ihr antworten konnte.

»Oh ... na ja, es ist ... eine große, laute Stadt. Sehr aufregend. Es gibt viel zu tun, und alle sind ständig in Eile, auf dem Weg zur Arbeit oder hinterher zu einer Verabredung ...«

Ich redete und redete, erzählte begeistert von den fünf oder sechs Jahren, die ich in London verlebt hatte, schwärmte von den guten Zeiten und alten Freunden und schwelgte in schönen Erinnerungen. Ich hatte den größten Teil meiner Londoner Zeit mit obdachlosen Jugendlichen gearbeitet. Ich hatte diese Arbeit geliebt, obwohl es manchmal sehr stressig gewesen war, so wie das Leben in London überhaupt. Aber obwohl ich Tuya von meiner Arbeit erzählte und ihr beschrieb, wie laut und schmutzig und brutal die Stadt sein konnte, wusste ich, dass ich ihr eine sehr romantische Version meines alten Lebens lieferte. Nicht, weil ich sie damit beeindrucken wollte. Ich holte nur einfach die Dinge aus meiner Vergangenheit hervor, an die ich mich gern erinnerte. So wie fast jeder es tut, wenn die Gegenwart sehr hart und schwierig ist.

»Gehst du dorthin zurück, wenn du unser Dorf verlässt?«, fragte Tuya, als ich zu Ende geredet hatte. »Und wo willst du leben, wenn du nach Hause kommst?«

Ich zuckte mit den Schultern. »Ich weiß nicht. Vielleicht wieder in London.« Ich wollte jetzt nicht daran denken, was nach meiner Rückkehr geschehen würde, weil ich in den letzten Wochen, die ich hier verbrachte, nur im Augenblick leben wollte, anstatt ständig vorauszuplanen und mich von meinem jetzigen Leben ablenken zu lassen. Ich konnte, wenn ich wollte, jederzeit wieder in mein Stadtleben eintauchen oder weiterziehen und neues Terrain erkunden. Nach der Enge dieses Dorfes hielt die Welt draußen massenhaft Versuchungen für mich bereit.

Tuya hatte viel weniger Möglichkeiten als ich. Sie war hier rastlos und machte kein Geheimnis daraus, dass sie Tsengel verlassen und in der Stadt ein neues Leben mit Gerele anfangen wollte, aber sie war an ihre Familie und vor allem an Gereles Familie gefesselt.

»Nach der Universität bin ich wegen meines Vaters und meiner Mutter hierher zurückgekommen.« Tuya kräuselte einen Augenblick ihre Lippen. »Sie werden jetzt älter, meine Eltern, aber es ist in Ordnung, wenn ich weggehe, weil sie ja noch meine Brüder haben, die bei ihnen leben, und außerdem sind sie reich und besitzen viel Vieh. Bei Gereles Familie ist das anders. Sie haben niemand, der ihnen helfen kann. Seine Mutter ist allein mit vier Kindern, und die sind alle noch in der Schule außer Gerele, also arbeitet niemand, und sie bekommen kein Geld. Er wird noch ein paar Jahre bei ihnen bleiben müssen. Ach, ich weiß nicht. *Chetsüü* – es ist schwer.«

Allmählich wurde uns kalt, und so standen wir auf, trampelten unsere tauben Füße warm und gingen langsam nach Hause. Amraa war mit ihren Eltern nach Olgij gezogen, und Gansukh und Sansar-Huu waren zu Hause bei ihren Kindern und kümmerten sich außerdem noch um zwei rotbackige, kleine Mädchen aus den Bergen, die gerade mit der Schule angefangen hatten, so dass Tuya und ich in dieser Zeit sehr oft zusammen waren. Wir besuchten einander fast jeden Abend, und manchmal saßen wir zusammen, ohne viel zu reden, aber ich fühlte mich immer wohl mit mir. Jetzt verabschiedete ich mich von ihr am Tor, und sie zog mich wieder einmal auf, weil ich *bayartai* gesagt hatte, allerdings nur im Spaß, wie wir beide wussten, weil keine von uns im Augenblick fortging.

»Bald wirst du wirklich *bayartai* sagen müssen, Louisa, denn dann gehst du fort und kommst nie mehr zurück! Aber du weißt genau, dass du mich morgen wiedersiehst, also warum *bayartai*, eh?«

Ich grinste und winkte, und dann trennten sich unsere Wege.

Meistens ging ich abends noch eine Weile in Abbais Hütte, wo es warm und gemütlich war, um vor dem Schlafengehen ein bisschen mit ihm und Guul-Jan zu plaudern, während die Kinder um uns herumliefen. Ich hatte mich daran gewöhnt, dass Tuya nie in Abbais Haus kam. Wenn ich nicht zu Hause war, wartete sie draußen vor meiner Tür auf mich, oder sie schickte eines der Kinder zu mir, um mich zu holen. Tsengel war inzwischen ein zwar bizarrer, aber vertrauter Ort für mich geworden, doch an diesem Abend war ich in Gedanken und wollte allein an meinem Ofen sitzen und vor mich hingrübeln. Tuya hatte ihre schönen Studentenzeiten in Tuva heraufbeschworen, und ich hatte ihr von meiner Zeit in London erzählt und mich in ein schleichendes Heimweh hineingeredet, dem ich hier im Dorf sonst selten zum Opfer fiel. Wir hatten beide unsere Vergangenheit verklärt.

Ein paar Stunden später, zu einer Zeit, in der ich normalerweise längst in meine Decken eingemummt war und in tiefem Schlaf lag, hockte ich immer noch an meinem Ofen mit einer flackernden Kerze neben mir und in einen mit Ziegenfell gefütterten *deel* gehüllt. Ich betrachtete langsam meine Hände und Finger, als ob ich sie noch nie richtig gesehen hätte. Die Haut war trocken und hart.

Meine Handflächen waren mit rissigen, hornigen gelben Schwielen bedeckt, meine Nägel eingerissen und schmutzig und die Fingerspitzen schrundig. Zum ersten Mal in meinem Leben hatte ich Arbeiterhände.

27

Und so ging unser Dorfleben weiter, ruhig und einförmig, mit seinen kleinen Komödien, Dramen, Ankünften und Abreisen. Immer noch rumpelten Lastwagen nach Tsengel herein und brachten die letzten Familien von ihrem langen Sommeraufenthalt in den Bergen zurück; Häuser wurden getüncht, herausgeputzt und repariert. Das Krachen der Äxte schallte durch das Dorf, und die gerissenen Stromkabel wurden wieder von Haus zu Haus geschlungen, wobei ein Team von einheimischen Männern an den Masten hinaufkletterte, während ganze Familien aus den Höfen traten und zuschauten.

Gansukh und ich arbeiteten zusammen in der Schule, wir rätselten weiter an dem bizarren *Blue-Sky*-Text herum, und ich teilte meine Zeit hauptsächlich zwischen der Schule und den *hascha* von Abbai, Tuya und Gansukh auf. Nur hin und wieder wurde mir bewusst, wie sehr meine Welt geschrumpft war, dass ich fast nichts von dem wusste, was außerhalb meines engen Lebenskreises vorging. Und dann weinte ich im Stillen den Dingen nach, die ich hier versäumte, bis ich mich dann wieder damit tröstete, dass ja alles noch da sein würde, wenn ich zurück nach Hause kam.

Das Absurde war, dass ich trotz dieses Bedürfnisses, mit der Außenwelt in Kontakt zu treten, keineswegs begeistert war, als Guul-Jan eines Tages in mein Zimmer trat und mir ankündigte, dass ein Ausländer nach Tsengel kommen würde.

»*Yamar gadaad-neen hun?*« – Was für ein Ausländer?, fragte ich misstrauisch.

»Ein amerikanischer Arzt. Er kommt heute Abend in der Klinik an.«

»Warum?«

Sie zuckte mit den Schultern. »Ich weiß nicht. Aber du musst dich mit ihm treffen. Du kannst ihm alles über das Dorf erzählen.«

Abbai erklärte mir später, dass der Amerikaner nur für eine Nacht mit ein paar Ärzten vom städtischen Krankenhaus in Olgij hierherkommen würde, aber er wusste auch nicht, was sie in Tsengel wollten oder für welche Organisation der Amerikaner arbeitete. Abbai war natürlich begeistert. Aber ich reagierte extrem fremdenfeindlich.

»Wahrscheinlich so ein Typ, der die Leute bekehren will«, brummte ich böse vor mich hin. »Und was zum Teufel hat er überhaupt hier verloren? Es gibt doch genug andere abgelegene Dörfer in Bayan-Olgij. Soll er doch woanders hingehen.«

Das war keine sehr freundliche Reaktion gegenüber einem Menschen, den ich noch nie gesehen hatte und der dem Dorf vielleicht Geld oder neue medizinische Geräte bringen würde, und deshalb behielt ich meinen Groll für mich, aber ich war selber verblüfft, wie verbissen ich mein »Revier« verteidigte. Ich hatte dieses Dorf unbewusst zu meinem erklärt und war der Meinung, dass ich mir meine Nische hier redlich verdient hatte. Und jetzt konnte ich den Gedanken nicht ertragen, dass dieser Amerikaner einfach hereinspazierte und womöglich die Nase über Tsengel rümpfte oder – noch schlimmer – meine Position als einzige Ausländerin bedrohte. Ich wollte Tsengel für mich haben und mein Abenteuer mit keinem anderen teilen, nicht einmal einen Tag lang. Wenn ein anderer Ausländer nach Tsengel gezogen wäre, solange ich dort war, hätte ich wahrscheinlich die Flucht ergriffen, was natürlich idiotisch ist und nicht gerade für mich spricht, denn die Dorfbewohner wären froh gewesen über einen gut ausgerüsteten Arzt.

An diesem Abend gingen Abbai und ich zum Krankenhaus, das auf der anderen Seite von Tsengel lag, aber der Arzt und seine Begleiter waren nirgends zu sehen. Als wir zurück in den *hascha* kamen, hatte jemand bei Addai und Szandrash angerufen und mitgeteilt, dass der Jeep eine Panne gehabt habe und die Besucher erst morgen kommen würden.

Am folgenden Nachmittag bremste ein Jeep draußen vor dem *hascha*, und drei Gestalten schlenderten auf Abbais Haus zu. Ich linste wie ein Spanner durch meine roten Vorhänge und erkannte sofort den amerikanischen Arzt. Selbst von hier aus sah er einfach umwerfend aus.

Ich wurde bald in Abbais Jurte eingeladen und mit dem Trio bekannt gemacht. Die Besucher saßen am Tisch, der ihnen zu Ehren mit Süßigkeiten, Keksen, *buurtzug*, Brot und dampfenden Teeschalen beladen war. Die Kinder brachten noch mehr Essen herein und wurden dann von Guul-Jan, die aufgeregt und mit gerötetem Gesicht neben dem Tisch stand, hinausgescheucht. Gastfreundschaft ist bei allen Mongolen oberstes Gebot, und die Ankunft des ausländischen Doktors versetzte den ganzen *hascha* in Aufruhr. Es waren auch schon Ausländer ins Dorf gekommen, bevor ich hierhergezogen war, aber nicht sehr oft.

Ich tauschte auf Kasachisch Grüße mit den Begleitern des Amerikaners aus, der mich verwirrt anlächelte, wie jemand, der zwar bestimmte Wörter in einer fremden Sprache wiedererkennt, aber keine Ahnung hat, was sie bedeuten.

»Hallo«, sagte ich dann zu ihm.

»Hi.« Wir grinsten uns an, weil die steife, ehrerbietige, erwartungsvolle Atmosphäre, die im Raum lag, irgendwie zum Lachen reizte. Anscheinend wurde von uns erwartet, dass wir uns zusammensetzten und stundenlang miteinander redeten, während uns alle dabei zuschauten. *Sain yerekh*, wie die Mongolen sagen – unterhaltet euch gut.

Sobald Abbai, Guul-Jan und das Paar, das den Arzt begleitete, sich überzeugt hatten, dass wir in ein Gespräch vertieft waren, wandten sie sich ab und redeten in schnellem Kasachisch miteinander. Nur hin und wieder warfen sie einen Blick zu uns herüber und nickten beifällig, wenn der Doktor und ich uns belanglose Fragen stellten.

Der Arzt war tatsächlich Amerikaner und sah aus der Nähe noch viel besser aus. Seine Haut war dunkel und glatt, und sein dichtes, gut geschnittenes Haar schimmerte wie poliertes Holz. Er arbeitete als fachärztlicher Berater für eine große Hilfsorganisation und war für ein paar Wochen in der Mongolei unterwegs.

»Und was machen Sie genau?«, fragte ich.

Er grinste und ließ seine blendend weißen Zähnen aufblitzen. »Aids-Prävention, aber wir kümmern uns auch um andere Aspekte der sexuellen Gesundheit, einschließlich Säuglings- und Müttersterblichkeit.«

Ich erzählte ihm, was ich über die Familienplanung im Dorf wusste, nämlich die Anzahl der Frauen, die eine Spirale trugen, und die Probleme, die sie damit hatten, von schweren Blutungen bis hin zu Unfruchtbarkeit. Ich hatte es von Gansukh, Tuya und anderen Frauen gehört, als wir eines Abends über Verhütungsmethoden sprachen, und mir war bewusst geworden, wie beschränkt die Möglichkeiten waren, die es hier in dieser Hinsicht gab.

»Haben Sie Verhütungsmittel für die Klinik dabei?«, fragte ich den Amerikaner. Ich hatte ein paar Kondompackungen ins Dorf mitgebracht, mich aber längst damit abgefunden, dass ich hier keine Verwendung dafür hatte, und sie stattdessen verschenkt. Aber ich wusste, dass meine Freundinnen hier sehr froh über Nachschub sein würden, denn in Tsengel gab es keine Kondome zu kaufen.

»Nein, ich habe keine Verhütungsmittel für die Einheimischen dabei«, sagte er und zwinkerte mir unter seinen dichten Wimpern viel sagend zu. »Ich habe nur ein paar Kondome für meinen eigenen Gebrauch mitgebracht.«

Die Begleiter des Arztes, ein kasachisches Paar namens Aplom und Zaurich, wollten mit ihrem Gast eine Spritztour durch die Chovd-Schlucht machen und luden Abbai, Guul-Jan und mich dazu ein. Sie sprachen beide Mongolisch, und Aplom konnte auch Englisch. Er war der Übersetzer des Arztes.

»Wir sind von dem großen Krankenhaus in Olgij«, erklärte er mir, als wir uns in ihren Jeep quetschten. »Der Amerikaner ist nach Bayan-Olgij gekommen, um unsere Krankenhäuser auf dem Land zu inspizieren, und er hat gesagt: ›Jetzt müsst ihr mich noch zu einer kleinen Klinik in den Bergen fahren. Ich will sehen, wie sie dort arbeiten.‹«

Ich schaute zu unserem Gast hinüber, der zustimmend nickte. »Ja, das stimmt. Ich habe ihnen gesagt, dass sie mich an den wildesten, abgelegensten Ort bringen sollen, den sie kennen. Ich will wissen, wie gut oder schlecht die Dinge dort stehen.«

»Und? Wie steht es?«

»Die Säuglingssterblichkeit hier ist sehr hoch, obwohl die Geburtenrate sinkt, und soweit ich gesehen habe, gibt es nur wenig Medikamente und medizinische Einrichtungen in der Klinik. Es muss ein ständiger Kampf sein.«

Der Jeep knatterte ein paar Kilometer nach Süden, bis wir zu einem Jurtenlager kamen, das am Flussufer errichtet worden war, und dort natürlich zum Tee anhielten. Ich kannte einige der Nomaden vom Sommercamp, begrüßte sie und wollte den Amerikaner vorstellen, aber er schaute bereits über meine Schulter zum Fluss hinunter.

»Louisa, sehen Sie mal die Pferde dort! Was glauben Sie – ob die uns mal reiten lassen?«

Ich war inzwischen an die stämmigen Mongolenpferde gewöhnt, aber der Amerikaner stöhnte, als er sein rechtes Bein über das Pferd und in die Steigbügel schwang. »Mein Gott, sind die winzig! Ich reite einen Araber in den Staaten, und das ist ein verdammt großes Pferd. Also, dann mal los, ja?«

Wir trotteten aus der Siedlung hinaus, und ich warf einen Blick über die Schulter zurück, wo Guul-Jan, Aplom, Zaurich und ein halbes Dutzend staunender Nomaden schweigend dastanden, unseren Aufbruch beobachteten und dann plötzlich alle auf einmal zu reden anfingen. In ihren Augen muss das wie eine Szene aus einer Vorabend-Soap aussehen, dachte ich.

Es war ein schöner Ausritt. Die Luft war kalt, aber die Sonne schien, und die Schlucht mit ihren dunklen Felswänden und der leuchtenden Himmelskuppel darüber war grandios. Ich war nur selten mit einem Mann allein gewesen, seit ich in Tsengel wohnte, und dieser attraktive ausländische Doktor war eine echte Sensation für mich, zumal er sich ehrlich dafür zu interessieren schien, was ich hier machte, und auch für Tsengel selber. Ich gab schließlich mein Misstrauen auf, besonders als er vor Lachen brüllte und mir versicherte: »Du liebe Güte, nein, ich hab nicht die Absicht, irgendjemand zu bekehren. Ich hasse solche Typen!«

Wir ließen die Pferde im Schritt gehen und redeten, während der Fluss an uns vorbeizog. Ich schilderte ihm meinen Sommer in den Bergen und das Leben in Tsengel, und er erzählte mir von seinem Leben in Kansas, wo er zu Hause war, und gab mir seine Visitenkarte. Wir lachten beide darüber, dann wendeten wir die Pferde.

Als wir zurück zur Siedlung kamen, fischte Aplom mit ein paar Nomadenkindern stillvergnügt mit einer Angelrute, die aus einem Ast und einem Stück Zwirn bestand. »*Balakh*!« Er hielt triumphierend ein halbes Dutzend Fische hoch und warf sie mir zu. Sie waren säuberlich auf einen dünnen Stock gespießt. »Für Sie, *bagsh*. Ich esse keinen *balakh*.«

Die meisten Leute, die ich in Tsengel kennen gelernt habe, essen keinen Fisch, was eine Schande ist, weil Fisch die einzige essbare

Alternative zu Schaf, Ziege oder Rind darstellt. Aber in ihren Augen war es ein Armeleuteessen, ein schlechter Fleischersatz. Jetzt nahm ich den Fang dankbar an. Ich hatte schon öfter Fische geschenkt bekommen, weil die Leute wussten, dass ich ihn gern aß. Ich hasste es, die schleimigen Tiere abzuschuppen, auszunehmen und sauber zu machen, aber in Butter gebraten, schmeckten sie köstlich.

»Wir müssen jetzt los«, verkündete Aplom und ging auf den Jeep zu.

»Wohin fahren Sie?« Ich war verblüfft, dass sie so schnell wieder wegwollten. Hier im Dorf bleiben Gäste sonst tagelang und nicht nur ein paar Stunden.

»Nach Ulaan-Huus. Wir müssen uns mit einem Arzt im Dorf treffen und bleiben dort über Nacht.«

Ulaan-Huus ist ein von gewaltigen Sandsteinfelsen umgebenes Dorf, das auf halber Strecke zwischen Tsengel und Olgij in einem breiten Flusstal liegt. Auf den ersten Blick sieht es wildromantisch aus, aber beim Näherkommen entpuppt es sich als eine öde, heruntergekommene Siedlung mit müllübersäten Erdstraßen, streunenden Hunden und halb verfallenen Häusern. Ich konnte mir gut vorstellen, dass es viele kranke und behandlungsbedürftige Leute in Ulaan-Huus gab. Aber der Amerikaner wollte sich keine Patienten ansehen. Er war nur gekommen, um einen Blick auf den Westen von Bayan-Olgij zu werfen, wie er mir gesagt hatte.

»He, Louisa, wollen Sie nicht mitkommen? Sie finden dort doch sicher jemand, der Sie hinterher wieder zurückbringt. Na, los, kommen Sie einfach mit – Sie können mit uns über Nacht in Ulaan-Huus bleiben.« Der Amerikaner schaute mich an und lächelte erwartungsvoll, und ich wandte die Augen ab.

Es waren nicht seine Worte oder die Einladung selber, sondern der Ton, den er anschlug – und sein anzüglicher Blick. Der attraktive Doktor ist für ein paar Wochen von zu Hause fort, dachte ich sarkastisch, und jetzt will er mich aufreißen. Ich hatte vergessen, wie unverfroren manche Männer sein können.

Ich lächelte strahlend zurück und schüttelte den Kopf. »Nein, nein, das geht nicht. Es wäre viel zu schwierig, wieder zurückzukommen, und ich habe schließlich meine Arbeit hier.«

Er zog die Augenbrauen hoch, strich mit seiner ausgestreckten Hand über meinen Arm und sagte: »Ach, kommen Sie, Louisa.«

Und damit war die Sache für mich klar. Gut, ich hatte mich ein paar Mal sinnlos betrunken, aber sonst hatte ich in Tsengel ausgesprochen keusch gelebt, und das würde leider auch so bleiben müssen, bis ich in die Stadt zurückkehrte. Es war kein verlockender Gedanke, mich mit ihm mitten in der Nacht aus einer Hütte in Ulaan-Huus zu schleichen für eine kurze, eisige Nummer im Freien, in der Hoffnung, dass uns niemand sah und dass wir nicht von einem der wilden Hund angefallen wurden. Selbst nicht nach einem Zölibat von acht Monaten. Der kann mich mal, dachte ich gereizt. So was brauche ich nicht.

Zurück im *hascha,* tranken wir noch mehr Tee, bevor unsere Gäste nach Ulaan-Huus aufbrachen. Ich machte belanglose Konversation mit dem Doktor, weil er mich plötzlich überhaupt nicht mehr interessierte. Ich weiß nicht, ob er es gemerkt hat.

Als wir die Gäste schließlich aus dem Hof hinausbegleiteten, stieß Guul-Jan mich an. »Louisa, woher kommt dieser Doktor? Ist er Inder oder Amerikaner?«

»Er ist Amerikaner.«

»Und kommt er wieder?«

»Ich glaube nicht.«

Wir standen noch eine Weile herum, um uns zu verabschieden. Abbai bat den Amerikaner, nach Tsengel zurückzukommen und eine Weile im Krankenhaus zu bleiben, als der Doktor plötzlich die Arme öffnete und mich vor allen anderen an sich drückte.

»Es war sehr schön, dich zu treffen, Louisa. Vielleicht sehen wir uns eines Tages in Kansas wieder.« Er küsste mich voll auf den Mund, und ich wich vor ihm zurück, die Arme von mir gestreckt, hochrot vor Wut und Verlegenheit. Lass mich bloß in Ruhe, dachte ich grimmig. Wie kannst du es wagen, mich hier vor allen Leuten zu umarmen? Das ist doch nur peinlich!

Wenn ich diesem Mann vor meiner Zeit in Tsengel begegnet wäre, hätte ich sein Verhalten nur als kleinen Flirt betrachtet und weiter nichts. Seine Aufmerksamkeit hätte mir wahrscheinlich geschmeichelt, und vielleicht wäre ich auf seine Avancen eingegangen. Schließlich war er sehr attraktiv. Ich war ein Single, und wir waren beide frei. Aber meine Wertvorstellungen hatten sich verändert. Ich lebte hier in einem abgelegenen, extrem konservativen Dorf und hatte mich den einheimischen Vorstellungen von anständigem Benehmen angepasst, weil es einfacher war. Von meinem jetzigen, selbst gewählten Standpunkt aus war das Verhalten des Amerikaners nicht in Ordnung. Das gehörte nicht hierher, genauso wenig wie er selber. Ich war froh, dass er fortging.

28

Mit dem Wintereinbruch in Tsengel stieg die Zahl der Einwohner an. Einige der älteren Nomaden zogen für ein paar Monate aus den Bergen ins Dorf, bis das schlimmste Wetter vorüber war. Die meisten Nomadenfamilien waren bereits mit ihren Tieren von ihren Sommerjurten-Camps in die Winterhütten hoch in den Bergen gezogen, wo es winterfeste Pferche für das Vieh gab. Manche der sehr alten Leute ließen dann ihr Vieh in der Obhut ihrer erwachsenen Kinder und zogen zu anderen Familienmitgliedern nach Tsengel, um drei Monate lang das relativ leichte Dorfleben zu genießen.

Tuyas Eltern hatten eine Mitfahrgelegenheit ins Dorf ergattert und zogen zurück in das Haus ihrer Tochter. Tuyas Mutter hieß Gurov, was »drei« auf Mongolisch bedeutet, vermutlich weil sie acht Geschwister hatte und ihren Eltern, als sie auf die Welt kam, bereits die Namen ausgegangen waren. Aminas 65 Jahre alte Mutter Apam zog auch von ihrem Sommerlager in Tsergal in die Nähe des Dorfs. Apam und ihr Sohn Quartz bauten ihre Jurte auf der anderen Seite des Chovd gegenüber von Tsengel auf. Als der Fluss zufror, zog Apam ebenfalls für ein paar Monate ins Dorf.

Seit die Schule begonnen hatte, wohnte ein Junge namens Irlaan in Szandrashs Haus. Szandrash schickte ihn oft zu mir herüber, und dann stand er schüchtern lächelnd vor meiner Tür, eine Schale mit warmer Milch oder einen Teller Brot oder Käse in seiner kleinen Hand. Irlaan war Quartz' ältester Sohn. Er war acht und zum ersten Mal in der Schule. Ich hatte anfangs gedacht, dass Irlaans Eltern als Hirten in den Bergen arbeiteten, aber als ich schließlich Szandrash fragte, erfuhr ich, dass Irlaans Mutter tot war.

»Sie ist vor drei Jahren gestorben, und seither lebt Quartz bei Apam. Irlaan hat noch einen kleinen Bruder.« Sie schnalzte mit der Zunge. »Quartz hat zwei Söhne, aber keine Frau. Der andere kleine Junge heißt Nuurlan und lebt auch bei Quartz und Apam.«

Einmal in der Woche ritten Amina, Szandrashs Tochter Nuur-Guul und Irlaan für zwei Tage über den Chovd, um die Ziegen von Apam und Quartz zu melken und Dung und totes Holz für den Ofen zu sammeln. Sie fragten mich, ob ich nicht für ein Wochenende mitkommen wolle. Ich war sehr gespannt auf Apam, deren Name »Großmutter« auf Kasachisch bedeutet und von der alle mit großer Zuneigung sprachen, und nahm das Angebot gerne an.

Am Freitag nach der Schule spazierten wir zusammen zum Fluss hinunter. Quartz wartete schon am Ufer auf uns mit einem zusätzlichen Pferd, das uns durch das schnelle, tiefe Wasser tragen sollte. Quartz war ein großer, stämmiger Mann mit roter, stark pockennarbiger Haut und einer tiefen Stimme, die ruhig und traurig klang. Ich fragte mich, woran seine Frau gestorben war, denn er konnte höchstens Mitte dreißig sein. Quartz begrüßte mich höflich und umarmte liebevoll seinen kleinen Sohn. Dann verteilten wir uns zu fünft auf die zwei Pferde und arbeiteten uns im Konvoi durch den Chovd, was nicht ungefährlich war, denn die Pferde mussten sich durch die trügerischen Strömungen kämpfen.

Apams Jurte war weniger als eine halbe Stunde zu Pferd entfernt. Der Wind heulte, als wir in ihr Lager einritten, das an einem kleinen Nebenfluss des Chovd aufgebaut und hinter einem schütteren Rotkiefernwäldchen verborgen war, so dass man es von Tsengel aus nicht sehen konnte. Der Boden war mit dürren Nadeln übersät.

Apam stand in der Tür ihrer Jurte. Sie hatte 14 Kinder zur Welt gebracht und war nun eine winzige, verschrumpelte Witwe, deren Haut in diesem rauen Klima vorzeitig gealtert war, so dass sie wie eine Hundertjährige aussah. Ihr Gesicht war rissig und zerfurcht, ihre tränenden Augen lagen tief in den Höhlen, und ihre schmalen Schultern waren eingesunken und gebeugt. Aber sie lachte fröhlich, als sie uns alle begrüßte, dann packte sie mit ihren starken, sehnigen Fingern meine Hand und führte mich zum warmen Ofen.

An diesem Abend, während Irlaan und Nuurlan herumbalgten und kicherten, spielte Quartz die klagende *dombra*, und ein paar Frauen aus benachbarten Jurten kamen herüber und sangen. Apams Jurte stand vom Fluss etwas zurückgesetzt am Rand eines weiten Tals, wo immer noch ein paar Siedlungen zu sehen waren und Kamelherden herumwanderten. Nachdem die Nomadenfrauen endlich gegangen waren, schliefen wir alle eng aneinandergedrängt unter einer Schicht Sommerfilz, rauen Decken und dicken, haarigen *deel*. Als ich in der Nacht zum Pinkeln hinausschlüpfte, glühte die Asche noch.

Ich liebe es, frühmorgens in einer Jurte aufzuwachen. Die Dämmerung strömt in breiten Streifen durch das Dach herein, Staubpartikelchen tanzen im Licht, und ein Geruch nach Tau und Rauch liegt in der Luft. Die Decken, in die man eingehüllt ist, sind schwer und behaglich, und man kann das Atmen der anderen Leute neben sich hören. In den letzten neun Monaten hatte ich mich daran gewöhnt, zu sechst, acht oder zehnt in einem Raum zu schlafen, und inzwischen gab es nichts Schöneres für mich. Ich brauchte keine Privatsphäre mehr und genoss diese Vertrautheit, die nichts mit Anfassen zu tun hat, sondern lediglich damit, dass man anderen Menschen sehr nahe ist.

Apam war als Erste auf den Beinen. Sie feuerte bereits den Ofen an, als ich aufwachte, und ich blieb still liegen und schaute ihr zu, wie sie sich steifbeinig niederkniete und getrocknete Dungfladen in den Ofen stopfte. Wie die meisten älteren Kasachen sprach sie kein Wort Mongolisch, und wir redeten in langsamem Kasachisch miteinander, während die Jurte langsam zum Leben erwachte und alle zum Morgentee aufstanden.

Es gibt ein paar Dinge, die man eine alte Frau hier niemals fragen darf, zum Beispiel nach ihrem Alter, ihrem Namen und wann ihr Mann gestorben ist. Ich wusste, wie alt Apam war, weil Amina es mir gesagt hatte, und ich nannte sie »Apam«, so wie alle anderen. Sie hatte ihr ganzes Leben in den Bergen verbracht, ihre Herden versorgt, eine Schar Kinder großgezogen, zuerst mit ihrem Mann zusammen, dann allein in dem grandiosen Tsergal-Tal, und nur in den Wintermonaten war sie näher an Tsengel herangezogen.

»Gibt es auch Vieh, wo du herkommst?«, fragte sie mich, und ich nickte und lächelte, weil mir diese Frage schon so oft gestellt worden war.

Am Nachmittag sammelte ich Dung mit den Kindern, und wir wanderten am Chovd entlang, wo eine große Herde Kamele im Fluss trank und das trockene, gelbe Gras abweidete. Der Wind hatte aufgefrischt, und es wurde kälter. Später entführten Amina und ich Quartz' Pferd, während er dalag und schnarchte, und wir galoppierten zusammen davon, jagten kichernd durch die raue Steppe. Ich schämte mich für diesen Streich, weil man sich niemals das Pferd eines Nomaden ausleihen darf, schon gar nicht, ohne zu fragen. Ich entschuldigte mich dann auch bei Quartz, obwohl Amina nichts sagte, und er nickte gleichmütig, als ich ihm die Zügel zurückgab.

Am nächsten Morgen stand ich zur selben Zeit wie Apam auf, und nachdem wir schweigend ein paar Schalen Tee miteinander getrunken hatten, sagte ich ihr, dass ich noch einen Sack Dung sammeln wolle. Sie schüttelte ihren weißen Kopf, murmelte etwas vor sich hin und humpelte zu einer alten Truhe hinüber, aus deren untersten Schublade sie einen Schaffell-*deel* hervorholte. Sie zwängte und schnürte mich in dieses riesige Kleidungsstück und kicherte fröhlich, als ich in dem dichten, weißen Flausch vor ihr stand. Ich musste auch ein Paar traditionelle mongolische *gutal*-Stiefel anziehen, die kniehoch sind und aufgebogene Zehen haben, aber trotzdem unglaublich bequem waren. Inzwischen waren auch Amina und Nuur-Guul wach geworden und fingen bei meinem Anblick zu kichern an. Ausländer sehen bescheuert aus in einheimischer Kleidung, das war mir immer klar, aber ich tröstete mich mit dem Gedanken, dass mich hier ja niemand sonst sehen würde.

Es war unglaublich, wie viele Menschn immer noch in ihren Jurten ausharrten und über dieses Tal gegenüber dem Dorf verstreut waren. Als ich im kalten Sonnenschein nach Dung suchte, fing mich einer meiner Schüler ab, ein Junge namens Kaerat. Ich habe ihn als groß und schlaksig in Erinnerung, mit leuchtend blauen Augen, die bei diesem braunhäutigen kasachischen Jungen irgendwie fehl am Platz wirkten. Kaerat wollte unbedingt meinen fast leeren Sack tragen und brachte mich zum Teetrinken in seine Jurte, und seine ausgemergelte, lächelnde Mutter ließ es sich nicht nehmen, mir ein Mittagessen zu kochen. »Weil Sie seine *bagsh* sind.«

Ich saß eine Stunde mit ihnen zusammen, aß leckere Nudeln mit Rindfleisch und redete mit Kaerat, seiner Mutter Rina, ihren vier Töchtern und einer kleinen Enkelin. Die Jurte war sehr arm und mit ein paar wackeligen, alten Möbeln vollgestopft, und die Zeltleinwand war an vielen Stellen geflickt. Sechs Frauen und Mädchen lebten hier, wenn Kaerat fort war. Kein Ehemann oder Vater ließ sich während meines Besuchs blicken, und ich fragte Rina nicht, wo er war, weil ich den Eindruck hatte, dass er länger als nur eben jetzt weggegangen war.

Schließlich sagte ich, dass ich jetzt gehen müsse, weil es schon später Morgen war und ich noch fast gar keinen Dung gesammelt hatte. Ich schlang den Sack über meine Schulter, winkte, sagte aber nicht *bayartai* und sammelte weiter. Ein paar Minuten später traf ich eine Frau namens Ilig, von der ich im Sommer ein Familienfoto gemacht hatte, kurz nachdem ihr zweites Kind auf die Welt gekommen war.

»*Sain bainuu, bagsh*. Trinken Sie Tee mit uns«, drängte sie.

Das ist die mongolische Art, diese unglaubliche Großzügigkeit und Gastfreundschaft. Ilig lachte nur, als ich protestierte, dass ich *tsaatsun* sei, und führte mich zu ihrer Jurte, die malerisch auf einem kleinen Plateau über dem Fluss thronte. Es ist sehr unhöflich, wenn ein Gast nicht von dem Essen kostet, das ihm angeboten wird, und Ilig und ihr Mann, der kein anderer als Mr. Goldzahn von meinem Frühlingsabenteuer mit der Prinzessin und ihrem Großvater war, fütterten mich mit Fleisch und Tee, bis ich fast platzte.

Schließlich watschelte ich am frühen Nachmittag zu Apam zurück, übersättigt mit Essen und Gastfreundschaft. Den *deel* trug ich in der inzwischen warmen, hellen Nachmittagssonne offen, und über meiner Schulter hing ein noch immer nur halb gefüllter Sack.

Am Nachmittag verabschiedeten wir uns von Apam und ritten wieder mit Quartz durch den Chovd. Es war kalt und windig, als wir ihn am Ufer des Chovd zurückließen und zu unserem *hascha* hinüberwanderten. Amina blieb plötzlich wie angewurzelt stehen, dann rannte sie vor uns her und brüllte etwas über ihre Schulter zurück.

»Was ist denn los?«, fragte ich Nuur-Guul, die keine Anstalten machte, ihr zu folgen.

»Ich glaube, da ist jemand aus Kasachstan gekommen«, sagte sie schulterzuckend.

Als Nuur-Guul, Irlaan und ich das Hoftor aufstießen, stand Amina vor ihrer Haustür und winkte uns aufgeregt zu sich herüber. »Kommt schnell! Wir warten auf euch! Meine Schwester Elia und ihre Familie sind aus Kasachstan zurückgekommen!«

Ich wusste zu diesem Zeitpunkt nicht genau, wer Aminas Schwester war, aber ich folgte ihr schnell ins Haus, gespannt auf diese Neuankömmlinge aus dem anderen Land jenseits der Berge.

29

Es war schon sehr spät, und wir hatten stundenlang geredet, Elia und ich. Der Tisch vor uns war mit kalt gewordenem Tee, Apfelkernen, Süßigkeiten, Gläsern mit eingelegtem Gemüse und salzigen, weißen *aruul*-Brocken übersät. Die Leute redeten ständig dazwischen, während wir uns mit vielen Pausen und Unterbrechungen unsere Lebensgeschichten erzählten. Wir waren fasziniert voneinander. Elia wollte wissen, wo meine Familie in England lebte, was die derzeitige Mode in England sei und warum in aller Welt ich hier leben wolle? Und ich wollte alles über Kasachstan wissen.

Elias Mongolisch war immer noch besser als meines, obwohl sie so lange fort gewesen war, und wir steckten beim Reden die Köpfe zusammen, damit wir uns besser hören und verstehen konnten. Der ganze *hascha* war im Zimmer versammelt: Abbai, Guul-Jan und ihre Kinder, Addai und Szandrash, ebenfalls mit ihren Kindern. Es war ein unglaubliches Tohuwabohu.

»Warum sind Sie eigentlich nach Kasachstan gegangen?«, fragte ich und wickelte das nächste klebrige russische Karamellbonbon aus, während Elia angestrengt die Stirn runzelte, als suchte sie nach einer Antwort. Sie war eine hübsche, aber sorgenvoll aussehende Frau ungefähr in meinem Alter, mit einem ebenso hübschen und übermütigen Sohn und einem fröhlichen, rotwangigen Mann namens Marat-Khan.

»Ich bin nicht direkt von hier nach Kasachstan gegangen, *bagsh*«, sagte sie. »Nein, als ich neunzehn war, habe ich erst in Erdenet gewohnt und dort ein Elektroingenieur-Studium gemacht. Es gibt viele Kasachen in Erdenet, und ich konnte bei Verwandten leben.

Dort habe ich ihn kennen gelernt.« Sie nickte zu Marat-Khan hinüber, der sich umdrehte und strahlte, als er seinen Namen hörte. »Ich war neunzehn, als wir geheiratet haben – mein Mann ist Apotheker. Wir haben beide in dem Jahr unser Examen gemacht, als Kasachstan seine Unabhängigkeit von Russland erklärt hat, das war Ende 1991. Und sobald unser neuer Präsident Nazarbaev sein Amt angetreten hat, haben alle in Marat-Khans Familie gesagt: ›*Zaa*, lasst uns nach Kasachstan gehen‹, weil es doch für die Kasachen immer ein bisschen schwierig in der Mongolei war. Und wir wussten alle, dass das Leben in Kasachstan einfacher sein würde als einen guten Job in Erdenet zu finden oder hierher zurückzukommen und Viehhirte zu werden. Deshalb sind wir alle zusammen fortgegangen und nach Akmola gezogen, die ganze Familie, von den Babys bis zu den Großeltern, dreißig Personen!

Nazarbaev und die kasachische Regierung wollten die mongolischen Kasachen zurück in ihr Heimatland holen und haben uns Wohn- und Arbeitsmöglichkeiten geboten und Renten für die alten Leute. Wir waren nicht die Einzigen, andere mongolische Kasachen sind zu Tausenden ins Land geströmt und haben sich dort angesiedelt. Wir waren alle zum ersten Mal in Kasachstan und wollten hier leben, weil wir endlich ein eigenes Land hatten. Niemand wollte in der Mongolei bleiben. Es war wie Heimkommen.«

»Vermissen Sie die Mongolei, wenn Sie in Kasachstan sind?«

Elia schüttelte fast heftig den Kopf. »Nein! Sehen Sie sich diesen Ort doch nur an! Es ist so schwierig, hier zu überleben. In Akmola haben wir Strom und heißes Wasser und schwarze Straßen. Nein, ich vermisse nur meine Mutter.« Zum ersten Mal entspannten sich ihre Züge, und ein strahlendes Lächeln breitete sich auf ihrem Gesicht aus. »Eine Tochter wird ihre Mutter immer vermissen, und ich habe Apam sieben Jahre lang nicht gesehen. Ich bin seit sieben Jahren nicht mehr hiergewesen, *bagsh*.«

Es gibt keine direkte Grenze zwischen Kasachstan und der Mongolei. Um von einem Land ins andere zu reisen, muss man zuerst einen Zipfel von Russland durchqueren. Und wie mir die hiesigen Kasachen erzählten, kamen die ersten Kasachen, die durch die mongolische Steppe zogen, nicht einmal aus dem russischen Kasachstan. Es waren wohl chinesische Kasachen aus der nordwestlichen Provinz Xinjiang, die um 1860 über das Altai-Gebirge wanderten, weil sie frische Weiden für ihre Tiere suchten. Zwischen diesen abgelegenen zentralasiatischen Grenzen waren lange Zeit Nomaden hin- und hergewandert, die sich nicht um Staatsgrenzen kümmerten und nur den Abdruck ihrer Jurten hinterließen, das einzige Zeugnis, dass sie hier ihr Lager aufgeschlagen hatten. Die kasachischen Pioniere fanden schnell, was sie suchten: weite, unbeweidete Steppen und wenig Menschen, die sie stören konnten. In Abbais Geschichtsbuch, einem prätentiösen, dunkelblau gebundenen Werk von einem russischen Historiker namens G. H. Potanin, kann man nachlesen, dass kasachische Patriarchen mit spektakulären Namen wie Kojamjar, Samur-Khan, Kulku-Shuu und Kobish-Butumsh ihre großen Jurten an den verlassenen Ufern des Chovd an der Grenze zwischen Xinjiang und der Mongolei errichteten und dort in der Einsamkeit ihre Herden weideten. Sie und ihre Familien kamen nur mit einigen wenigen versprengten chalcha-mongolischen Viehzüchtern in Kontakt und mit einem kleinen Nomadenvolk, das damals als Urianhai bekannt war, aber nach der mongolischen Revolution von 1921 in Tuvaner umbenannt wurde.

Als die Nachrichten von dieser kaum bewohnten mongolischen Steppe zurück nach China drang, zogen immer mehr Xinjiang-Kasachen nach. Und schließlich wanderten auch die Kasachen aus dem russischen Altai in die Mongolei ein – auf der Flucht vor der Oktoberrevolution von 1917. Als die Mongolei 1924 ein souveräner Staat wurde, gab es über 10 000 Kasachen in Bayan-Olgij. Und in den

1930er Jahren flüchteten noch mehr Xinjiang-Kasachen über die Grenze, um den häufigen Unruhen in ihrer umkämpften chinesischen Provinz zu entgehen.

Der mongolischen Regierung waren diese neuen kasachischen Siedler willkommen, weil sie einen strategischen Zweck erfüllten. Sie bildeten eine Pufferzone zwischen der Mongolei und China. Die mongolische Regierung befürchtete ein Auseinanderbrechen der westlichen Mongolei, nachdem sie bereits Territorien an die nordwestliche Xinjiang-Provinz abtreten mussten. Die russischen und chinesischen Kasachen wurden ermutigt, am westmongolischen Horn zu bleiben, und 1940 erklärte die mongolische Regierung die Bayan-Olgij-Provinz zu einem autonomen kasachischen Gebiet. Der Name Bayan-Olgij bedeutet »Reiche Wiege«.

In dem Maß, wie die Bevölkerung von Bayan-Olgij zunahm, zogen auch immer mehr Kasachen in die mongolischen Städte und schließlich auch in die Hauptstadt, um dort ein neues Leben aufzubauen. Sie kamen in den frühen 1950er Jahren nach Ulaanbaatar und siedelten sich in städtischen Enklaven und in der Bergbaustadt Nailakh an, die 35 Kilometer von der Hauptstadt entfernt liegt. Nailakh entwickelte sich zu einem Klein-Kasachstan – die Kasachen bauten ihre eigenen Holzhäuser und eine prächtige silberne Moschee. Ursprünglich war es eine stolze, blühende Gemeinschaft mit einer ertragreichen Kohlenmine, aber als dieser Industriezweig langsam unterging, waren 20000 Kasachen gezwungen, ihr Leben in einer Geisterstadt zu fristen. Die Moschee verfiel, und die Touristen brausten an Nailakh vorbei in das nahe gelegene Terelj-Naturreservat, fort von dem kahlen, klaffenden Hang und den hässlichen Narben des nutzlos gewordenen Bergwerks. Nur noch wenige Kasachen wurden gebraucht, um in die Schächte einzusteigen. Nailakh verkam zu einem trostlosen Slum, gezeichnet von Langeweile, Vernachlässigung und Verzweiflung.

Die Kasachen von Nailakh, Ulaanbaatar und Bayan-Olgij hatten nie das Gefühl gehabt, bei ihren mongolischen Nachbarn willkommen zu sein. Viele Mongolen, die sich von dem kasachischen Patriotismus und vor allem von ihrer Religion bedroht fühlten, stempelten die Kasachen als schmutzige, potentiell gefährliche Muslime ab. Als Reaktion auf diese latente Verachtung zeigten die Kasachen wenig Lust, sich in die mongolische Gemeinschaft zu integrieren, und schotteten sich sprachlich, kulturell und religiös von ihnen ab. Obwohl sie seit über einem Jahrhundert in der Mongolei lebten, war die große Mehrheit der Kasachen in Bayan-Olgij geblieben, so weit von Ulaanbaatar entfernt wie nur möglich. Die Mongolen in der Hauptstadt hingegen rümpfen die Nase, wenn von Bayan-Olgij die Rede ist: »Das ist Ausland für uns«, sagten mir viele meiner mongolischen Freunde, noch bevor ich mit dem Gedanken spielte, nach Tsengel zu ziehen. »Wir trauen diesen Kasachen nicht. Sie sind *zowan*. Wenn du dorthin gehst, wirst du entführt und endest noch als Braut eines kasachischen Viehzüchters, du wirst schon sehen. Das ist ein gefährlicher Ort.«

Als Ende 1991 die kasachische Regierung einen dramatischen Appell an ihre mongolischen Brüder richtete, in das gerade erst unabhängig gewordene Land zurückzukehren, war die Reaktion enorm. Die Aussicht, endlich in ihrem eigenen Land zu leben, übte eine unwiderstehliche Anziehungskraft auf die 120000 mongolischen Kasachen aus, und bis 1994 war fast die Hälfte von ihnen nach Akmola und noch weiter gezogen – mit dem Flugzeug, im Auto oder zu Fuß. Sie hatten ihr ungewisses mongolisches Erbe aufgegeben, um jenseits der Berge ein neues Leben zu beginnen. Dass sie fortgingen, ist nur zu verständlich: Sie hatten nie ein eigenes Heimatland gehabt, die kürzlich demokratisierte mongolische Wirtschaft stagnierte im Vergleich zu Kasachstan, und vor allem hatten die meisten Mongolen die Kasachen nie in ihrem Land haben wollen.

Elia, Marat-Khan und ihre ausgedehnte Sippe hatten sich eine neue Existenz in diesem besseren Land aufgebaut, das alle Kasachen, die ich in der Mongolei kennen lernte, als ihre wahre, ihre spirituelle Heimat betrachten.

Ich hatte mich in den letzten neun Monaten an die abfälligen Vergleiche zwischen Tsengel und Kasachstan, zwischen der Mongolei und Kasachstan gewöhnt. Vor allem die Leute, die noch nie von Bayan-Olgij fort gewesen waren, schilderten mir Kasachstan als das Gelobte Land. Alma-Ata bedeutet »Stadt der Äpfel«, und lange vor diesem Abend mit Elia hatte ich andere Kasachen in Tsengel von dem Reichtum ihres Landes schwärmen hören: Obst und Gemüse und andere Lebensmittel in Hülle und Fülle, Autos, Wohnungen mit Farbfernsehern, Marktbuden mit allem, was das Herz begehrt. Zulmira, die Prinzessin, Abbai, die Lehrer in der Schule, die Ladenbesitzer und der Imam selber – alle erzählten dieselbe wundersame Geschichte.

Aber trotz dieser Fülle, den scheinbar unbegrenzten Möglichkeiten und dem potenziellen neuen Leben in ihrer eigenen Nation waren viele der mongolischen Kasachen, die 1990 aus der Mongolei ausgewandert waren, nach wenigen Jahren wieder zurückgekehrt. Desillusioniert, aber keineswegs beschämt, zogen sie über das Altai-Gebirge in ihr kahles Refugium am Rande der Mongolei zurück. Das Tragische war, dass sie nach der langen, teuren Pilgerreise in ihre kasachische Heimat, nachdem sie ihre Familie entwurzelt und ihre Häuser verlassen hatten, entdecken mussten, dass sie selbst in ihrem eigenen Land als Minderheit betrachtet wurden und nicht besonders beliebt und willkommen waren. Von den ungefähr 17 Millionen Menschen, die in Kasachstan leben, sind nur knapp die Hälfte Kasachen, während die restliche Bevölkerung sich überwiegend aus Russen und Ukrainern zusammensetzt, dazu Deutsche, Usbeken und Tataren.

In Kasachstan werden die mongolischen Kasachen immer noch als Immigranten angesehen. Obwohl sie ursprünglich von der Regierung ins Land geholt worden waren, um in den unterbevölkerten, windgepeitschten nördlichen Gebieten zu arbeiten, wo hauptsächlich Russen lebten, wurden sie dort mit Misstrauen betrachtet und nicht wie Kasachen behandelt, sondern wie kasachisch sprechende Mongolen. Wie Fremde, die Land beanspruchten, das ihnen nicht zustand. Die Russen, Ukrainer, Usbeken und Tataren, die sich ihre Nische in Kasachstan erobert hatten, wollten nichts mit den neu angesiedelten mongolischen Kasachen zu tun haben. Als 1996 die kasachische Wirtschaft einbrach, verloren viele mongolische Kasachen, die wie alle Einwanderer überall in der Welt in schlecht bezahlten Hilfsarbeiterjobs angestellt waren, schnell ihre Arebit. Und während die Regierung Nazarbaev ein einschneidendes und unpopuläres Reformprogramm in Gang zu bringen versuchte, versiegten auch die Renten. Aber das Absurdeste war, dass das alte nomadische Viehzüchterleben der Kasachen, das seit der Mitte des letzten Jahrhunderts in den rauen Altai-Bergen florierte, in Kasachstan selbst fast völlig zum Erliegen gekommen war.

Lange vor der kasachischen Unabhängigkeit hatten die Russen damit begonnen, das Land zu urbanisieren und seine riesigen Bodenschätze auszubeuten. Die massive Bautätigkeit und dann die Expansion der Fabriken und umliegenden neuen Siedlungen und Städte erreichten 1991 einen ungeahnten Höhepunkt, als Kasachstan selbst nach industriellem Wohlstand strebte. Die Nomaden, die trotz dieser fortschreitenden Zubetonierung ihres Landes unerschütterlich an ihrer traditionellen Lebensweise festhielten, wurden immer mehr an den Rand der Nation gedrängt, die sie nicht mehr zu schätzen wusste.

»Nein, es gibt nicht mehr viele Viehhirten in Kasachstan«, erzählte Elia mir an diesem Abend. Sie sagte es in sachlichem Ton, ohne eine Spur von Bedauern in der Stimme. »Von uns leben die meisten in den Städten. Und die meisten kasachischen Nomaden leben hier, in Bayan-Olgij, in der reichen Wiege.«

Ich grübelte tagelang über Elias Schicksal und die fragmentarische Geschichte der mongolischen Kasachen nach, während Elia und ihre Familie überall in Tsengel bewirtet wurden und in dem kalten Dorf von *hascha* zu *hascha* zogen.

Als ich eines Nachmittags mit meinen vollen Wassereimern vom Chovd heraufwankte – der öffentliche Brunnen an unserem Ende des Dorfs war vorübergehend trocken gelegt worden, so dass uns nichts anderes übrig blieb, als Wasser vom zufrierenden Fluss zu holen –, fing es sachte zu schneien an, und ich schaute unterwegs auf einen Tee bei unseren Nachbarn Merim-Khan und Aimak herein.

Ich kannte die beiden inzwischen gut, und wir tranken oft Tee miteinander. Sie waren eine der ärmsten Familien im Dorf, und manchmal tranken wir den Tee schwarz, weil sie nur eine Hand voll Ziegen hatten und die Milch oft knapp war. Aimak und Merim-Khan waren auch den Sommer über in Tsengel geblieben, denn sie besaßen ja keine Herden und keine Jurte, in die sie ziehen konnten, und als sie mich an diesem Abend zum Essen einluden, gab es nur Hammelfleisch, ohne Brot oder Nudeln, weil das Mehl ausgegangen war.

»*Möng backo*«, sagte Merim-Khan und zuckte mit den Schultern, müde, aber nicht beschämt. »Es gibt keines, wir haben kein Geld.« Merim-Khan und Aimak hatten überhaupt kein Einkommen und waren vermutlich auf die Großzügigkeit ihres Bruders, des Imam, angewiesen.

Als wir zusammen am Tisch saßen, fragte ich Merim-Khan beiläufig, ob er je daran gedacht habe, nach Kasachstan auszuwandern. Was ich in Wahrheit damit sagen wollte, aber nicht auszusprechen wagte, war, ob das Leben dort nicht leichter für sie sein würde.

Merim-Khan wischte sich seine langen Finger an einem sauberen Lappen ab und schüttelte den Kopf. »Nein, *bagsh*. Das geht nicht. Wir haben keine Familie dort drüben. Ich würde niemals Arbeit finden.« Er blickte sich angewidert in seinem finsteren, kleinen Zuhause um, so wie ich damals, als ich noch in meiner ersten trostlosen Unterkunft im Krankenhaus gewohnt hatte.

»Sehen Sie sich dieses Haus an«, sagte er leise. »Wir haben hier nichts. Ich habe keine Arbeit, wir haben keinen Strom, und wir können keine Medikamente kaufen, wenn wir welche brauchen, und nicht einmal Mehl. Aber«, seufzte er, »es ist nicht immer leicht in Kasachstan. Man muss Leute kennen und gute Beziehungen haben, um dort drüben erfolgreich zu sein.«

Die Tsengeler Kasachen erzählten mir nie, dass sie in Kasachstan unbeliebt oder sogar verachtet waren. Sie wollten nicht zugeben, dass die russischen Kasachen sie wie unerwünschte Immigranten behandelten. Sie erzählten nur, wie schön das Leben dort drüben sei. Es waren die Tuvaner und, nachdem ich das Dorf verlassen hatte, die mongolischen und ausländischen Mitarbeiter von Hilfsorganisationen in Ulaanbaatar, die von der Verachtung sprachen, mit der die mongolischen Kasachen behandelt wurden, wenn sie in ihre Heimat zurückkehrten.

»In den Augen der Leute dort sind die mongolischen Kasachen keine richtigen Kasachen«, sagten die Tuvaner in Tsengel. »Sie wollen sie nicht bei sich haben, und deshalb ist es schwer für die kasachischen Mongolen, Arbeit zu finden und sich dort anzusiedeln, weil es zwar Kasachstan ist, aber trotzdem nicht wirklich ihr Land. Man sieht ja, wie viele von ihnen wieder zurückkommen.«

Aber ich fragte nie direkt einen der einheimischen Kasachen, warum so viele von ihnen nach ihrer Auswanderung wieder zurückgekehrt waren. Ich gab mich nach außen hin mit der Erklärung zufrieden, dass viele zurückkamen, weil sie noch Verwandtschaft im Dorf hatten und sich hier zu Hause fühlten, und nicht in Kasachstan.

Ich spürte, dass das Thema unerwünscht war und dass ich nur alte Wunden aufriss, wenn ich weiterhin unangenehme Fragen stellte. Je länger man in einer Gemeinschaft von Menschen lebt, desto mehr lernt man die herrschenden Tabus kennen, und das hier war ganz offensichtlich eines. Aber die Tatsachen sprechen für sich: Hunderte von Kasachen, die nach Kasachstan ausgewandert waren, sind zurückgekommen, um ihr Leben in der Diaspora wiederaufzunehmen.

Die Erfahrung, die die Kasachen gemacht hatten, stand in scharfem Gegensatz zu der Situation und Einstellung der Tuvaner. Tuya, Gansukh und Sansar-Huu hatten alle in Khyzl gelebt, aber außer dieser Hand voll Tuvaner, die an der Universität von Khyzl studiert hatten, verspürten die meisten Tuvaner im Dorf niemals den Wunsch, die Grenze von der Mongolei nach Tuva zu überqueren. Ich erinnere mich, dass Deri-Huu und Bash erstaunlich wenig Interesse daran zeigten, ihre ursprüngliche Heimat zu besuchen, und Gansukh, die offiziell die einzige Tuvanisch-Lehrerin der ganzen Mongolei war, spezialisierte sich nun notgedrungen auf Englisch.

»Meine Schüler wollen nicht mehr nach Khyzl gehen«, jammerte sie immer wieder. »Sie wollen jetzt alle in Chovd oder Ulaanbaatar studieren.«

Vor allem die jungen Tuvaner hatten nicht dieselbe Sehnsucht nach ihrer Heimat wie die Kasachen, denn in der Mongolei fühlten sie sich schon fast zu Hause, auch wenn sie ihre eigene Sprache hatten. Sie wechselten mühelos zwischen den beiden Sprachen hin und her, gaben ihren Kindern mongolische Namen und nahmen sich einfach das Beste aus beiden Welten. Ich habe nie erlebt, dass ein Mongole etwas Schlechtes über einen Tuvaner gesagt hätte.

Wenn ich nicht monatelang bei Abbai, Guul-Jan, ihrer Familie, ihren Freunden und Nachbarn gelebt, ein paar Worte Kasachisch gelernt und an ihrem täglichen Leben in ihrem *hascha* teilgenommen hätte, wäre ich wahrscheinlich nie dahintergekommen, warum die meisten Kasachen der Region sich damit abfanden, ihr Leben in einer abgelegenen Enklave zu verbringen, wo sie sowohl von den Tuvanern als auch von den Mongolen angefeindet wurden. Im Gegensatz zu den Tuvanern, deren Kultur sich kaum von der mongolischen unterscheidet, lebten die Kasachen wie in einem kulturellen Kokon: Sie hatten so gut wie nichts mit der restlichen Mongolei zu tun. Viele von ihnen, besonders die Viehzüchter in den Bergen, sprachen wenig oder gar kein Mongolisch, und als eine Bevölkerungsgruppe, die fast ausschließlich in Bayan-Olgij angesiedelt war, mussten sie ihre mongolische Staatsbürgerschaft nicht anerkennen. Sie konnten jeden Abend kasachische Radionachrichten aus Bayan-Olgij hören, die wohlhabenderen Kasachen reisten gelegentlich nach Ata oder Akmola, und alle konnten weiterhin von diesem Land über den Bergen träumen, das aus sicherer Entfernung so etwas wie eine Fata Morgana in der Wüste Gobi auf dem Weg nach Ulaanbaatar war – eine trügerische Ilusion.

Aber nachdem ich so lange mit ihnen gelebt hatte, kam ich schließlich zu der Ansicht, dass die Tsengeler Kasachen nicht nur deshalb so unerschütterlich patriotisch und traditionell gesinnt sind, weil der Konservatismus in der Isolation verstärkt wird, sondern auch, weil sie genau wissen, dass so etwas wie ihr Dorf und ihre nomadischen Traditionen außerhalb der Bayan-Olgij-Provinz kaum noch existieren. Außer der sprachlichen, kulturellen und religiösen Barrieren liegt der entscheidende Unterschied zwischen den Tsengeler Tuvanern und Kasachen darin, dass die tuvanischen Nomaden in Tuva immer noch ihr Auskommen finden und sie dort jederzeit willkommen sind. Für die Kasachen, unter denen ich lebte, ist das Dorf Tsengel am windgepeitschten Rand der westlichen Mongolei inzwischen die einzige wirkliche Heimat, die sie haben.

Aber jeden Sommer gibt es wieder ein paar kasachische Familien, die ihre Habe verkaufen, ihre Sachen packen und auswandern, um ein neues Leben in Kasachstan zu beginnen. Ihre Illusionen sind das Einzige, woran sie sich klammern können.

30

Elia und ihre Familie waren in den letzten Spätherbsttagen nach Tsengel gereist, um rechtzeitig hier anzukommen, ehe der Winter einsetzte. Sie hatten es gerade noch geschafft, denn jetzt wurde es eisig kalt. An manchen Tagen war die Kälte so extrem, dass mein Gesicht sich ganz taub anfühlte, wenn ich morgens die Augen aufmachte. Abbai hatte eine dicke Filzdecke auf die Außenseite meiner Tür genagelt, um mein baufälliges Zimmer zu isolieren und die eisige Zugluft draußen zu halten. Gleichzeitig hatten Guul-Jan und ich die bröckelnden Fensterrahmen mit einem Kleister aus Mehl und Wasser gekittet und Zeitungsfetzen darübergeklebt. Aber mein Zimmer war nicht viel mehr als ein Verschlag mit dünnen Wänden und einer Tür, die nur lose in den Angeln hing. Es war ursprünglich nicht als Wohnraum gedacht und schon gar nicht als Zuflucht vor dem mongolischen Winter. Ich schlief jetzt schon in meiner Mütze, und wenn ich aufwachte, war die Kälte unerträglich, bis ich den Ofen in Gang gebracht hatte.

Es gab Morgen, an denen alles schiefging, was nur schiefgehen konnte. Die nannte ich dann Höllen-Morgen. Ein solcher Höllen-Morgen konnte etwa so ablaufen: Ich hatte keine sauberen Kleider – sie lagen entweder verkrumpelt in einem schmutzigen Sack oder waren an dem Wäschegestell draußen festgefroren. Hastig zog ich dann mehrere fleckige Kleiderschichten übereinander an und versuchte, meinen Ofen, so schnell es nur ging, anzuzünden. Aber das Anfeuerholz war feucht, also ließ ich Wachs darauf tropfen und blies hinein, bis meine Lunge pfiff und mir schwindlig wurde. Der ganze Aufwand brachte mir dann eine kläglich flackernde Flamme ein, die kaum der Mühe wert war, weil ich noch mehr fror, wenn ich sie nur anschaute. Es konnte sein, dass mein Wassereimer mit einer dünnen Eisschicht bedeckt war, die ich mit der Hand aufbrechen oder mit einem Messer zertrümmern musste, damit ich den Kessel füllen konnte. Aber weil das Anfeuermaterial nur qualmte, anstatt Feuer zu fangen, kochte das Wasser natürlich nicht, dafür stank mein Zimmer nach Rauch, und der knirschende Staub, der unter der Tür und durch die winzigen Risse in den Fensterscheiben hereindrang, setzte sich darin ab. Als ich hier eingezogen war, hatte ich einen zerbrochenen kleinen Spiegel aufgestöbert. Wenn ich nun einen Blick auf mein Spiegelbild warf, stöhnte ich laut auf vor Entsetzen: Meine Haare waren fettig und strähnig, die Lippen rissig, die Haut trocken und schuppig, und ich schwor mir, dass ich das verdammte Ding wegwerfen würde.

Und dann wurde es noch schlimmer. Sobald ich vor die Tür trat und in Richtung Plumpsklo ging, frischte der Wind auf, pfiff und peitschte mir ins Gesicht. Das Klo war natürlich besetzt, und wenn ich mich endlich hinhockte, stellte ich entweder fest, dass meine Periode gerade angefangen hatte, oder ich verfehlte das Loch zwischen den Latten und pinkelte mich voll, und dann musste ich mit der gefrorenen Pisse an den Knöcheln in die Schule gehen.

An einem dieser Höllen-Morgen, als ich in stummer Wut das Leben in diesem »idiotischen Dorf« verfluchte, knallte ich die wacklige Tür zu und hörte, wie eine Glasscheibe auf den Boden fiel und zersprang. An einem besseren Tag hätte ich darüber gelacht. Aber stattdessen ballte ich meine Fäuste wie ein wütendes Kind und stolzierte fluchend aus dem *hascha*, ohne auch nur einen Blick auf die zerbrochene Scheibe hinter mir zu werfen.

Die bösartigen Frühlingsstaubstürme lebten für kurze Zeit wieder auf, und mit dem Winterschnee war es vorerst vorbei. Ich stand meistens um halb sieben auf und zündete eine Kerze an, bis die Dämmerung den Himmel erhellte, aber eines Morgens, als ich noch im Bett lag, schreckte mich ein Brüllen auf, das sich anhörte, als stürzten die Berge über dem Dorf zusammen. Es war noch dunkel im Zimmer, also früh am Morgen, aber ich musste dringend aufs Klo. Als ich meine Tür entriegelte, konnte ich nicht einmal den *hascha*-Zaun sehen: Alles war unter einer dicken, brodelnden Staubschicht begraben. Ich wollte zum Tor hinüberwaten, aber als ich nach oben schaute, konnte ich nichts als einen staubfarbenen Wirbelsturm sehen, der auf mich zufegte. »Scheiße!«, brüllte ich laut, schoss zurück in mein Zimmer und kroch unter die Bettdecke, während die Fenster ratterten und ich den Staub einatmete, der durch jede Ritze in mein Zimmer drang. Es war der heftigste Staubsturm, den ich je in Tsengel erlebt hatte, aber es war auch das große Finale, und für den Rest des Winters blieben wir verschont.

Eine Woche später, gegen Ende Oktober, fiel wieder dichter Schnee. Über Nacht verwandelte sich Tsengel in ein rustikales Filmset aus früheren Zeiten. Kaminrauch schlängelte sich hinauf in die rieselnden Flocken, und die *hascha*-Zäune, das Vieh und die Menschen waren in Weiß gehüllt. Der Chovd funkelte unter einer dünnen Eisschicht. Yaks mit ihren schneeverkrusteten Jungen trippelten durch die Schneewehen am Flussufer. In der Schule waren die Öfen gerade wieder in Betrieb genommen worden, im Klassenzimmer war es eng, aber gemütlich, und die Lehrer waren in Pelz gehüllt. An Tagen wie diesem, verzaubert, klar und knackend kalt, wenn meine Wangen glühten, mein Ofen bullerte und ich mit meinen Freunden bei dampfendem Tee saß und laut hinauslachte, waren mir die Höllen-Morgen völlig egal. An solchen Tagen gab es keinen Ort auf der Welt, wo ich lieber sein wollte als hier in Tsengel. Zwischen den Unterrichtsstunden saß ich in der behaglichen Schulküche herum, wo die Dreierbande alle Lehrer fütterte, die hereinschauten, oder ich schlenderte um den Dorfplatz herum, begleitet von Tuya und Gansukh, die mir versicherten, dass es bald noch viel kälter werden würde.

Aber das Wetter war das ganze Jahr über seltsam und unberechenbar gewesen, und jetzt, wo die Nomaden sich ernsthaft auf den Winter einstellten, stieg die Temperatur plötzlich ein bisschen an. Der Chovd taute, fror wieder zu und taute erneut, als ob er sich den nächsten Schritt erst überlegen müsse. Diese kurzen Wärmeeinbrüche, die das Eis an unseren Fenstern schmelzen ließen und unsere Kleider auftauten, so dass sie schlaff und triefnass an dem Trockengestell hingen, waren selten und äußerst unwillkommen. Die Nomaden waren auf die Kontinuität der Jahreszeiten angewiesen, und der Winter war überfällig. Sie konnten keine unverhofften Warmwetterperioden gebrauchen. Jetzt waren Eis und Schnee angesagt.

»Ach, das ist nicht gut, *bagsh*«, klagte Merim-Khan und blinzelte ins Sonnenlicht. Er hackte gerade Holz in seinem Hof und hatte einen Augenblick in seiner Arbeit innegehalten. Wir standen neben seinem Haus, Merim-Khan mit der Axt in den Händen, ich mit meinen üblichen zwei Eimern Wasser zu meinen Füßen.

»Im Frühling brauchen wir so eine Sonne, damit der Schnee schmilzt. Das war der Grund, warum die Tiere dieses Jahr verhungert sind, weil der Frühling zu kalt war und der Boden gefroren blieb – sie konnten keine Nahrung finden. Aber jetzt brauchen wir den Schnee, damit er die Steppe zudeckt und das Vieh am Grasen hindert, sonst wird der nächste Frühling wie der vorige – eine einzige Katastrophe. Wenn das Vieh jetzt weitergrast, gibt es im Frühling keine Weiden, auf denen frisches Gras sprießen kann. Dann hat das Vieh alles gefressen, und die Steppe ist bis zum Sommer ruiniert, und dann ist es zu spät.«

Die Lage wurde allmählich ernst, und wie alle anderen einheimischen Männer wartete Merim-Khan händeringend darauf, dass der

Fluss zufror. »Sobald der Chovd zugefroren ist, gehen wir alle in die Berge und sammeln das Vieh ein. Wir schlachten die Tiere immer zu Beginn des Winters. Dann sind sie noch fett von den Sommerweiden, aber es ist schon kalt genug, damit das Fleisch gefriert. Auf diese Weise haben wir alle genug Fleisch bis zum Ende des nächsten Frühjahrs, wenn das Vieh wieder grasen kann.«

Die geschlachteten Tiere werden zerteilt und in winzigen Verschlägen eingefroren – ähnlich wie die guten alten Speisekammern –, die an der Seite oder Rückseite jeder Hütte im Dorf angebaut sind: selbst gebaute Kühlschränke, in denen auch die überschüssigen Milchprodukte im Sommer gelagert werden. Aber das außergewöhnlich milde Wetter zögerte den Schlachttag hinaus. Merim-Khan schüttelte den Kopf, mit der Lethargie eines Mannes, der Kummer gewöhnt ist, und winkte mich zum Tee herein.

»*Tsai oh, bagsh*. Sie waren neulich in den Bergen, stimmt's? Die Hirten sind jetzt alle von ihren Jurtenlagern hinauf in die Winterhütten gezogen. Sie haben gedacht, dass sie in den Bergen oben Schnee zum Schmelzen hätten. Aber es gibt nur sehr wenig Schnee, und jetzt sind sie übel dran. Haben Sie neulich die Lastwagen am Fluss unten gesehen?«

Ich nickte. Ich hatte ein paar Männer auf einem flachen, zugefrorenen Flussarm gesehen, wo sie das Eis mit ihren Äxten aufgebrochen und zackige, milchige Platten auf die Ladefläche ihrer Lastwagen gehievt hatten.

»Sie nehmen das Eis mit zu ihren Hütten hinauf, weil das die einzige Möglichkeit ist, an Wasser zu kommen. Manche Leute bringen auch ihre Kamele zum Fluss herunter und lassen sie das Eis hinauftragen. *Ah, yanaa*. Wir brauchen den Schnee jetzt.«

31

In dieser Woche erhielt ich einen unerwarteten Brief von einer Freundin namens Jo. Wir kannten uns seit Jahren, hatten uns aber selten geschrieben, seit ich in der Mongolei war. Wir dachten wahrscheinlich beide, dass, wenn ich zurückkam, wir einfach dort weitermachen würden, wo wir aufgehört hatten. Ich hatte ihr ein, zwei Briefe aus Tsengel geschickt und ihr vom Dorfleben erzählt, und sie hatte mir gelegentlich zurückgeschrieben und mich mit Nachrichten und dem neuesten Klatsch über unsere gemeinsamen Freunde versorgt.

Aber jetzt hatte Jo etwas Wichtiges mitzuteilen: Sie hatte sich verliebt. Sie kritzelte mehrere Seiten über ihren neuen Mann voll und wie sie beide darum kämpften, genug Zeit füreinander zu finden. Sie sagte, er sei hinreißend – sexy und zärtlich, das Schönste und Beste, was ihr je passiert sei; ich müsse ihn unbedingt kennen lernen, und wenn ich zurück sei, könne ich ihnen beiden von meinen Abenteuern erzählen. Die Seiten trieften buchstäblich vor Glück. Zum Schluss sagte sie noch, sie finde es bewundernswert, wie ich es schaffte, mich ganz allein in dem Dorf durchzuschlagen.

Ich las ihren Brief am Nachmittag, verbrachte einen Teil des Abends mit Tuya, und als sie zu ihren Eltern nach Hause gegangen war, gesellte ich mich zu Abbai und seiner Familie. Ihr Haus war brechend voll und laut wie immer, und ich hatte an diesem Abend noch weniger Lust als sonst, die Jurte zu verlassen, als es spät wurde. Aber schließlich ging ich doch in mein stilles Zimmer zurück, schürte das Feuer und stieg ins Bett. Ich ließ die Kerze herunterbrennen und dachte an Jo und an meine anderen Freunde und die Männer und Frauen, die sie liebten, die Familien, die sie bald gründen würden, und natürlich trat mir dadurch meine eigene Lage viel deutlicher vor Augen, als mir lieb war.

Es hatte mir nie wirklich etwas ausgemacht, dass ich der einzige Mensch in Tsengel war, der nachts allein schlief. Hier war ich, mutterseelenallein, von lauter lärmenden Familien umgeben: Erwachsene und Kinder, die ihr Bett miteinander teilten, die sich aneinanderkuschelten, die Haut der anderen rochen. Sogar die größten Häuser im Dorf, wie das von Abbai und Guul-Jan, hatten immer nur ein richtiges Schlafzimmer, in dem alle schliefen, einschließlich der Gäste. Ich liebte mein Zimmer und wusste diesen Luxus zu schätzen, und die meiste Zeit war ich froh, wenn ich es für mich hatte, nachdem meine Besucher gegangen waren. Es ist schwierig, in einer fremden Gemeinschaft zu leben, selbst wenn man ihre Sprache und Bräuche kennt, und ich habe immer Zeit für mich gebraucht, um nachzudenken, zu schreiben oder zu lesen oder einfach ein paar ruhige Stunden zu verbringen. Aber in dieser Nacht spürte ich die Kluft wie noch nie.

Es war lange her, seit ich zum letzten Mal mein Bett mit einem Mann geteilt, seine Nähe beim Einschlafen und Aufwachen gespürt hatte. Es war nicht so sehr der Sex, den ich vermisste, sondern ich sehnte mich danach, dass mich jemand im Arm hielt und streichelte, dass wir uns gegenseitig mit unseren nackten Körpern wärmten. Ich ertappte mich dabei, wie ich meine eigenen Arme streichelte, mich selber berührte, weil kein anderer da war, der es für mich tat.

Mir war von Vornherein klar gewesen, dass ich zölibatär leben musste, solange ich hier im Dorf war. Ich wollte nicht in eine unerfreuliche Affäre hineinschlittern, wo ich die Regeln nicht kannte oder womöglich von mir erwartet wurde, dass ich heiraten und mich hier niederlassen würde. Das kam für mich niemals in Frage, das wusste ich. Ich wollte nicht mein Leben lang nur schuften, so wie die meisten Frauen hier. Im Lauf der Monate setzte sich in mir die Vorstellung fest, dass jede sexuelle Beziehung, solange ich hier war, mich noch tiefer in das Dorfleben verwickeln würde, als es ohnehin der Fall war. Ich wusste, dass ich irgendwann fortgehen würde, und wenn ich allein lebte, konnte ich die Distanz einhalten, von der ich glaubte, dass ich sie brauchte. Und ehrlich gesagt, wollte ich nicht von den einheimischen Männern belästigt werden, denn sie würden wahrscheinlich denken, dass sie mich alle ins Bett kriegen konnten, wenn einer es geschafft hatte. Also verhielt ich mich nicht wie eine Frau, die zu haben war. Ich lachte manchmal mit den Männern, aber ich flirtete selten mit einem von ihnen, und umgekehrt hatte kaum einer von ihnen je mit mir geflirtet. Vielleicht merkten sie, dass es zwecklos war. Vielleicht fanden sie mich auch nicht attraktiv. Ich weiß es nicht, weil ich nie gefragt habe.

Ich hatte mir vorgestellt, dass es mir eine gewisse Klarheit verschaffen würde, ohne Sex zu leben. Ich wollte mich nicht von Liebesaffären ablenken lassen oder mich an jemanden binden, weil ich dann nicht mehr offen genug war, um so viel von dem Leben in Tsengel in mich aufzunehmen, wie ich nur konnte. Außerdem hatte ich geglaubt, ich könnte hier aus der Distanz über meine vergangenen Beziehungen nachdenken, sie so sehen, wie sie wirklich gewesen waren, und vielleicht nie mehr dieselben schrecklichen Fehler machen.

Aber das war nicht der Fall. Anstatt mich in eine scharfsinnige, heilsame Selbstanalyse zu stürzen, wurde mir allmählich bewusst, dass ich in gewisser Weise sehr einsam war und dass das Alleinleben, wie ich es hier praktizierte, letztendlich nicht das war, was ich wollte. Ich wollte keine Sexaffäre, weil ich dachte, dass ich mich dann noch einsamer fühlen würde. Deshalb hatte ich mich nicht mit dem amerikanischen Arzt eingelassen. Ich wollte lieben und geliebt werden. So einfach war das.

32

Der Herbst verabschiedete sich endgültig in der folgenden Woche, und der Winter kam mit einem Paukenschlag, so wie immer in der Mongolei. Die Temperatur sackte in den Keller, und es wurde eine echte Prüfung, das Wasser aus dem eisigen, zufrierenden Chovd zu holen – der Eismatsch ließ unsere Hände taub werden, die Eimer klirrten vor Eis. Jetzt gefroren die Kleider sofort, wenn man sie, noch dampfend, draußen auf dem Gestell aufgehängt hatte. Das Leben war auf einmal viel härter. Guul-Jan sah erschöpft aus. Elia, Marat-Khan und Toktalbek blieben in ihrem Haus, in dem sich jetzt zehn Bewohner plus Besucher rund um die Uhr aufhielten. Während Abbai in aller Seelenruhe mit anderen Dorfmännern in seinem Haus tagte, hackte Guul-Jan mit einer riesigen, stumpfen Axt Holz, schleppte 25 Liter Wasser auf einmal herbei, kochte und servierte pausenlos Tee, bereitete riesige Mahlzeiten zu und holte nachts in der Klinik Babys auf die Welt, obwohl sie in den letzten vier Monaten nicht bezahlt worden war. Sie brachte Abbai sogar das Radio, wenn er am Tisch saß und Tee trank. Er brauchte nur mit dem Finger darauf zu zeigen.

Das war mein einziger Einwand gegen die Kasachen. Ich liebte den Klang ihrer kraftvollen, gutturalen Sprache, eine Sprache, die nur aus den Bergen kommen konnte, und die tragische, klagende Melodie der *dombra*, die einem das Herz zerreißt. Ihr Islam war pragmatisch und ohne jeden Fanatismus, und sie waren großzügige Menschen mit einem ausgeprägten Sinn für Humor: Wir lachten viel in Abbais Haus. Aber die Frauen machten die ganze Arbeit, und das brachte mich immer noch auf die Palme.

Während Guul-Jan abends am Ofen hantierte, saß Abbai am Tisch und fummelte geduldig an den Knöpfen seines Radios herum, aus dem unverständliche Wörter und statisches Rauschen drangen. Hin und wieder erwischte er einen englischen Sender und hielt triumphierend sein Gerät hoch, während ich zu verstehen versuchte, was gesagt wurde, um es für ihn ins Mongolische zu übersetzen. Ein- oder zweimal bekamen wir sogar den BBC World Service herein, und alle lauschten, fasziniert von den abgehackten englischen Vokalen.

Obwohl ich ab und zu immer noch deftige Mahlzeiten aus Fleisch und Reis in meinem Zimmer kochte, wurde ich jetzt jeden Abend zu Guul-Jan oder Szandrash und ihren Familien zum Essen eingeladen. Wenn ich fragte, ob ich beim Kochen helfen dürfe, schnalzten Abbai und sein Bruder mit der Zunge, schüttelten den Kopf und sagten mir, dass ich mich hinsetzen und ausruhen solle.

Manchmal platzte Guul-Jan allerdings der Kragen. Als ich eines Morgens in ihr Haus kam, hörte ich, wie sie Abbai anbrüllte, der zurückbrüllen wollte, aber einfach nicht zu Wort kam. Plötzlich zog er den Kopf ein, als ob er geschlagen würde, und flüchtete an mir vorbei aus dem Haus, seinen Hut an sich gedrückt.

Das Haus von Addai und Szandrash hatte zwei Räume: ein Vorderzimmer mit dem Ofen, einem großen, runden Tisch und dem berühmten zerkratzten roten Telefon und ein dunkles, aber gemütliches Hinterzimmer, wo ich meistens die Kinder bei Kerzenlicht unterrichtete. Am 11. November, als wir gerade mit unserer täglichen Englischstunde fertig waren, flammte plötzlich die Glühbirne auf, die über uns hing und die ich längst nicht mehr wahrnahm. Alle klatschten und johlten, und wir bliesen die Kerzen aus. Ein paar Sekunden später fing die Glühbirne an zu flackern, und das Licht erlosch. Wie auf Kommando stöhnten wir alle theatralisch auf und zündeten die Talglichter wieder an. Aber ungefähr eine halbe Stunde später war der Strom wieder da, und überall im Dorf erstrahlten die schmalen Fensterscheiben in hellem Licht.

Wir zogen im Pulk zum anderen Haus hinüber, wo Abbai zum ersten Mal seit dem Frühjahr feierlich den *hascha*-Fernseher abdeckte und anstellte.

»Wir hatten den ganzen letzten Winter Strom, bis zu der Woche, als Sie gekommen sind, *bagsh*, erst dann sind die Lichter ausgegangen. Und jetzt, wo Sie uns bald verlassen, gehen die Lichter wieder an!« Abbai grinste mich an, und wir lachten alle. Endlich waren wir so vertraut miteinander, dass wir uns gegenseitig necken konnten.

Der Strom war eine Erleuchtung. Er machte das Leben so viel einfacher. Kleine Gegenstände, die herunterfielen und in irgendeiner dunklen Ecke verschwanden, wo das Kerzenlicht nicht hinreichte, konnten jetzt leicht aufgespürt und aufgehoben werden, so dass man sie sofort wieder zur Hand hatte. Ich stieß keine vollen Müllkübel mehr um und stolperte auf dem Weg zum Klo nicht mehr über alle möglichen Sachen, die auf dem Hof herumlagen, wie Äxte oder abgesägte Stämme. Ich konnte lesen, ohne meine Augen anzustrengen oder mich so nahe an die Kerze zu setzen, dass das Wachs auf die Seiten tropfte. Es gab keine Lichtschalter im Dorf, weil niemand auf die Idee kam, freiwillig die Lichter auszuknipsen. Der Fernseher und die Lampen schalteten sich einfach in der Nacht aus und gingen erst am nächsten Tag wieder an.

Die Stromversorgung dauerte von ungefähr sechs Uhr morgens bis zehn Uhr abends und war erstaunlich zuverlässig. Es gab häufige Stromausfälle, die aber meist nur kurz waren, und abends sprang der Strom fast immer wieder an. Die Leute, die einen Fernseher hatten, waren begeistert von diesem neuen Luxus, der ihnen die langen Winterabende verkürzte. In Abbais Haus schauten wir flimmernde russische Sendungen an, alte Charlie-Chaplin-Filme und einmal eine pathetische, nachsynchronisierte Episode der »X Files«, die ich ungefähr 15 Minuten lang mit offenem Mund anschaute, bis der nächste Stromausfall kam und gar nichts mehr ging. Das war sehr seltsam. Gansukh und Sansar-Huu hatten andererseits einen Fernseher, der nur einen mongolischen Sender empfangen konnte, und eine andere tuvanische Familie bekam zu ihrem Leidwesen nur kasachische Sender herein. Im Grunde genommen war es auch absurd, im westlichen Altai vor der Glotze zu sitzen.

Während die Bewohner von Tsengel ihre tägliche Dosis Strom genossen, zog der Winter endgültig in den Bergen ein. Die Sonne war schwach und erhob sich nach acht Uhr morgens in einen blutlosen Himmel. Das Land war kahl und vereist. Alle blieben drinnen, wann immer sie konnten.

Ungefähr Mitte November waren die Berge in dicke Wolken gehüllt, die ihre Flocken ausschütteten, als wollten sie sich umstülpen. Unsere kleine Welt erstickte im Schnee. Das war der Wendepunkt im Jahr. Alle Jahreszeiten, vom trockenen Frühling über den üppigen Sommer bis zum flammenden Herbst, hatten nacheinander das Feld geräumt. Jetzt begrüßten die Nomaden den dunklen, nördlichen Winter.

Der Chovd gab sich ebenfalls geschlagen und fror über Nacht zu, weiß und zackig wie ein Erdrutsch. Ich stand mit meinen Eimern in der Hand am Flussufer und schaute auf die Eisschollen. Es war atemberaubend schön. Der Fluss hatte das Eis in eineinhalb Meter hohen Kämmen über das Ufer hinausgeschoben. Ich stellte meine Eimer ab und ging flussabwärts am Dorfrand entlang. Es war Samstag oder Sonntag, die Läden und Kioske waren geschlossen und die Straßen verlassen, und es war kaum jemand unterwegs. Ich blieb direkt hinter dem letzten *hascha* am anderen Ende des Dorfes stehen und blickte über das weiße Tal hinaus. Hier war der Chovd am turbulentesten und das Eis am spektakulärsten. Eisberge, die sich gefährlich vornüberneigten, wie Häuser nach einer Explosion; Wellenkämme, die zu Eis erstarrt waren, während sie flussabwärts stürzten. Wie in aller Welt konnte das alles in einer einzigen kalten Nacht geschehen sein?, dachte ich. Aber es war so, und jetzt stolperten zwei Dorfbewohner in langen dunklen *deel* über den Fluss auf mich zu und testeten mit einem langen, dünnen Ast das Eis vor sich, ehe sie über die glitzernden Trümmer kletterten.

Aber nicht nur der Fluss fror zu. Zahnpasta, Shampoo, die Teereste, die in den Schalen geblieben waren – alles vereiste in meinem immer kälter werdenden Zimmer. Meine Gesichtscreme war so gefroren, dass ich das Gefühl hatte, mir Eis ins Gesicht zu schmieren. Mein Wassereimer war morgens ein einziger Eisblock. Abbai und Guul-Jan boten mir mehrmals an, in ihr Haus umzuziehen, aber das wollte ich nicht, weil schon so viele andere Leute bei ihnen wohnten.

Guul-Jan wurde eines Morgens im Klinik-Jeep nach Hause gebracht und auf das kleine Bett im Wohnzimmer gelegt. Wir saßen alle da und schauten zu, wie einer ihrer Kollegen ihr einen Tropf legte, der langsam Vitamine in ihren Arm fließen ließ, während Guul-Jan blass und stumm dalag. Ich hatte sie noch nie stillliegen oder -sitzen sehen.

»Meine Frau ist sehr müde«, sagte Abbai und machte Amina ein Zeichen, mir eine Tasse Tee einzuschenken.

Während Guul-Jan ausruhte, übernahm Amina sofort die Verantwortung für den ganzen Haushalt, raste buchstäblich von der Schule nach Hause, um Holz zu spalten und Wasser zu schleppen, Essen für alle zu kochen und ihre Kleider zu waschen. Jetzt, da der Fluss zugefroren war, würde auch Apam jeden Moment eintreffen. Sie würde bis zum Frühjahr im *hascha* bleiben und in dem hinteren Zimmer bei Elia und ihrer Familie wohnen, die gerade seelenruhig angekündigt hatten, dass sie auch bis zum Frühling bleiben wollten, also noch mindestens vier oder fünf Monate.

Tuya kam zum Essen herüber und huschte schlotternd in mein Zimmer herein. »*Yanaa*, ist das kalt!«, rief sie und behielt ihre dicke Jacke und Mütze an, als sie sich neben den Ofen hockte. Sie sah gesund und blühend aus – wahrscheinlich kam das von der Liebe. Ich hatte Hammelfleisch mit Tomatensauce und Reis gekocht, und als ich unsere Teller hinstellte, fing sie meinen Blick auf und zog ihre Brauen hoch.

»Wir heiraten in den nächsten Wochen«, sagte sie strahlend. »Gerele wählt das Datum aus, und es wird natürlich eine sehr kleine Hochzeit wegen seinem Vater ... kein Fest. Aber das ist mir egal, ich will nur endlich seine Frau werden.«

Ich zog sie auf die Füße und umarmte sie stürmisch. Ich wusste, dass Gerele ein Taugenichts war, aber ich wusste auch, wie viel diese Heirat Tuya bedeutete.

»O nein, und ich habe keinen *arkhi* zum Anstoßen da«, stöhnte ich. »Sollen wir nicht zu Gansukh und Sansar-Huu gehen und uns eine Flasche leihen?«

Tuya, die nicht viel trank außer bei unseren gelegentlichen Besäufnissen, verzog das Gesicht. »Nein. Wir brauchen keinen *arkhi*, aber am Samstag können wir im Klub feiern. Kultii hat mir gerade gesagt, dass eine Popgruppe aus Olgij kommt. Lass uns hingehen und tanzen!«

Am Samstagabend holten Tuya, Gansukh und ich den Lippenstift aus der Versenkung und machten uns zum ersten Mal seit Monaten wieder auf in den Klub. Es war wahrscheinlich auch das letzte Mal, dass wir zusammen ausgingen, denn Tuya hatte mich bereits vorgewarnt, dass sie eine ganze Weile nicht mehr in den Klub kommen könne, wenn sie erst verheiratet war. Frisch verheiratete Frauen blieben zu Hause, anstatt mit ihren Freunden zu feiern, und bis sie wieder ausgehen durfte, war ich natürlich längst fort. Es war eine unsanfte Erinnerung daran, dass unsere Wege sich bald trennen würden.

Das ganze Jahr über waren ab und zu Pop- und Folkgruppen aus Bayan-Olgij aufgetaucht, um im Klub zu spielen, aber ich hatte die meisten von ihnen grässlich gefunden, obwohl ich so ausgehungert nach Unterhaltung war. Von den klagenden Klängen der *dombra* im *hascha* zu Hause konnte ich nie genug kriegen, aber die Konzerte im Klub fand ich langweilig und seelenlos, ganz anders als die Musik, die die Leute selbst zu ihrem eigenen Vergnügen spielten.

Dieser Abend war jedoch eine rühmliche Ausnahme. Ein paar gut aussehende Typen aus Bayan-Olgij mit eigenem Schlagzeug und Keyboard schrien den ganzen Abend raue kasachische Lieder hinaus, und ausnahmsweise ließ uns der Generator nicht im Stich. Der brechend volle Tsengel-Klub tobte! Die Leute johlten und stampften und wirbelten herum, hielten nur kurz inne, um eine weitere Kleiderschicht abzulegen, und stürzten sofort wieder auf die Tanzfläche zurück. Es war Wahnsinn, und wir drei waren die ganze Nacht total aufgedreht. Seit einer Ewigkeit hatten wir nicht mehr getanzt und holten jetzt alles begeistert nach.

Nach mehreren Zugaben warf Kultii den Kassettenrecorder an, und die Party ging weiter. Ich wirbelte mit einem jungen Kasachen namens Alibi herum, der gerade von der Universität in Alma-Ata nach Tsengel zurückgekommen war. Er war ein hübscher Kerl, aber sein Atem roch nach Wodka, und seine Augen glänzten, als wäre er schon leicht betrunken.

»Louisa, lass ja die Finger von ihm. Ich bin mit ihm in die Schule gegangen, der Typ taugt nichts«, warnte Gansukh mich, ihren Mund an mein Ohr gepresst. Alibi forderte mich mehrmals zum Tanzen auf, und ich nahm widerstrebend an. Während wir taumelnd herumtanzten, drückte er meine Hand und zischte: »Nimm mich mit zu dir nach Hause, *bagsh*.« Irgendwie überraschte mich das nicht. Ich schüttelte den Kopf, versicherte ihm, dass ich mit einem sehr eifersüchtigen Engländer verlobt sei, und lehnte seine nächste Aufforderung zum Tanzen ab. Er ging, allein, noch bevor die Musik zu Ende war, und stolperte beim Hinausgehen über die unebenen Stufen des Klubs.

Als die Nacht zu Ende war, flüchteten wir vor dem üblichen Saufgelage nach der Disco und spazierten zusammen unter dem sternenübersäten Himmel nach Hause. Tuya und ich trennten uns direkt über der Brücke, nur ein paar Meter von unseren jeweiligen *hascha* entfernt. Als ich an dem verriegelten Tor herumfummelte, ertönte ein Flüstern hinter mir. »Ich bin's, *bagsh*. Der aus Kasachstan.«

Er tauchte aus dem tiefen Dunkel auf und wollte meine behandschuhte Hand nehmen. Ich trat das Tor auf und beschimpfte ihn auf Kasachisch, während ich zu meiner Tür ging, schnell, aber ruhig, denn ich wusste, dass ich ihn erschreckt hatte und dass er mir nicht folgen würde. Ich hörte, wie er mit knirschenden Schritten in Richtung Brücke davonging.

Am nächsten Nachmittag tauchte Guul-Jan bei mir auf, als ich an meinem Ofen saß und in mein Tagebuch schrieb. Sie schaute manchmal auf eine Tasse Kaffee herein, den sie liebte, und um mir den neuesten Klatsch zu berichten.

Da sie im Krankenhaus arbeitete, hielt Guul-Jan mich immer auf dem Laufenden über die Unfälle und die grässlichen Verletzungen, die manche Leute sich zuzogen. Zum Beispiel der kleine Junge, der sich die Hälfte seines kleinen Fingers abgehackt hatte, als er mit der Axt seines Vaters Holz spaltete. Oder die beiden Einheimischen, die mit ihrem Jeep in eine Schlucht gestürzt waren – sie wurden von ein paar Hirten ausgegraben und mussten mit dem Pferd ins Dorf gebracht werden. Oder der tragische Fall eines jungen Dorfbewohners, der mit der Anlasserkurbel eines Jeeps (die lange, L-förmige

Eisenstange, die man als Starthilfe für alle Jeeps benutzt) über den Kopf geschlagen worden war. Der Mann war 26, verheiratet und hatte zwei kleine Kinder. Er war von seinem eigenen Freund attackiert worden, nachdem sie getrunken hatten und in Streit geraten waren. Der Mann war zuerst bewusstlos gewesen, aber bald wieder zu sich gekommen, und der Schlag hatte ihm scheinbar nicht weiter geschadet. Sein Angreifer, der schnell nüchtern geworden war, hatte sich überschwänglich entschuldigt, und er bezahlte auch die Behandlung im Krankenhaus.

»Wir dachten, dass er in Ordnung wäre«, sagte Guul-Jan und nippte an ihrem Kaffee. »Aber vor ein paar Wochen ist er ohnmächtig geworden, und wir mussten ihn nach Olgij schicken, in das große Krankenhaus. Sie konnten nichts mehr für ihn tun.« Guul-Jan tippte sich an ihren bedeckten Kopf. »Hier – verstehst du, das Problem war in seinem Kopf. Und jetzt ist er gestorben. Alibi muss seiner Familie eine Menge Geld bezahlen – oder er wandert ins Gefängnis.«

»Alibi?«, wiederholte ich. Ich hatte im *hascha* nichts davon erzählt, was nach der Disco passiert war. Abbai lebte in ständiger Angst um mein körperliches und seelisches Wohlergehen, und er würde wahrscheinlich sagen, dass ich abends nicht mehr allein ausgehen dürfe, oder, was noch schlimmer wäre, dass er mich begleiten würde. »Meinst du den Alibi, der gerade aus Kasachstan zurückgekommen ist?«

Guul-Jan nickte und trank ihren Kaffee aus.

»Weiß das die Polizei?«

Zu meiner Verblüffung zuckte sie mit den Schultern und sagte: »Ich weiß nicht. Wahrscheinlich nicht.«

Am Abend fragte ich Abbai danach, in der Hoffnung, dass ich nicht in irgendein Fettnäpfchen treten würde, aber ich wollte unbedingt mehr darüber herausfinden.

Er trank langsam seinen Tee und dachte einen Augenblick nach, bevor er mir vorsichtig antwortete: »*Zaa*, natürlich weiß die Polizei Bescheid, Louisa. Aber das Problem ist, dass die Frau Geld braucht, um ihre Kinder zu ernähren, jetzt, wo der Mann tot ist. Es ist schrecklich, was da passiert ist, das wissen wir alle, aber die Polizei hat keine Fragen gestellt, weil sie der Familie Zeit geben wollte, mit dem Mann zu reden und herauszufinden, ob er ihnen genug Geld geben kann. Es wurde kein Protokoll aufgenommen. Unsere Polizei arbeitet sonst nicht so, aber in diesem Fall überlassen sie die Entscheidung der Familie. Wenn Alibi genug Geld bezahlen kann, geht niemand zur Polizei, und dann kann er im Dorf bleiben.«

Und so war es auch. Ich sah Alibi danach noch öfter, obwohl wir uns nie grüßten, und er ging immer gebeugt und allein durchs Dorf. Der Pragmatismus der Dorfbewohner erstaunte mich. Niemand erwähnte Alibi jemals wieder. Es war alles sehr unaufgeregt und sehr seltsam.

Am letzten Tag im November war es endlich so weit. Tuya und Gerele heirateten. Weder Gansukh noch ich waren zu der Hochzeit eingeladen, die in aller Stille gefeiert wurde. Die Tradition schreibt vor, dass an diesem Tag nur Verwandte in Gereles Haus sein durften, und natürlich wurde kein Fest gefeiert. Tuya packte einfach ihre Sachen zusammen und verließ das Haus, in dem sie aufgewachsen war und in dem sie jetzt nie wieder wohnen würde. Begleitet von Gerele, ihrer Mutter und ihrem Vater, überschritt sie die Schwelle von Gereles *hascha*, und er wurde ihr Mann.

Zwei Tage später brachte sie zu meiner Freude und Verwirrung ihr erstes Kind zur Welt.

33

»Wir können nicht in die Klinik gehen, Louisa. Das wird Algaa nicht recht sein«, wisperte Gerel-Huu, als wir in dem engen Krankenhauseingang standen. »Wir müssen Algaa um Erlaubnis fragen, bevor wir Tuya besuchen. Man geht nie zu einer Mutter, so kurz nachdem ihr Baby geboren ist, und Algaa ist der Chef der Klinik.«

Aber das war mir diesmal egal. Algaa konnte mir den Buckel runterrutschen. Ich trat ein und zupfte Gerel-Huu am Ärmel. Als sie nicht reagierte, ließ ich sie in der Tür stehen und ging ungeniert durch mehrere verschmierte Glastüren und leere Krankenzimmer, bis ich Tuya und ihr Baby allein in einem winzigen, aber von Sonnenlicht durchfluteten Zimmer fand.

Selbst Tuya war entsetzt über meinen unangekündigten Besuch. »Louisa! Was machst du hier? Hast du Algaa gefragt?«

Ich schüttelte den Kopf und grinste verschwörerisch. Tuya war sonst der unerschrockenste Mensch in Tsengel, den ich kannte, und ich wunderte mich über ihre Panik. Ihre neugeborene Tochter lag in ihren Armen, ein kleines, vermummtes Bündel mit einem dunklen Lockenschopf. Wir unterhielten uns im Flüsterton, und sie lauschte die ganze Zeit, aus Angst, Algaa könne kommen und mich hinausschmeißen.

»Wie war die Geburt?«, fragte ich und gab ihr eine Tüte mit den besten Süßigkeiten, die im Dorf zu finden gewesen waren, aber das Zeug sah trotzdem unförmig und unappetitlich aus.

»Ach, es geht«, sagte Tuya und zuckte beinahe beiläufig mit den Schultern. »Es war alles nach ein paar Stunden vorüber.« Wir schauten einander an.

»Tuya, warum hast du mir nicht gesagt, dass du schwanger bist?«, platzte ich heraus und versuchte, mir nicht anmerken zu lassen, wie gekränkt ich war. Tuya und Gansukh waren meine engsten Freundinnen hier. Während Gerel-Huu und ich zur Klinik gerannt waren, um uns zu überzeugen, dass das sensationelle Gerücht, das über Tuya verbreitet wurde, tatsächlich stimmte, hatte ich mir fassungslos die letzten Monate in Erinnerung gerufen: Tuya, die unermüdlich riesige Holzklötze spaltete, die meilenweit ins Dorf zurückmarschiert war, als wir ihre Verwandten besucht hatten, die in der Disco tanzte wie verrückt, die endlose schwere körperliche Arbeiten verrichtet hatte, ohne Rücksicht auf ihre Gesundheit oder die des Kindes, das sie im Bauch trug. Niemand hatte ihr etwas angemerkt. Ich auch nicht. Aber warum zum Teufel hatte sie mir nichts erzählt?

Sie schaute mir gerade in die Augen. »Ich dachte, dass du wütend sein würdest, Louisa«, sagte sie. »Ich konnte es dir nicht erzählen. Du hast immer gesagt, dass ich noch massenhaft Zeit hätte, um ein Kind in die Welt zu setzen. Du hast gesagt, ich soll jetzt noch kein Baby bekommen, sondern noch ein oder zwei Jahre damit warten. Da konnte ich es dir doch nicht sagen.«

Ich ließ den Kopf hängen und brach fast in Tränen aus. Verdammt noch mal – wie arrogant und dumm von mir. Was hatte ich mir nur dabei gedacht, einfach hier hereinzustolzieren und den Leuten zu erzählen, wie sie ihr Leben gestalten sollten? Und jetzt platzte ich auch noch in die Klinik herein, als ob das alles mir gehörte.

Tuya sagte die Wahrheit. Ich konnte mich erinnern, wie ich ihr tatsächlich einzureden versucht hatte, dass ich am besten wisse, was gut für sie sei. Ich habe mich in meinem ganzen Leben noch nie so sehr geschämt wie in diesem Moment, als Tuya mir ruhig meine unglaubliche Arroganz vor Augen hielt. War ich wirklich so unverschämt?, dachte ich zerknirscht. Habe ich das mit anderen Leuten auch gemacht? Vielleicht war das der Grund, warum Menke mich nicht mehr in der Schule haben wollte, warum Zulmira mir aus dem Weg ging und die Prinzessin mich nicht mehr besuchte. Hatte ich mich etwa genauso unmöglich aufgeführt wie diese großkotzigen Ausländer, über die ich mich immer so aufregte?

»Es tut mir Leid, Tuya«, sagte ich. »Es tut mir so Leid. Ich muss jetzt gehen, Gerel-Huu wartet draußen. Sie hat gesagt, dass ich nicht reingehen darf, aber ich bin trotzdem gekommen, weil ich dich und das Baby unbedingt sehen wollte. Verzeih mir bitte.«

Tuya lächelte. Mit einer Freundlichkeit, wie ich sie bei vielen Mongolen erlebt habe, die ihren Groll sofort vergessen, wenn sie ihrem Herzen Luft gemacht haben, hielt sie mir ihre kleine Tochter hin, und ich schaukelte sie sanft und bestaunte das winzige neue Geschöpf, das in meinen Armen atmete.

Gerel-Huu war schon fort, und ich ging langsam und auf dem ruhigsten Weg am Rand des Dorfs nach Hause. Ich hatte jetzt nur noch so wenig Zeit. Ich wollte nicht, dass die Dorfbewohner mich als eine Besserwisserin in Erinnerung behielten, die nie zuhörte, sondern ihnen nur ihre eigene Meinung aufdrängte. Soweit ich mich erinnerte, war es das einzige Mal gewesen, dass ich mich so taktlos benommen hatte, aber vielleicht täuschte ich mich. Ich schämte mich entsetzlich für das, was ich getan hatte, aber ich war froh, dass Tuya es mir gesagt hatte. Ich wünschte mir nur, sie hätte mir schon vor Monaten die Meinung gesagt, weil sie mich dann vor mir selber gerettet hätte. Es gibt keinen wirklichen Neubeginn, dachte ich. Man nimmt alle seine Fehler mit sich, wohin man auch geht, und das hier ist offensichtlich einer von meinen. Niemand kann aus seiner Haut, das ist nun mal so. Aber das hier wird mir nie wieder passieren.

Die Leute in Tsengel zerrissen sich tagelang das Maul über Tuya, die zwar dem schrecklichen Makel entronnen war, ihr Kind unehelich zur Welt zu bringen, aber Abbais unverhohlene Entrüstung spiegelte die allgemeine Meinung im Dorf wider.

»Ist das wahr? Stimmt das – zwei Tage nach der Hochzeit?«, fauchte er mich an, als ich ihm von Tuyas Tochter erzählte.

»Du verstehst das nicht, Louisa. Die Leute hier finden es wirklich schlimm, wenn eine Frau ihr Kind gleich nach der Hochzeit bekommt«, sagte Gansukh zu mir, als ich über die ständige Tratscherei stöhnte. »Sie wissen zwar, dass Tuya im Sommer geheiratet hätte, wenn Gereles Vater nicht gestorben wäre, aber sie sind trotzdem sehr böse.«

Ich brachte es nicht über mich, Gansukh zu fragen, ob sie die ganze Zeit von Tuyas Schwangerschaft gewusst hatte. Die Nachricht von der Geburt hatte sich in wenigen Stunden im Dorf verbreitet, und obwohl ich wusste, dass Tuya sich nichts gefallen lassen würde, fand ich es schrecklich, wie die Leute über sie redeten.

Gott sei Dank (oder vielleicht auch Allah sei Dank) gab es noch Apam, Szandrash, Guul-Jan und Elia. Apam war vor ein paar Tagen mit Quartz und ihrem jüngsten Sohn Nuurlan gekommen, und an diesem Abend saß ich mit den Frauen in Szandrashs Haus zusammen. Die Männer hockten vor dem Fernseher wie üblich. Nachdem die Kinder fortgeschickt worden waren, bombardierten mich alle mit Fragen über Tuya und ihr neues Baby. Was war passiert? Hatte ich sie gesehen? Wie war ihre kleine Tochter? Zwei Tage nach der Hochzeit – was für ein Glück! Sie brüllten vor Lachen über das unglaubliche Timing, bis Szandrash und Guul-Jan sich die Augen wischten und Apam sich vor Freude ihre dicken Hände rieb.

»Wir müssen uns ihre Tochter so bald wie möglich anschauen«, rief Guul-Jan, »denn wenn sie Gerele auch nur ein bisschen ähnlich sieht, dann muss sie wunderschön sein.«

Wieder brüllten alle vor Lachen. Ich hatte die Frauen noch nie so ausgelassen erlebt und lachte mit, denn mir war ein Stein vom

Herzen gefallen. Ich hätte sie am liebsten alle umarmt, weil sie kein böses Wort gesagt oder sich über Tuyas Sündenfall empört hatten. Sie freuten sich aufrichtig über die Ankunft eines neuen Kindes und machten sich höchstens Sorgen, ob Tuya und das Baby auch gesund und wohlauf waren. An diesem Abend hatte ich einen Blick hinter die Fassade des Dorfes erhascht. Ich wusste, dass wir diese Unterhaltung niemals geführt hätten, wenn die Männer dabei gewesen wären. Die moralische Empörung war ein männliches Privileg, und die Frauen waren pragmatisch und behielten ihre Meinung für sich.

Ironischerweise wurde Guul-Jan, noch während Tuyas Aufenthalt in der schmuddeligen Klinik, von Algaa kurzerhand als Chefhebamme gefeuert. Guul-Jan hatte keine fristgerechte Kündigung bekommen, und die Klinik schuldete ihr immer noch drei Monatsgehälter. Sie war wütend auf Algaa, aber gleichzeitig froh, dass sie ihre Stelle verloren hatte. Nach 17 Jahren Vollzeitjob war sie erschöpft und ausgebrannt und freute sich auf eine lange Pause zu Hause. Guul-Jan und ich setzten uns zusammen, tranken Tee und zogen eine halbe Stunde lang über Algaa her, den wir mit den übelsten Schimpfwörtern überhäuften, die wir nur kannten. Ich war etwas überrascht, als Guul-Jan mir sagte, dass sie bei der Gesundheitsbehörde in Olgij Einspruch gegen ihre Kündigung einlegen wolle, und sie blieb ruhig und unerschütterlich bei ihrem Entschluss.

»Ich habe siebzehn Jahre in dieser Klinik gearbeitet, Louisa, und Algaa schuldet mir Geld«, sagte sie. »Ich will nicht meinen Job wiederhaben. Aber ich will eine Erklärung.«

Es war jetzt so kalt, dass man nur noch am frühen Nachmittag, wenn die Temperatur ein bisschen anstieg, Wasser holen konnte. Jeden Tag wurden mit langstieligen Äxten enge Schächte in das Eis gehackt, und jede Nacht, wenn die Temperatur auf −30 °C sank, froren sie wieder zu, dick und schlierig wie Marmor. Jeden Nachmittag wurden sie wieder aufgebrochen. Kleine Kinder flitzten auf dem Eis herum, auf Schlittschuhkufen, die an selbst gemachten, kniehohen Filzstiefeln festgeschnallt waren, oder sie hockten auf viereckigen Holzplatten mit den gleichen schmalen Kufen darunter. Ihre Wangen waren knallrot, und sie schrien vor Lachen, wenn sie auf dem Eis herumschlitterten. Ein paar von ihnen hatten auch Säcke auf ihren Rücken geschnallt und sammelten zwischendurch Dung im Schnee auf.

Der Brunnen gegenüber unserem *hascha* war zwar ausgebaggert worden, aber völlig zugefroren. Wenn ich Steine in den Schacht hinunterschleuderte, zersplitterte nur die Oberfläche des Eises, so dass ein Splitterregen aus den gefrorenen Tiefen heraufspritzte. Als Abbai schlotternd vor Kälte in mein Zimmer trat und zu mir sagte: »Nein, Louisa. Nein, hier können Sie nicht mehr bleiben. Kommen Sie zu uns«, gab ich mein elendes Zimmer endlich auf und zog in ihr Haus, wo ich warm und behaglich in dem Bett im Wohnzimmer schlief.

Morgens kamen wir mit tauben Wangen in der Schule an. Die Lehrer setzten nun im Unterricht ihre Mützen ab, behielten aber ihre Mäntel an, und in den Pausen kauerten wir alle um den Ofen im Lehrerzimmer herum. Die anderen zogen mich damit auf, dass ich vor der kältesten Zeit des Winters, Ende Dezember, die Flucht ergriff.

»He, Louisa, *bagsh*, es wird noch viel kälter als jetzt«, sagte Gerel *bagsh*, der eine riesige Schaffelljacke trug, und grinste. »Manchmal hat es hier Anfang Januar minus 48 Grad.«

»*Yanaa*!« Ich lachte und verdrehte die Augen. »Und so ein Dorf nennt sich ›Wonne‹.«

Ich erinnere mich, wie ich eines Nachmittags von der Schule nach Hause stampfte, um etwas aus meinem Zimmer zu holen, in dem immer noch einige meiner Sachen standen. Der Raum war mit einem Vorhängeschloss versperrt, und weil ich es eilig hatte, zog ich meine Fellhandschuhe aus und packte das Schloss mit meiner rechten Hand. Meine warmen, trockenen Finger hafteten an dem gefrorenen Metall wie festgeklebt, und ich geriet in Panik. Ich bekam sie nicht mehr los. Stöhnend schälte ich meine Finger von dem Metall ab und hörte und spürte, wie die Haut langsam herunterriss. Es blutete nicht, aber die oberste Hautschicht von mehreren Fingerkuppen klebte wie ein dünner Film an dem Metall fest, und meine Hand kribbelte und pochte, als ob ich sie verbrüht hätte.

Als ich zu Guul-Jan ins Haus trat, räumte sie gerade das Chaos auf, das eine weitere Gästeschar hinterlassen hatte. »Sie sind von den Bergen gekommen«, sagte sie und grinste mich verschmitzt an. »Sie waren zu acht, auf dem Weg nach Olgij. Sie haben alle nach dir gefragt. ›Wie geht es der ausländischen *bagsh*?‹, wollten sie wissen. Ich habe gesagt, es geht ihr gut, aber sie muss viel arbeiten an unserer Schule, und diese Ausländer brauchen einen ruhigen Ort für sich allein, sie sind nicht daran gewöhnt, dass alle beieinander schlafen.«

»Aber Guul-Jan, das macht mir doch nichts aus! Das ist kein Problem für mich, ehrlich!« Jetzt bin ich schon wieder ins Fettnäpfchen getreten, dachte ich. Sie denken, dass ich eine hochnäsige Ausländerin bin, die ein Zimmer für sich alleine braucht.

Aber Guul-Jan lachte schallend. »Nein, nein! Ich weiß doch, dass es dir nichts ausmacht. Ich habe keine Lust, heute Abend für acht Leute mehr zu kochen, und jetzt sind sie alle fort! *Sain bain*!«

Wir lachten zusammen über ihre Kriegslist und tranken eine Kanne Tee. An diesem Abend war Abbai außer Haus, und ich half ihr, das Essen für die Familie zu kochen.

Am nächsten Morgen, als die Fensterscheiben mit einem Eisfilm überzogen waren und das Zaumzeug krachte und splitterte, stiegen die Männer des Dorfes scharenweise auf ihre Pferde und ritten in den Altai, um ihr Vieh zum Schlachten zu holen.

34

In der nächsten Woche trieben die einheimischen Männer ihre Schaf- und Ziegenherden von den Bergen herunter, und die Pferde, die sie ritten, waren mit gefrorenem Schweiß verkrustet. In den kurzen Tageslichtstunden führten sie ihr Vieh über den gefrorenen Chovd, und bald platzte Tsengel aus allen Nähten vor lauter Tieren, die geduldig auf ihren Tod warteten. Die Familien und Nachbarn scharten sich zusammen, um ihre Tiere an einem Tag zu töten. Hinterher würde es Fleisch in Hülle und Fülle zu essen geben.

Quartz und sein hübscher junger Bruder Oraz kamen am späten Vormittag mit zwei Kühen, ein paar Dutzend Schafen und Ziegen, einem Kamel und zwei Wallachen mit dichter, zerzauster Mähne in unserem *hascha* an. Nur das Kamel sollte verschont bleiben. Der Rest würde geschlachtet und gegessen werden. Ich war neugierig auf die Schlachterei. Ich konnte mir zwar nicht vorstellen, wie das sein würde, aber ich hatte keinerlei Bedenken. In den letzten neun Monaten hatte ich oft mit angesehen, wie Tiere getötet wurden, und es war immer derselbe schnelle, unsentimentale Tod mit einem einzigen schnellen Schnitt durch die Kehle gewesen. Noch vor einer Woche, kurz bevor der Winter einsetzte, hatte ich auf einem Baumstamm im *hascha* in der Sonne gesessen und einen Brief an meine Schwester zu Hause geschrieben, während Quartz ein paar Meter von mir entfernt ein Schaf schlachtete und das Becken auf dem Boden sich mit Blut füllte: »In solchen Augenblicken kommt es mir vor, als lebte ich schon sehr lange hier. Ich habe keine Lust wegzugehen, weil es hier so schön gemütlich und warm ist in der Sonne. Es ist seltsam, den Tod so leicht zu aktepieren.«

Ich war davon überzeugt, dass ich inzwischen an den Anblick gewöhnt war, wie die Männer unser Essen töteten.

Jeder der Haushalte fing ohne viel Aufheben mit dem Schlachten an. In unserem *hascha* banden Quartz und Oraz als Erstes die zwei Wallache an den Beinen fest. Ich war in diesem Moment draußen und hackte Holz mit tauben Fingern, obwohl ich dicke Handschuhe anhatte. Ich schaute nicht auf, aber ich wusste genau, was vorging, weil einer der beiden Wallache in seiner Todesangst zu schreien anfing. Und sofort ließ ich meine Scheite fallen und rannte schnurstracks in mein Zimmer. Ich konnte nicht einfach dastehen und mir das anhören, sondern saß zusammengekrümmt auf meinem Bett, schluckte trocken und biss mir auf die Unterlippe. Die Wallache verstummten, und ich hantierte mit irgendetwas herum, nur um nicht hören zu müssen, wie Quartz und Oraz ihre Äxte hoben und die Knochen zerhackten. Als ich mich nach einer Weile wieder hinauswagte, häuteten und zerlegten die beiden Männer die Kadaver. Szandrash, Guul-Jan und Elia spülten die zwei großen Mägen und die gelben Darmschlingen aus.

Ich stand neben ihnen und krümmte mich innerlich, als die beiden feuchten Pferdehäute auf dem Boden ausgebreitet und von Blut und Sehnen gesäubert wurden. Sie dampften noch, gefroren aber sofort. Dann ging ich zurück in mein Zimmer, nervös und fahrig und erschüttert über meine eigene Reaktion. So hatte ich mir das alles nicht vorgestellt.

Ein paar Stunden später rief mich Oraz zum Abendessen in Abbais Haus herüber. »Eh, Louisa! *It jey, it jey!* Essen!«

Der Hauptraum war gerammelt voll. Die Leute hockten um den Ofen und tranken starken, braunen Tee, während der Kessel mit dunklem Pferdefleisch vor sich hinköchelte. Merim-Khan, Aimak und andere Nachbarn hatten am Nachmittag mitgeholfen, und alle waren hinterher zum Essen eingeladen worden. Guul-Jan und Elia stellten zwei riesige, triefende Platten ab – eine für die Männer und Apam, die am Tisch saßen, eine für uns, die wir auf dem Boden hockten. Wir beteten, und dann aßen wir das sehr weiche, ölige Fleisch. Der Kopf eines der Pferde thronte neben unserer Platte, die Augen weit aufgerissen. »Ach, das essen wir nachher«, sagte Szandrash. Ich nickte mit vollem Mund und tunkte weiter Fleischbrocken in die salzige Sauce. Es machte mir nichts aus, das Pferd zu essen – ich konnte nur einfach nicht zusehen, wie es getötet wurde.

Als wir mit dem Essen fertig waren und uns die Finger abwischten, machte Quartz einem seiner Söhne ein Zeichen, ihm einen Zügel zu bringen. Er nahm das rissige Leder in seine schmierigen Hände und fettete den Zügel ein, indem er die brüchigen Riemen mit seinen glänzenden Fingern walkte.

Ich schaute ihm schweigend zu. Die Dorfbewohner vergeudeten nichts. Alles diente hier einem Zweck. Vielleicht klingt es jetzt sentimental, wie ich diesem Mann bei etwas zuschaute, das er schon seit Jahren machte, und es irgendwie rührend und außergewöhnlich fand. Aber das Leben war eine Weile sehr hart gewesen, und es war ein sanfter, nachdenklicher Moment, der mir vor Augen führte, wie anders wir alle leben, selbst jetzt.

Guul-Jan und Elia waren bereits damit beschäftigt, das restliche Pferdefleisch zu zerkleinern und es mit vollen Händen in die Pferdedärme zu stopfen. Sie stellten Dutzende von tiefroten Würsten her, die einen halben bis einen Meter lang waren, und verschlossen sie mit kleinen Holzsplittern. An diesem Abend hängte Apam ein Gestell mit den blutigen Stümpfen über eine Stange, die an meiner Decke befestigt war. Das Fleisch musste gefrieren, und ihr Zimmer war zu warm. Ich schlug mehrmals mit dem Kopf dagegen, als ich vor Sonnenaufgang aus dem Bett stolperte, und der Boden war voller getrockneter Blutklumpen, die von dem Gestell heruntergetropft waren. Es war, als würde man in einer Metzgerei aufwachen.

Als ich an dem Morgen, nachdem die Pferde geschlachtet worden waren, von der Schule zurückkam, war der Boden vor Szandrashs Hütte mit frischen Häuten übersät. Sie hatten offensichtlich weitergemacht. Ich riss Szandrashs Tür auf, um zu sehen, was vor sich ging, obwohl ich nicht sicher war, ob ich es wirklich wissen wollte, und blieb wie angewurzelt und mit offenem Mund in der Tür stehen. Der Hauptraum war in ein Schlachthaus verwandelt worden. Der nackte Holzboden war voller Pfützen von geronnenem Blut und mit abgeschnittenen Köpfen und Hufen übersät. Ein Trog stand in der Mitte des Zimmers, halb mit Blut und Innereien gefüllt. Über dem Trog hing ein frischer Kadaver an einem dicken Haken von der Decke. Der Tisch war mit aufgeblähten, cremefarbenen Schafmägen beladen, die wie löchrige Fußbälle aussahen, und lange, dünne, weiße Gedärme waren über alle Stühle gebreitet und an die Wände genagelt. Der ganze Raum stank nach Blut. Ich war wie vom Donner gerührt. Stumm. Nur mein Kopf bewegte sich hin und her, als ich das ganze Ausmaß dieses Blutbads betrachtete.

»Es ist zu kalt, um draußen zu arbeiten«, sagte Szandrash müde und wischte sich mit dem Rücken ihrer blutverschmierten Hand über die feuchte Stirn.

»Möchtest du uns helfen?«, grinste Guul-Jan, als ich reglos vor ihr stand, wie gelähmt von dieser mittelalterlichen Schlachtszene. Aber ich konnte nicht sprechen. Erst als Quartz an mir vorbeidrängte und eine röchelnde, zappelnde Ziege hereinschleppte, kam endlich Bewegung in mich. Ich schüttelte heftig den Kopf und flüchtete rücklings zur Tür hinaus.

»Mein Gott«, hörte ich mich sagen, als ich die Tür zu meinem Zimmer aufstieß und in tiefen Zügen die saubere Luft einatmete. »Mein Gott, jetzt habe ich wirklich alles gesehen.«

35

Dezember. Noch zwei Wochen. Mein Gott. Wann immer ich daran dachte, dass ich Tsengel verlassen würde, und das war jetzt meistens der Fall, stiegen widerstreitende Gefühle in mir auf. Ich wollte, ich könnte sagen, dass es mir in tiefster Seele widerstrebte, fortzugehen, dass ich plötzlich entschlossen war, die bittere Pracht des Tsengeler Winters bis zum Ende durchzustehen und weiterhin in einem *hascha* zu leben, um mehr über die Dorfbewohner und Nomaden zu erfahren und so weiter, aber die Wahrheit ist, dass ich inzwischen fast bereit war, Abschied zu nehmen. Ich war sehr, sehr müde.

Die monatelange Erschöpfung hatte sich in mir eingenistet wie ein Virus, und plötzlich fühlte ich mich völlig ausgebrannt. Ich hatte es satt, Wasser und Eis zu schleppen, gefrorenes Holz zu spalten und meine Kleider zu schrubben. Ich konnte es nicht mehr ertragen, zitternd und nackt in der Blechwanne zu kauern, und ich hasste das Plumpsklo draußen, das jetzt glitschig von schwarzem Eis war und wo Stalagmiten sprießten. Nachts aufs Klo zu gehen, war absolut tödlich, also hockte ich mich einfach vor das *hascha*-Tor wie die Kinder, die Zähne und Pobacken gegen die Kälte zusammengekniffen. Die ständige, extreme Kälte war das Aufreibendste von allem. Unser ganzes Leben drehte sich nur noch darum, warm zu bleiben. Außer beim Baden zog ich nie meine Kleider aus und wechselte sie auch nicht mehr oft. Ich zog eine Schicht über die andere an, bis ich, wenn ich nach draußen ging, wie die dickste Frau der Welt in einer Monsterschau aussah. Am Morgen war es so kalt, dass meine Augen brannten.

Guul-Jans Haus war immer warm, denn sie hatte den Ofen schon angefacht, bevor die anderen aufwachten, und bis wir alle aufgestanden waren, schmolz das Eis an den Fenstern, und der Tee war fertig. Am Abend blieb ich immer zu Hause, weil es einfach zu anstrengend war, sich bei Nacht durch das dunkle, eisige Dorf zu kämpfen. In den Häusern brannte zwar Licht, aber natürlich gab es keine Straßenlampen, und die Wege waren stockdunkel und still wie der Friedhof auf dem Hügel. Ich sehnte mich nach einem leichteren Leben: frische Früchte und Gemüse zu essen, in einer richtigen, großen Badewanne mit heißem Wasser zu liegen, meine Freunde zu besuchen, mir einen Liebhaber zu nehmen und meine Mutter und meine Zwillingsschwester wiederzusehen.

Aber diese letzten Wochen in Tsengel waren in vieler Hinsicht die kostbarste Zeit des ganzen Jahres. Ich nahm begierig jeden einzelnen Moment in mich auf, vom blassen Himmel in der Dämmerung über die eisfunkelnde Mittagsstunde bis zu den glitzernden Sternennächten, weil ich das Gefühl hatte, dass das alles war, was mir noch blieb. Nach der Schule besuchte ich meine Freunde und Bekannten im Dorf, dann ging ich nachmittags allein spazieren, schlitterte auf die andere Seite des Flusses hinüber und wanderte durch pulvrige Schneewehen, um so nahe wie möglich zu den spärlichen, in Schnee gehüllten Bäumen und den weißen Bergen zu kommen, die direkt vor mir in den atemberaubenden Himmel aufragten.

Ich erinnere mich noch gut an diese langen Wanderungen. Wenn mir eine Horde Schüler zuwinkte und »*bagsh*!« herüberrief, während sie an mir vorbeiglitten, winkte ich zerstreut zurück, ganz in jeden Schritt vertieft, den ich machte. Und dann sah ich einen Adler, der in den Himmel aufstieg, oder die Hufspuren eines Nomadenpferdes, die sich im Schnee abzeichneten, und ich wusste, dass, wenn es so weit war, wenn ich tatsächlich fortging, ich begreifen würde, wozu das alles gut war, wie unglaublich es gewesen war. Das Dorf war immer noch mein Leben und meine Normalität, und erst wenn ich fort sein und die halbe Welt zwischen mir und Tsengel liegen würde, dann würde ich erst alles wirklich verstehen und schätzen können.

Im Augenblick wusste ich nur, dass ich hier nicht mehr länger bleiben konnte, weil es einfach zu hart war, und ich sehnte mich danach, in das Leben »dort draußen« zurückzukehren. Aber ich machte mir keine Illusionen, dass es leicht sein würde, mich aus dieser vertrauten Welt herauszureißen. Ein- oder zweimal blieb ich stehen und weinte, und die Tränen froren an meinen Wimpern fest. Dann lachte ich unter Tränen, weil alle diese Gedanken so verwirrend waren. Ich konnte meine Abreise aus Tsengel nicht feiern, weil es das Ende der aufregendsten Zeit in meinem Leben war, und es war schön gewesen, aber manchmal auch hässlich und einsam, etwas, das mich im Innersten berührte.

Zehn Tage vor meiner geplanten Abreise bekam ich einen Brief von meiner Freundin Javhlan in Ulaanbaatar. »Ich habe dein Ticket gebucht«, schrieb sie. »Tut mir Leid, aber du musst auf dem Rückweg nach London eine Nacht in Moskau schlafen. Du verlässt UB am 22. Dezember.« Ich zeigte allen im Haus den Brief, und sie strahlten und sagten, dass ich überglücklich sein müsse, nach Hause an einen so warmen Ort zurückzukehren, und was ich für ein Glückspilz sei.

Es war mein sehnlichster Wunsch, vor meiner Abreise noch einmal in die Berge zu fahren, aber ich konnte Abbai nicht fragen, weil jede Reise im Winter hart und beschwerlich war, und die Leute gingen jetzt nur noch in die Berge, wenn sie einen triftigen Grund dafür hatten. Aber ich hatte Glück, denn eine von Abbais vielen Schwestern, eine junge Frau namens Sanya, war gerade aus der Klinik entlassen worden, wo sie ihr erstes Kind zur Welt gebracht hatte, und

Abbai und Guul-Jan wollten sie zurück zu ihrem *ail* jenseits der Schlucht bringen.

Sanya war zart und scheu, hatte blasse Haut mit Sommersprossen und dünne, dunkle Haare. Sie konnte kein Mongolisch und war so schüchtern, dass sie fast nichts sagte, auch nicht auf Kasachisch.

»Sanya muss mit ihrer neuen Tochter zurück nach Hause. Wir bringen sie morgen Nachmittag heim. Wenn Sie mitkommen wollen, Louisa, dann können Sie ihren Schwiegervater kennen lernen. Er jagt mit einem Adler, wie es bei unserem Volk üblich ist«, sagte Abbai über das Dröhnen des Fernsehers hinweg.

Ich machte fast einen Luftsprung vor lauter Aufregung. Das war genau das, was ich unbedingt noch sehen wollte, bevor ich das Dorf verließ: kasachische Männer, die mit Adlern jagten.

»*Rakhmid, rakhmid*«, bedankte ich mich herzlich.

Abbai lachte. Er kannte mich inzwischen gut. »Ja, Louisa! Ich weiß, dass Sie mitkommen wollen. Ich weiß, dass Sie nicht ›Nein danke, ich will lieber im Dorf bleiben‹ sagen. Es ist okay, wir haben Platz im Jeep für Sie.«

»Abbai, bitte erzählen Sie mir von den Adlern.«

»Was möchten Sie wissen? Sanyas Schwiegervater wird Ihnen alles erklären, wenn wir in die Berge gehen. Aber eines kann ich Ihnen jetzt schon sagen: Wir Kasachen sind das einzige Volk auf der Welt, das mit Adlern jagt. Alle anderen Männer nehmen Jagdfalken. Niemand sonst jagt mit Adlern ...«

Ich hing an seinen Lippen und konnte es kaum erwarten, dass wir endlich aufbrachen.

Wir starteten gegen Mittag und fuhren flussabwärts, in eisiger Kälte, obwohl die Sonne herunterbrannte. Es war ein komisches Gefühl, wieder auf dem Eis zu fahren, und es erinnerte mich daran, dass ein ganzer Jahreszeitenzyklus vorübergegangen war. Nach einer Weile holperten wir eine Böschung am anderen Ende des Chovd hinauf und fuhren durch verlassene, weiße Täler, wo Kamele, die im Schnee nach Futter suchten, sichtlich angewidert zu uns herüberstarrten. Es war eine aufregende, schöne Fahrt.

Sanyas Siedlung lag inmitten von steilen Hügeln, die von Bergen flankiert und bereits unter tiefen Schneewehen begraben lagen. In dieser Siedlung, die aus drei Hütten und einem winterfesten Pferch für die riesige Viehherde bestand, lebten der kasachische Patriarch Sistem, seine Frau Amantei, ihre 13 Kinder, zahlreiche Enkelkinder, Hunderte von Schafen und Ziegen, eine große Pferdeherde – und ein Jagdadler. Sanyas Mann war einer von Sistems älteren Söhnen.

Als Abbai in den Hof einbog und den Jeep parkte, lag ein frischer Pferdekadaver dampfend im Schnee, die gelben Darmschlingen so dick wie Männerarme.

Die Haupthütte war winterfest und wunderbar warm, und ständig gingen Kinder und Erwachsene aus und ein. In einer Ecke waren mehrere Frauen damit beschäftigt, Pferdefleisch zu zerkleinern, während Kessel voll Schnee zum Auftauen auf dem Ofen standen. Eine kleine Herde von extrem späten oder frühen Lämmern war in einer anderen Ecke angebunden und blökte kläglich.

»*Sain bainu, bagsh?*«

Sistem schüttelte uns fest die Hand. Er war ein kleiner, breiter, freundlich wirkender Mann, der ein besticktes kasachisches Schädelkäppchen trug. Seine Hände waren klobig und sein Lächeln breit und warmherzig. Ich schloss ihn sofort ins Herz. Sistem und seine Frau waren entzückt über den wimmernden kleinen Zuwachs zu ihrer ohnehin schon so großen Familie. Das Baby wurde in ein Bettchen gelegt, aber alle paar Minuten von einem vorüberkommenden Verwandten oder Kind hochgenommen.

Während das Fleisch für unser Mittagessen vor sich hinköchelte, wanderte ich in den grellen Sonnenschein hinaus. Der Schnee blendete so stark, dass ich meine Sonnenbrille holen musste. Unberührte Schneeverwehungen reichten bis an das Dach des Pferchs.

Beim Essen redete Abbai mit Sistem, der mich aufmerksam musterte und schließlich zustimmend nickte.

»*Zaa*«, sagte Abbai zu mir, »wir gehen bald ins Dorf zurück, Guul-Jan und ich, aber wenn Sie den Adler richtig sehen wollen, müssen Sie hier über Nacht bleiben und dann morgen früh mit Sistems ältestem Sohn Kilden auf die Jagd gehen. Er nimmt Sie mit in die Berge. Sie wissen ja, dass unsere Frauen nicht jagen, aber Sistem ist einverstanden, dass Kilden Sie mitnimmt, weil das die einzige Möglichkeit für Sie ist, einen kasachischen Adler bei der Arbeit zu sehen. Kilden wird auch morgen mit Ihnen zurückreiten.«

Noch eine Nacht in den Bergen, am nächsten Morgen die Jagd mit dem Adler und dann auf einem Pferd nach Tsengel zurück – was wollte ich mehr?

Abbai und Guul-Jan brachen auf, und ich verbrachte einen faulen Nachmittag in der Hütte und trank Tee mit Sanya und den anderen Frauen, dann wanderte ich alleine im Tal herum. In letzter Zeit hatte ich immer mehr gespürt, wie ich mich innerlich entspannte, sobald ich in den Bergen war. Es gab nichts, was einen drängte, nichts, wohin man gehen konnte. Ein Leben ganz im Augenblick.

Das Abendessen war eine laute, fröhliche Geschichte, bei dem die ganze Sippe zusammenkam. Wir knieten in einem riesigen Kreis nieder, beteten, dann machten wir uns über das Pferdefleisch her. Ich saß neben Sistem, der ein sehr unterhaltsamer und gebildeter Tischgenosse war. Er stellte mir tausend Fragen, während wir kauten. Wir redeten über Politik und Religion, über England, den Zerfall der Sowjetunion, Kasachstan – und Hunde.

»Wie ich höre, habt ihr Europäer eine sehr seltsame Einstellung zu euren Tieren«, sagte er irgendwann nachdenklich. »Ich glaube, ihr habt Vieh, ja, aber ihr haltet euch auch Hunde als Hausgenossen.«

Ich hörte die Belustigung in seiner tiefen Stimme, nickte und musste mir das Lachen verkneifen, als ich ihm erklärte, wie wir Engländer unsere Haustiere vergöttern, denn inzwischen war mir die Vorstellung, einen Hund im Haus zu halten statt draußen auf dem Hof, genauso zuwider wie ihm. Hier auf dem Land würde ein Mongole seinen Hund niemals ins Haus lassen, es sei denn bei Blitz und Donner. Die Mongolen haben eine Heidenangst vor Blitzen, und bei einem Gewitter bedauern sie sogar die Hunde, die sonst nur getreten und mit Resten gefüttert werden, wenn sie zitternd am Boden kauern.

»Ja, wir lieben unsere Hunde, und wir lassen sie auch in unseren Häusern leben«, gab ich zu und schämte mich plötzlich, dass ich aus einem Land kam, in dem die Leute solche Schmutzfinken waren.

»Hmm ... das hab ich schon gehört über England«, sagte Sistem und schüttelte ernst den Kopf, bevor er mit völlig unbewegter Miene hinzufügte: »Aber die Russen lassen ihre Hunde sogar auf ihren Betten schlafen!«

Die ganze Hütte brüllte vor Lachen bei der Vorstellung, dass russische Hunde bei ihren Besitzern im Bett schliefen. Es war ein ziemlich anzügliches Gelächter.

Nach dem Essen drehte Sistem sich eine Zigarette mit einem Fetzen Zeitungspapier und lehnte sich gegen eines der schmalen Betten. »Fünf Generationen meiner Familie sind hier geboren worden, *bagsh*«, sagte er langsam. »Mein Vater hat in diesem Tal gelebt und ist hier gestorben, genauso wie sein Vater, und jetzt haben unsere Kinder ihre eigenen Familien. Wir haben schon immer hier draußen unser Vieh geweidet. Das ist unser Land.«

»Waren Sie jemals in Kasachstan?«, fragte ich ihn.

Ich war nicht überrascht, als er den Kopf schüttelte und lächelte. »Nein. Mich treibt nichts von diesen Tälern fort, wo ich meine Tiere weiden lasse. Das ist das einzige Land, das ich kenne. Meine Kinder, na ja, vielleicht wollen einige von ihnen weit weg von hier, und dann soll es so sein. Wenn sie gehen möchten, werde ich sagen: ›*Zaa*, dann geh‹. Aber ich bleibe hier mit meiner restlichen Familie.«

Ich wusste jetzt, warum ich Sistem sofort ins Herz geschlossen hatte. Er war glücklich mit dem, was er hatte. Er lebte im Schoß seiner großen Familie, über die er ein mildes Regiment führte, und besaß fast tausend Tiere, so dass er finanziell abgesichert war und bequem seinen ganzen Clan ernähren konnte, einschließlich des Babys, das seine nicht mehr ganz junge Frau stillte, während wir dasaßen und redeten. Sistem sehnte sich nicht nach Kasachstan, weil er keine Vision von einem besseren Ort brauchte, um sich über Wasser zu halten. Er war genau dort, wo er sein wollte.

Am nächsten Morgen wachte ich früh auf, wie immer in den Bergen, weil es mich hinaustrieb, um die Morgendämmerung zu begrüßen. Als die Schafe und Ziegen aus dem überdachten Pferch auftauchten, stieg die Hitze ihrer aufgewärmten Leiber in die trockene Luft auf.

Nach dem Frühstück bestieg ich ein weißes Pferd und wartete auf Sistems ältesten Sohn Kilden, der mit seinem Adlerweibchen, dessen Augen verbunden waren, aus der Hütte herauskam. Der Adler war größer, als ich erwartet hatte. Seine Federn waren stumpfbraun, und als er die Flügel ausbreitete, betrug ihre Spannweite über zwei Meter. Die Augenbinde des Adlers sah aus wie eine alte Motorradbrille. Obwohl er nichts sehen konnte, ließ er seinen Kopf um 360 Grad herumschnellen und schrie mehrmals durchdringend, wobei seine weiße Zunge in dem gebogenen Schnabel zu sehen war.

Abbai hatte mir schon gesagt, dass die Kasachen lieber mit Adlerweibchen arbeiten, weil sie als die besseren Jäger gelten. Es dauert fünf Jahre, bis ein Adler erwachsen ist, und ein erwachsenes Weibchen wiegt ungefähr sechs Kilo. Kildens rechte Hand und das Handgelenk waren mit einem dicken Filzhandschuh geschützt, der bis fast zum Ellbogen reichte. Sein Vogel klammerte sich mit fünf riesigen, schwarzen Krallen daran fest.

»Mein kleiner Bruder kommt auch mit«, war alles, was Kilden zu mir sagte, bevor wir aufbrachen. Er sah aus wie der typische einsame Wolf, stark und schweigsam, ein Bild, das nur von seinem extravaganten, mit flauschigem Fuchsfell gefütterten roten Filzhut, den er lässig auf dem Hinterkopf trug, etwas beeinträchtigt wurde. Sein kleiner Bruder Kaerat sprang leichtfüßig hinter mir aufs Pferd und hielt sich an mir fest.

Wir ritten einen steilen Pfad hinauf, direkt in die Berge hinein, wobei Kilden uns führte. Sein Arm, der das Gewicht des Adlers trug, ruhte auf einem a-förmigen Rahmen aus kurzen, dicken Stöckchen. Mein Magen krampfte sich vor Aufregung zusammen. Ich war noch nie auf einer Jagd gewesen, und es hatte etwas prickelnd Gefährliches, im tiefen Schnee in die Berge aufzubrechen, in diese weiße Wildnis hineinzureiten.

Wir ritten langsam so hoch hinauf, dass es knisterte, wenn ich durch die Nase einatmete, und erst als wir auf einem breiten Felssims Halt machten, begriff ich, warum der kleine Kaerat mitgekommen war. Er glitt von meinem Pferd und ließ sich an den steilen Felsen unter uns hinunter, wobei er schrie wie der Adler, um eine Beute aus ihrem gefrorenen Bau oder einem Felsspalt hervorzulocken. Kilden sagte nichts, machte mir nur ein Zeichen, im Sattel zu bleiben und zu warten.

Also warteten wir.

Nur Kaerat bewegte sich, sonst war kein Laut zu hören. Ich spürte, wie mein Pferd unter mir atmete. Endlich nahm Kilden die Haube des Adlers ab, und der drehte seinen Kopf langsam herum und dann wieder zurück. »*Zaa*«, sagte Kilden, »*zaa*«, und wir ritten weiter nach oben. Nach einer Weile hielten wir auf einem anderen hohen Felssims an, wo wir reglos stehen blieben und darauf warteten, dass Kaerat ein zweites Mal seinen schönen, unheimlichen Adlerruf ausstieß. Ich wusste nicht einmal, was für ein Lebewesen wir überhaupt jagten, und es war mir auch egal. Es war das faszinierendste Abenteuer, das ich je erlebt hatte.

Ich konnte die gelbbraunen Augen des Adlers wachsam hin- und herschießen sehen.

»Seine Augen sind viel schärfer als unsere«, murmelte Kilden. »Sobald er die Beute sieht, fliegt er los.«

Der Adler war jetzt nicht mehr gefesselt, aber er kam nicht zum Zug, und wir bewegten uns weiter nach oben. Der Schweiß der Pferde gefror zu Kristallen, die auf ihren Hälsen und Bäuchen glitzerten. Endlich stiegen wir auf einem Felssims ab, der so hoch war, dass es schien, als reiche er an die schimmernden Gipfel der uns umgebenden Berge heran. Kaerat war jetzt wieder unter uns, und tief unter ihm fiel der nackte Fels in ein unberührtes weißes Tal hinab.

»Klettern Sie hier runter und warten Sie!« Kilden machte mir ein Zeichen, wohin ich gehen sollte, und ich führte mein Pferd ein Stück über eisige Felsen bergab. Dann schaute ich zu ihm auf, wie er mit seinem Adler an den Fels gelehnt stand. Sein Hut leuchtend rot vor dem dunklen Fels und dem lapislazuliblauen Himmel. Der Adler auf seinem behandschuhten Arm. Die Sonne so grell, dass sie flüssig zu sein schien.

Ich kauerte mich nieder und folgte Kaerats schmalem Schatten mit den Augen. Meine Füße und mein Gesicht waren taub, aber ich spürte, wie mir der Schweiß am Körper herunterrann.

Kaerat stieß einen Triumphschrei aus, und ich schaute hinauf zu Kilden, gerade als der Adler sich von dessen ausgestrecktem Arm aufschwang. Er ließ sich nicht hinunterfallen, sondern segelte langsam abwärts auf den Schatten zu, der durch das leere Tal schoss. Der Adler glitt wie durch Wasser, schwebte langsam auf die dahinjagende Beute zu. Dann stieß er hinunter und riss das Tier vom Boden hoch.

Plötzlich winkten Kilden und ich einander zu und johlten laut vor Freude. Als ich wieder zu ihm hinaufstieg, sagte er strahlend: »*Yamar bain, bagsh*?« Na, wie war das? Und ich grinste zurück. Er konnte mir ansehen, wie fasziniert ich war. Wir führten unsere Pferde langsam den Hang hinunter, durch knietiefe Schneewehen, und die Pferde verschlangen eine Menge Schnee, während wir zu dem Adler, der über seiner Beute stand, hinunterkletterten. Ich dachte, dass er sofort zu seinem Handschuh zurückfliegen würde, aber er wurde plötzlich rebellisch, als Kilden seinen Arm hob, und blieb in sicherer Entfernung im Schnee sitzen.

»Er hat sein Fleisch getötet, und es ist ein schöner Tag. Er will nicht zu mir zurückkommen«, sagte Kilden friedfertig. Aber die Augenbinde und die Abrichtung zum Jagdadler hatten den Freiheitsdrang des Vogels letztlich doch gebrochen, und als Kilden wieder den Arm nach ihm ausstreckte, flog er zurück, den Kadaver in den Krallen.

»Er kann es jetzt fressen«, sagte Kilden mit einem Blick auf das kleine Kaninchen. »Wir jagen immer mit hungrigen Vögeln. Wenn man den Adler vor der Jagd füttert, wird er faul. Wenn ich mit ihm dort rübergehe«, fuhr er fort und deutete auf die weiten Berge hinter uns, »dann fängt er Füchse und sogar junge Wölfe. Wir jagen erst, wenn der erste Schnee gefallen ist. Dann kann er seine Beute leichter ausmachen.«

Verglichen mit den Bergkämmen, die wir erklommen hatten, war es plötzlich gar nicht mehr kalt in diesem kleinen Tal, und wir ließen uns genüsslich in den Schnee fallen. Die Sonne wärmte unsere Gesichter, während wir über den Adler redeten, der zwischen uns stand und sein Kaninchen zerfetzte.

36

Ich ritt mit Kilden nach Tsengel zurück, und als wir zum *hascha* kamen, warteten Elia, Merim-Khan, Amina und alle Kinder auf uns, aber Apam, Abbai und Guul-Jan waren nirgends zu sehen. Sie kamen erst spätabends zurück, lange nach Einbruch der Dunkelheit, und brachten Quartz mit. Irgendetwas war seltsam an ihnen, und ich fragte mich, wo sie gewesen waren. Abbai ging oft tagsüber fort, aber Guul-Jan und vor allem Apam verließen selten den *hascha*.

Als wir um den Tisch saßen, fragte ich Guul-Jan, wo sie gewesen seien.

»Wir haben ein paar Verwandte besucht«, war alles, was sie sagte, dann schaute sie zu Abbai, und ich wäre jetzt genauso schlau wie vorher gewesen, wenn Abbai sich nicht dazu durchgerungen hätte, mir zu erzählen, was los war.

»Wir haben eine Frau für Quartz gesucht«, sagte er, als Quartz gerade nicht im Zimmer war. Quartz war ein Mensch, der sich lautlos bewegte, und er war unbemerkt nach draußen geschlüpft, sobald sie zurückgekommen waren.

»Wirklich?«, sagte ich. Ich hatte keine Ahnung, wie die Kasachen zu ihren Frauen kommen, und ich hatte einfach angenommen, dass die Männer sich eine Frau aus dem Ort aussuchen, ihr den Hof machen und sie dann heiraten. Aber so einfach war es natürlich nicht immer.

Quartz hatte seine junge Frau vor drei Jahren verloren. Sie war an einer Infektion gestorben, die ihren Magen zerfressen hatte. Die Söhne hingen sehr an ihrem Vater, besonders der kleine Nuurlan, der immer an seiner Seite war.

Quartz war jetzt 37, also eigentlich zu alt, um eine Frau zu nehmen, aber auch zu jung, um Witwer zu bleiben. Er suchte eine zweite Frau für sich und eine Mutter für seine Söhne, aber bisher hatte er die Richtige noch nicht gefunden. Nach ein paar Jahren hatte Apam die Sache endlich selber in die Hand genommen. Freunde und Verwandte in der ganzen Umgebung von Tsengel, im Dorf selber und in den Bergen waren alle gefragt worden, ob sie nicht eine passende Frau wüssten, die Quartz heiraten und für seine Jungen sorgen würde. Diese heimlichen Nachforschungen hatten sich über Monate hingezogen, ohne dass ich etwas davon mitbekommen hätte, und jetzt war endlich eine geeignete Frau gefunden worden: eine junge Geschiedene, 23 Jahre alt, ohne eigene Kinder. Sie lebte über 100 Kilometer entfernt in einem Dorf namens Weißer See. Abbai, Guul-Jan, Apam und Quartz waren gerade dort gewesen, um die Frau und ihre alte Mutter kennen zu lernen.

»Und wie findet Quartz diese Frau?«, fragte ich. Ich konnte mir die Frage nicht verkneifen, weil es mich ehrlich interessierte.

Guul-Jan lachte laut hinaus, und die Haut um ihre Augen legte sich in feine Fältchen, trocken wie ein dürres Blatt. »Oh, er findet sie hinreißend! Schön, hat er gesagt. Aber die Frau war sich nicht so sicher. Sie sagte, er sei vielleicht ein bisschen zu alt. Nächste Woche gehen wir noch mal hin und besuchen sie und ihre Mutter, und dann wird sich zeigen, ob sie ihn nimmt. Ihr älterer Bruder wird nächstes Mal auch da sein, und wenn er Quartz mag, gibt er sie uns vielleicht trotzdem, egal, was sie sagt.«

Ich ließ den Löffel fallen. »Aber Guul-Jan, das könnt ihr doch nicht machen!«, stieß ich hervor. »Sie wird doch nur unglücklich werden, wenn sie Quartz gezwungenermaßen heiratet und in den Bergen leben muss – und dann wird sie es an den Jungen auslassen.«

Bevor ich von Ulaanbaatar nach Tsengel gekommen war, hatten mir meine mongolischen Freunde versichert, dass die Kasachen immer noch ihre Bräute entführten und sich nicht die Mühe machten, die Frau um ihre Meinung zu fragen. Aber in Tsengel hatten sogar die Tuvaner zugegeben, dass das einfach nicht mehr stimmte. Es gibt immer noch Berichte über vereinzelte Fälle von Brautraub in Kasachstan, aber in Bayan-Olgij ist diese Sitte Mitte der 1990er Jahre endgültig ausgestorben. Allerdings ist es immer noch in Ordnung für eine Frau, dass ihr künftiger Ehemann von den Männern der Familie ausgesucht wird. Entführt oder nicht, einige der Tsengeler Kasachenfrauen werden nach wie vor gegen ihren Willen verheiratet, und obwohl ich mir geschworen hatte, Tsengel zu respektieren und zu akzeptieren, wie es war, konnte ich meine Empörung nicht ganz verbergen. Es war eine spontane Reaktion auf die Vorstellung, zu einer Heirat gezwungen zu werden, mit allen hässlichen Begleitumständen, wie Gewalt, Vernachlässigung und Missbrauch. Meine Vorurteile machten mich blind und ließen mir keinen Raum für eine andere Sicht der Dinge, als dass dies eine zutiefst grausame und barbarische Sitte war.

Abbai und Guul-Jan nahmen meinen kurzen Ausbruch gelassen hin.

»Manchmal tun wir das noch«, sagte Abbai ruhig. Er machte keinen Versuch, mich zu beschwichtigen. »Aber wir werden noch viel über diese Heirat sprechen, bevor überhaupt etwas passiert. Weil wir natürlich auch wollen, dass alle glücklich sind, auch die neue Frau.«

Für Quartz hing viel von diesem zweiten Besuch in Tsagaan Nuur ab. Abbai, Apam und Guul-Jan würden seine potenzielle Heirat aushandeln, und obwohl Quartz mit ihnen nach Tsagaan Nuur gehen würde, durften weder er noch die Frau an den Gesprächen über ihre mögliche gemeinsame Zukunft teilnehmen. Für all das waren die anderen zuständig. Und wenn alles nach Plan lief, würde Quartz an dem Tag, bevor ich fortging, mit einer neuen Frau nach Tsengel zurückkommen.

Mein eisiges, verlassenes Zimmer wurde von Guul-Jan, Amina, Szandrash und Elia in aller Eile geschrubbt und eingerichtet. Neue Betten, Teppiche und Geschirr wurden hereingeschleppt, die Fenster geputzt und frische Filzbahnen innen und außen über die Tür gehängt. Denn das hier sollte – wenn alles gut ging – Quartz' künftiges eheliches Zuhause sein. Als das Zimmer fertig war, gingen Guul-Jan und Amina einkaufen und kamen gebeugt unter der Last von riesigen Säcken voll Reis, Zucker und Süßigkeiten zurück. Dann frittierten die Frauen Berge von *buurtzug*, buken wagenradgroße, knusprige Brote und hängten Fleischviertel zum Auftauen auf. Es war eine hektische Woche, die mich stark an die Vorweihnachtszeit in einer großen Stadt erinnerte. Als die Hochzeitsgesellschaft endlich wieder nach Tsagaan Nuur aufbrach, war der ganze *hascha* mit Essen vollgestopft, und alles knisterte vor Erwartung. Ich war dankbar für die Ablenkung durch den Hochzeitsrummel, weil ich auf keinen Fall daran erinnert werden wollte, dass der Tag, an dem sie zurückkamen, zugleich mein letzter Tag in Tsengel sein würde.

Am nächsten Morgen, kurz bevor sie fortgingen, hackten Quartz und ich zusammen Holz. Oder vielmehr kämpfte ich mit einem zähen, knotigen Stamm und der stumpfen *hascha*-Axt, als Quartz mir die Axt abnahm und das Holz für mich spaltete. Er trug eine schicke neue Hose, seine Jacke war gebürstet, und seine Schuhe glänzten.

»Bringen Sie heute Ihre neue Frau nach Hause?«, fragte ich ihn, als er sich hinunterbeugte, um das Holz aufzulesen.

»Ja, ich bringe sie mit«, sagte er ruhig.

Ein warmes Gefühl für diesen sanften, traurigen Mann mit der rissigen, rauen Haut und seinen beiden kleinen Söhnen schoss in mir hoch. Ich hätte am liebsten meine Arme um ihn geschlungen und ihn an mich gedrückt, ihm Glück gewünscht, ihm versichert, dass alles gut werden würde. Ich wünschte ihm wirklich, dass diese Ehe zustande käme, obwohl ich den Gedanken schrecklich fand, dass eine Frau sich stumm und ergeben in eine Ehe treiben lassen musste, die sie nicht wollte.

Ich weiß nicht genau, was ich für Quartz fühlte, aber als er mich anschaute, lächelte ich ihn an, mit einer Zärtlichkeit, wie ich sie das ganze Jahr über oder vielleicht sogar noch länger für keinen anderen Mann aufgebracht hatte. Ich wusste, dass er ein guter Ehemann sein würde. Er war ein richtiges Arbeitstier und zeigte keinerlei Groll darüber, wie er von seinen Brüdern Abbai und Addai behandelt wurde. Er war der Jüngste der drei, und in beiden Häusern kniete er geduldig beim Essen, während andere Männer im Raum waren, denn meistens wurde ihm kein Schemel angeboten. Während seine Brüder in ihren jeweiligen Büros arbeiteten, hackte Quartz Holz, ritt mit Vorräten zwischen den Bergen und Tsengel hin und her und hütete das Vieh der Familie. Ich fand, dass er wie ein Lakai behandelt wurde. Nach drei Jahren ohne Frau hatte er in Weißer See viel zu verlieren. Es war klar, dass sein Status sich verbessern würde, wenn er eine neue Frau hatte, dass man ihn mit mehr Respekt behandeln würde.

Wir standen alle im Hof und winkten zum Abschied. Die Familie nahm Geschenke mit: je einen Sack Mehl und Salz und ein Bündel Süßigkeiten. Das war mein letzter voller Tag in Tsengel, und wir hofften alle, dass er mit dem traditionellen kasachischen *betashaa*-Ritual enden würde, bei dem der Hochzeitsschleier entfernt und die Braut in ihre neue Familie eingeführt wurde, bevor das Hochzeitsfest, das die ganze Nacht dauern würde, mit Fleisch und Musik begann.

Es war ein aufwühlender Tag. Während alle im *hascha* ihren Geschäften nachgingen, lief ich in stiller Panik im Dorf herum, besuchte Marat-Khan und Aimak, Gerel-Huu, Shinid und Bagit in der

Küche und dann Sansar-Huu und Gansukh, die mich alle strahlend beglückwünschten, dass ich nach Hause zu meiner Familie zurückfahren durfte, während ich selber zunehmend weinerlich wurde, wenn ich daran dachte, was mir bevorstand. Ich hatte keine wirklichen Pläne, wo ich in England leben und was ich machen wollte, und ich wusste, dass ich anfangs in ein tiefes Loch fallen und eine Weile brauchen würde, um in mein altes Leben zurückzufinden. Die Tatsache, dass ich eine Woche in Ulaanbaatar sein würde, ehe ich nach Moskau und dann nach London flog, würde hilfreich sein, obwohl mich jetzt sogar der Gedanke, in der mongolischen Hauptstadt zu landen, nervös machte.

Es war komisch, dass kaum jemand im Dorf mich fragte, was ich zu Hause tun würde. So als würde meine Zeit in ihrem Leben mit dem Tag enden, an dem ich Tsengel verließ, und als sei das in Ordnung für sie. Nur Gansukh fragte mich, und als ich ratlos mit den Schultern zuckte, lächelte sie und nahm einen Augenblick meinen Arm. »Du wirst das schon machen, Louisa«, sagte sie, und ich nickte, obwohl ich mir gar nicht sicher war.

In der Dämmerung gingen Gansukh und ich in die Läden, und später kehrte ich in Abbais *hascha* zurück, den Arm voller Tüten mit Süßigkeiten, Orangenkeksen und einer Flasche einheimischem Wodka, die mir die Ladenbesitzer geschenkt hatten. Kein Wunder, dass sie nie Geld verdienten. Sie waren einfach zu großzügig. Ich hatte bereits viele Hände an diesem Tag geschüttelt, und jetzt am Abend kamen pausenlos Leute in den *hascha*: Schüler mit ihren Eltern, Bekannte und Freunde, die sich alle hinsetzten, Tee tranken und mir diskret ein paar Tugrik-Scheine in die Hand drückten, bevor sie gingen. »Für Ihre Heimreise, *bagsh*.« Das war *zam möng* – Weggeld –, damit ich unterwegs versorgt war. Ich lächelte und umarmte jeden Einzelnen von ihnen, und ich sagte *bayartai*, weil es diesmal wirklich Lebewohl war. Es war hart.

Die Hochzeitsgesellschaft hatte angekündigt, ungefähr um sechs Uhr zurück zu sein, und obwohl wir damit rechneten, dass es etwas später werden würde, saßen wir um sechs Uhr alle in Abbais Haus, trommelten mit den Fingern auf den Tisch und warteten. Szandrash kochte Suppe, aber niemand aß davon. Alle zappelten nur herum und schauten auf die Uhr. Ich packte meine Sachen fertig und ging zu Tuyas neuem Zuhause hinüber, um mich von ihr und Gerele und ihrer Tochter zu verabschieden. Ich hatte sie nur einmal gesehen, seit sie aus der Klinik entlassen worden war. Sie war nach der Geburt noch immer ans Haus gefesselt, und man durfte sie nur besuchen, wenn man eingeladen war, aber sie hatte mir ausrichten lassen, dass ich an diesem Abend zu ihr kommen solle. Ihr Haus war winzig, und sie mussten es mit Gereles Mutter und vier Geschwistern teilen. Gerele sah gesund aus – und nüchtern.

Tuya bestand darauf, eine Flasche *arkhi* aufzumachen. »Weil du jetzt fortgehst, aber ich weiß, dass du mir schreiben wirst«, scherzte sie. »Und außerdem müssen wir auch feiern, weil wir unserer Tochter gerade ihren Namen gegeben haben.«

Wir stießen miteinander auf die kleine Davaa-Bayar an, deren Name »Erste Feier von vielen« bedeutet, und ich versprach natürlich, dass ich schreiben würde.

Als ich fortging, winkte Tuya mir nach, ihr Töchterchen an ihre Brust gedrückt. »He, Louisa! Komm zurück und besuch uns nächsten Sommer in den Bergen!«, rief sie fröhlich, und ich nickte dankbar. Sie war eine gute Freundin gewesen.

Ich fand einen leeren *hascha* vor. Der Jeep war noch nicht zurückgekommen. Der Strom sprang an diesem Abend erst spät an, aber selbst das Fernsehen konnte uns nicht wirklich ablenken, und wir lauschten die ganze Zeit auf den Motor. Die beiden Söhne von Quartz sahen verwirrt und ängstlich aus, vor allem Nuurlan, der schon gefragt hatte, ob seine richtige Mutter nach Hause kommen würde. Die zwei Jungen wurden an diesem Abend nach Strich und Faden verhätschelt, während sie sonst oft von Guul-Jan und Amina ausgeschimpft und manchmal auch erbarmungslos von den anderen *hascha*-Kindern herumgestoßen wurden, die ihre Schutzlosigkeit spürten und sie daher fröhlich quälten.

Die Lichter gingen aus. Wir zündeten Kerzen an. Addai schaute auf seine Uhr und schüttelte seinen großen Kopf. »Das ist nicht gut. Sie müssten jetzt eigentlich hier sein.«

Aber sie kamen erst nach elf Uhr zurück, und als wir endlich den Jeep in den Hof hereinrollen hörten, standen wir alle auf und drängten uns zusammen durch die Tür, ohne Jacken oder Mützen, obwohl es draußen –30 °C hatte. Die Scheinwerfer beleuchteten den *hascha*, als die Hochzeitsgesellschaft müde aus dem Auto stieg. Abbai, Guul-Jan, Apam und Quartz. Die Braut war nicht dabei.

Wir drängten ins Haus zurück. Abbai und Guul-Jan erklärten bereits, was passiert war, was schiefgelaufen war. Apam und Quartz sagten nichts. Ich verstand einiges von dem, was sie erzählten: Der ältere Bruder der Frau hatte seine Mutter überstimmt, die ihre Tochter gedrängt hatte, schnell wieder zu heiraten. Der Bruder hatte gesagt, Quartz sei zu alt. Und seine Entscheidung war endgültig.

»Oh, wir haben den ganzen Tag geredet und gegessen«, sagte Guul-Jan gähnend, während sie aufstand und zu ihrem Ofen ging, um ein leichtes Nachtessen zu machen.

»Aber auf dem Rückweg haben wir von einer anderen Frau in Olgij gehört, die ein bisschen älter ist«, sagte Abbai. »Wir werden sie irgendwann später in diesem Monat besuchen, und vielleicht ist ihre Familie einverstanden.«

Sie redeten in aller Offenheit darüber, wie sie eine Heirat für Quartz aushandeln könnten, während er auf dem Boden saß, seine beiden Söhne im Arm. Seine Stiefel waren abgetreten, und er starrte vor sich hin. Irlaan und Nuurlan schmiegten sich an ihn. Sie hatten die fremde Frau bereits vergessen, jetzt, da sie ihren Vater wiederhatten. Ich hatte Quartz ein Hochzeitsgeschenk gekauft, eine Packung Zigaretten, und ich drückte ihm die Schachtel in die Hand und flüchtete in das andere Zimmer, bevor ich in Tränen ausbrechen konnte, weil er so niedergeschlagen aussah.

Der 14. Dezember begann als klarer, eisiger, wunderschöner Morgen. Bei allem, was ich machte, dachte ich daran, dass es das letzte Mal sein würde. Ich stellte mich auf einen Stapel Holz vorne im Hof und warf einen langen letzten Blick über das Dorf. Es war noch sehr früh, aber Gansukh war bereits auf dem Weg hierher, um mir noch einmal Lebewohl zu sagen. Sobald sie durch das Tor kam, nahmen wir uns fest in die Arme.

»Noch einmal *bayartai*. Es wird wirklich Zeit, dass du zu deiner Familie zurückkommst«, sagte sie lächelnd. Gansukh hatte ein wunderschönes Lächeln. »Wir waren deine Familie hier. Aber wir sind nicht deine richtige Familie. Sie warten auf dich.«

»Ich werde euch sehr vermissen«, sagte ich zu ihr und schüttelte den Kopf, weil ich einfach nicht wusste, was ich sonst noch sagen sollte.

Ich schaute ihr nach, als sie wegging, zurück zu ihrem Haus. Ich hatte sie in letzter Zeit nicht so oft gesehen, aber es war etwas da, der Kern einer Freundschaft, die fortdauern würde. Weil wir eine Weile zusammengelebt hatten.

Epilog

Liebe Louisa,
danke für deinen Brief aus Schottland. Ich sende deiner Mutter und deiner Schwester und ihrer Familie viele Grüße. Ich weiß, dass dein Buch fast fertig ist. Was willst du nun machen?

Uns geht es allen gut hier. Ich weiß nicht, ob du die Nachrichten aus der Mongolei gehört hast, aber unser letzter Winter war sehr hart, so wie der vorige. Wir haben viele Tiere verloren.

Aber in unserem Dorf ist jetzt alles leichter. Vieles hat sich verändert, Louisa. Wir haben jetzt dauernd Strom, und in der Schule ist es warm, weil wir einen neuen Ofen haben. Und Sansar-Huu hat eine Arbeit – er macht die Buchhaltung für die Schule. Unser Leben ist besser geworden.

Nachdem du weggegangen bist, ist ein anderer Englischlehrer nach Tsengel gekommen. Er arbeitet beim amerikanischen Peace Corps. Er ist im Herbst gekommen und will zwei Jahre bleiben. Er ist sehr lustig!

Unser amerikanischer Lehrer wohnt bei Abbai in deinem alten Zimmer. Ich weiß, dass du hören willst, wie es mit Abbais Bruder Quartz weitergegangen ist. Also, er hat eine neue Frau. Ja, wirklich! Sie ist aus unserem *aimag* und auch Witwe. Sie haben Ende des letzten Winters geheiratet.

So, Lousia – Schluss mit dem Klatsch. Tuya geht es gut. Ihre Tochter ist jetzt drei Jahre alt. Und Gerele ist okay. Und mein kleiner »Hooligan« fragt nach dir. Schreib mir viele Briefe!

Alles Liebe deine Gansukh.

Anhang

Personen

Abbai – Bürgermeister von Tsengel
Addai – Postmeister, Bruder von Abbai, Quartz und Oraz
Algaa – Klinikchef mit Goldzähnen
Amraa – Lehrerin von Tsengel
Apam – Mutter von Abbai, Addai, Quartz und Oraz
Bash-Balbar – Vater von Sansar-Huu
Bayan-Saikhan – Bruder von Sansar-Huu
Deri-Huu – Mutter von Sansar-Huu und Matriarchin
Gansukh – Dorflehrerin
Gerel-Huu, Shinid und Bagit – die »Dreierbande«, Schulköchinnen
Gerele – Tuyas Lover und späterer Mann
Guul-Jan – Abbais Frau, die Hebamme
Janner-Guul – Ärztin, die »Prinzessin«
Kultii – der weibliche Dorf-DJ
Manike – Bayan-Saikhans Frau
Menke – Schulleiter
Merim-Khan und Aimak – Nachbarn von Abbai und Guul-Jan
Oraz – Bruder von Abbai, Addai und Quartz
Quartz – Bruder von Abbai, Addai und Oraz, der Witwer
Sanak Sailik – charismatischer Dorf-Imam
Sansar-Huu – Gansukhs Mann
Shilgee – Deri-Huus Tochter
Sistem – Verwandter von Abbai und Patriarch
Szandrash – Addais Frau
Tuya – Dorflehrerin und Rebellin
Zulmira – Dorflehrerin

Glossar

ail – Siedlung aus mehreren *ger* oder Hütten
aimag – Provinz
airag – vergorene Stutenmilch
apam – Großmutter
arkhi – Wodka
aruul – Stücke von getrocknetem Quark
backo – es gibt keine
bagsh – Lehrer/Lehrerin
balakh – Fisch (kasachisch)
bayartai – Lebwohl
buuz – gedämpfte Hammelfleischbällchen
buurtzug – frittiertes Gebäck
chadag – ritueller Seidenschal
Chalcha-Mongolen – größte mongolische Bevölkerungsgruppe
char – schwarz
chetsüü – schwierig
darakh – Boss
deel – wadenlanger, bestickter Mantel
dombra – zweisaitige kasachische Gitarre
düü – kleiner Bruder/kleine Schwester
eej – Mutter
ekhner – Ehefrau
esgij – Filz
emch – Doktor
gaa – hau ab!
gadaad-neen hun – Ausländer
ger – traditionelles mongolisches Filzzelt, Jurte
gutal – traditionelle mongolische Stiefel
hadsch – Pilgerreise nach Mekka

hascha – Hof
hortlaa – Lügner
janaa – oje
Ikh Chural – mongolisches Parlament
kasgur – Wolf (kasachisch)
makh – Fleisch
mal – Vieh
malchin – Hirte/Nomade
margaash – morgen
muu – schlecht
muukhai – schrecklich
odoo/odocken – jetzt
okhin – Tochter
rakhmid - danke
saikhan – schön
sain – gut
sain bainuu? – Wie geht es dir/Ihnen?
shimin-arkhi – selbst gebrannter Wodka
suutei-tsai – Milchtee (mit Salz)
taivan – friedlich
tarvag takal – Murmeltier-/Beulenpest
tsaatsun – voll (mit Essen)
tsagaan idee – Milchprodukte
tsai – Tee
tsai oh! – trink Tee! (Einladung)
tsengel – Wonne
tsoivan – gebratene Nudeln mit Fleisch
yamar? – was für ein?
yamani-noluur – Kaschmir
yari! – gehen wir!
zowan – schmutzig/grässlich

Namen in Tsengel

Während ich in Tsengel lebte, erhielt ich den Auftrag, eine Serie von »Briefen aus der Mongolei« für das *New Internationalist Magazine* zu schreiben. Trotz meiner schrecklichen Handschrift und unseres nur einwöchentlichen Postdienstes von und nach Tsengel kamen meine Briefe immer rechtzeitig im Büro des *New Internationalist* an und waren entzifferbar. Nach mehreren Monaten schrieb mir die zuständige Redakteurin einen Brief aus Oxford, dass sie die Namen der Bewohner von Tsengel faszinierend finde und ob ich nicht etwas darüber schreiben könne.

Ich war zuerst nicht sehr angetan von dieser Idee, weil ich kaum wusste, was die Namen bedeuteten, so dass ich mir viel Arbeit aufhalsen würde, und ich hatte schon genug zu tun. Aber als ich mir nach und nach mit Gansukhs Hilfe die Übersetzungen erarbeitete, musste ich der Herausgeberin Recht geben. Die einheimischen Namen erzählen ihre eigene Geschichte in einer mächtigen und tragischen Prosa, die dem Untergang geweiht ist.

Um mit dem Anfang zu beginnen: Gansukh bedeutet »Stahlaxt«. Gansukh erzählte mir, dass ihr der Name gegeben wurde, um sie zu stärken und zu beschützen. Sansar-Huu bedeutet »Sohn des Kosmos«, was ein glänzender Name ist, um die Ankunft eines erstgeborenen Sohnes anzukündigen. Ihre beiden Kinder haben auch sehr starke Namen: Yalta bedeutet »Sieg«, und Opia ist der Name einer Heilpflanze.

Ich tauchte tiefer in die Materie ein und fand heraus, dass einige meiner Schüler erstaunliche Namen hatten. In einer meiner Klassen saß Odgerel (Sternenlicht) zwischen Buuta-Kooz (Kamelauge) und Amer-Huu (Sohn der großen Kraft), die ein Mädchen war. Chudruk (Faust) und Zolbin (Streuner) saßen hinter ihnen. Sasug (Stinker) dagegen saß hinten in der Klasse. Ich habe keinen dieser Namen erfunden, das schwöre ich. Zwei meiner Schüler, ein Junge und ein Mädchen, wurden Enkhjargal (Großes Glück) genannt. Und schließlich war da noch die kleine Neer-Gui, was wörtlich übersetzt »Ohne Namen« heißt.

Ich fragte Gansukh, wie man sein Kind »Kamelauge« nennen könne.

»Hast du schon mal die Augen eines Kamels gesehen?«, antwortete sie. »Geh und schau sie dir an – sie sind sehr schön.«

Es stimmte. In Tsengel gab es viele Kamele mit tiefen, sexy braunen Augen, die von dichten, langen Wimpern umrahmt waren, um die sie jedes Model beneiden würde. Dieser Name ist ein echtes Kompliment.

»Und was ist mit Chudruk?«, fragte ich Gansukh, weil es mir unbegreiflich war, dass jemand sein Kind nach einem Körperteil benannte.

Ganuskh lächelte und hielt mir ihre geballte Faust hin. »Dieser Name wird auch gegeben, um das Kind vor Schaden zu bewahren, so wie meiner. Und kennst du den Jungen an der Straße unten, der Buuga (Bulle) heißt? Bei seinem Namen ist es genauso, er wurde ihm gegeben, um ihn zu schützen und stark zu machen.«

Bis dahin war es noch ziemlich einfach. Aber Sasug war etwas schwieriger zu ergründen, obwohl Gansukh mir erklärte, das sei ein Antonym und bedeute in Wahrheit, dass er gut rieche. Sie beharrte auch darauf, dass Zolbin, der »Streuner«, trotz seines Namens ein Kind war, das sehr geliebt wurde. »Weißt du, diese Namen bedeuten alle das Gegenteil von dem, was du denkst. Das sind gute Namen. Und erst Zolbins kleiner Bruder, der hat einen tollen Namen: Zerleg. Das bedeutet ...« Sie blätterte in ihrem Wörterbuch, und wir brüllten beide vor Lachen, als wir die Übersetzung fanden. Zerleg bedeutet »Wilder« oder »Barbar«. »Das ist, weil ...« Gansukh konnte vor Lachen kaum sprechen. »Hör zu, Louisa! Er ist ein bisschen verrückt, dieser Junge, aber seine Eltern glauben, dass der Name ihn friedlicher machen wird, wenn er älter ist. Ehrlich.«

Wir lachten und lästerten über die Namen der Dorfbewohner, bis ich nach Neer-Gui fragte, dem Mädchen ohne Namen. Da runzelte sie plötzlich die Stirn, und ihre Stimme wurde leiser und ernster. »Ach ja, Neer-Gui – weißt du, ihre Eltern hatten vier oder fünf Kinder vor ihr, und alle sind gestorben, als sie noch klein waren. Und als Neer-Gui geboren wurde, haben sie das Kind zum Lama von Olgij gebracht und ihn gefragt, welchen Namen sie ihrer Tochter geben sollten, um die Götter nicht zu erzürnen. Der Lama sagte ihnen: ›Nennt sie Neer-Gui, dann sind die Götter versöhnt und verschonen sie.‹« Mit anderen Worten, »Neer Gui« ist ein sehr zurückgenommener Name, der die Götter nicht beleidigen kann.

Enbisch (Nicht das) ist das männliche Äquivalent zu Neer-Gui und wird einem kranken oder schwächlichen Sohn aus demselben Grund gegeben. Es gibt viele Kinder und Erwachsene, die diese beiden Namen gleichzeitig tragen.

Über den Ursprung der kasachischen Namen konnte ich nicht viel herausfinden, so dass ich nicht sagen kann, ob sie denselben Kriterien folgen. Aber die Tuvaner geben ihren Kindern oft klassische mongolische Namen von überwiegend revolutionärer oder religiöser Herkunft. Baatar bedeutet »Held«, Huu »Sohn«. Baatar-Huu ist ein sehr häufiger männlicher Name, so wie Sukhbaatar (Axtheld) oder Enkhbaatar (Großer Held). Abgesehen von Gansukh, deren Name ziemlich grimmig ist, haben die meisten mongolischen Frauen sanfte, poetische Namen wie Narantsetseg (Sonnenblume), Munkhtsetseg (Silberblume) oder, mein absoluter Lieblingsname, Altan-Duul (Goldflamme).

Um die Sache noch komplizierter zu machen, gibt es eine ganze Reihe androgyner mongolischer Namen. Man kann nie wissen, ob jemand namens Odgerel, Enkhjargal, Jargal-Saikhan (Schönes

Glück) oder auch Gansukh männlich oder weiblich ist, bevor man ihn oder sie zu Gesicht bekommt. In einer so konservativen Gesellschaft wie der Mongolei ist es bemerkenswert, dass traditionell männliche Namen manchmal auch Mädchen gegeben werden. Das ist eine weitere Strategie der Eltern, um die Götter dazu zu bewegen, ihnen als Nächstgeborenen einen Sohn zu schenken. Und es erklärt auch, warum meine Freundin Gerel-Huu (Sohn des Lichts) ihren Namen erhielt und warum Amer-Huu (Sohn der Großen Kraft) auch eine Tochter sein kann.

Die Mongolen haben zwei Namen: ihren eigenen und den ihres Vaters, den sie bei offiziellen Anlässen als Anfangsbuchstaben vor ihrem Namen verwenden, zum Beispiel B. Baatar. Seit kurzem versucht die mongolische Regierung, Nachnamen nach europäischem Vorbild einzuführen, aber die Mongolen benutzen weiterhin nur einen Namen. Die Initialen werden ausschließlich für bürokratische Zwecke verwendet.

Dank

Zuallererst danke ich dir, Sue B, dass du mir geholfen hast, nach UB zu kommen, und mich bei dir aufgenommen hast, als ich zurückgekommen bin. Des Weiteren danke ich Baatar für die Einladung nach Gandan, Jargal-Saikhan und Sodnam für die gastfreundliche Aufnahme in Jahvlan, Massimo, Piara, Donna, Giovanna, Namie und Grace für die schönen Zeiten in UB, besonders im Matisse. Dank an alle beim UB-Posten, die mir eine Chance gegegen haben. An Bilguun für das Neujahr in Bulgan. An den dreadlockigen Gulliver für die heißen Rhythmen – wir waren die Könige der Tanzfläche! An Rob für Bier und Skifahren. An Clare, *la reine noire. Y gracias Jorge, para todos*. An Greg – es ist alles deine Schuld, aber trotzdem danke!

Ich danke Nikki VDG, die mir eine Chance gegeben und mich beauftragt hat, Briefe aus dem Dorf zu schreiben – bis bald mal bei G&T! Danke an alle in Tsengel, besonders an Abbai, Amraa, Gansukh, Sansar-Huu und Tuya.

Zu Hause in England geht mein Dank an Bill und Caro für ein Zimmer in ihrem Orchardton-Schloss, wo ich das hier geschrieben habe: Es gibt keinen besseren Ort. An Chris, Siri, Fred und Jiff. An Alice, Dave, Jo, Kate und Rob. Macht die Augen zu und rennt zum Strand! Ich danke dir, Geraint, für deine frühe Inspiration. Und Damfries & Galloway Business Enterprise für einen unverzichtbaren Zuschuss.

Weiter möchte ich Dr. Alan J. K. Sanders danken, der mir sein ausgedehntes Wissen über die Mongolei zur Verfügung stellte. Sein Buch *The Historical Dictionary of Mongolia* (Scarecrow Press) war ein unschätzbares Werkzeug. Desgleichen »The Changing World of Mongolia's Nomads« (The Guidebook Company) von Melvyn C. Goldstein und Cynthia M. Beall.

Dank an meinen Agenten David Grossmann, der auch samstags ans Telefon geht und immer im richtigen Moment lacht, an Alan Samson und an Sarah Shrubb, die eine großartige Lektorin war. An Nevil Thomson für seine Ermutigung. Und an Rob Gilliat, den besten Korrektor, den es je gab.

An alle, die dafür gesorgt haben, dass ich nicht meinen Verstand und meine gute Laune verloren habe: Deb Corcoran, Adam (Darling!), Bertie, Derek, Rahul, Carmella Rose (*je ne regrette rien, eh?*), Machete Jo und Bath St. Coop. Danke dir, Tam, Tim, Manda und Lyn. Dass ihr mit mir gelebt habt.

An Ma und Ami. Ich liebe euch beide.